부동산 투자는
최고의 부업이다

부동산 투자는 최고의 부업이다

초 판 1쇄   2020년 06월 10일

지은이 태재숙
펴낸이 류종렬

펴낸곳 미다스북스
총괄실장 명상완
책임편집 이다경
책임진행 박새연, 김가영, 신은서
책임교정 최은혜, 정은희, 강윤희, 정필례

등록 2001년 3월 21일 제2001-000040호
주소 서울시 마포구 양화로 133 서교타워 711호
전화 02) 322-7802~3
팩스 02) 6007-1845
블로그 http://blog.naver.com/midasbooks
전자주소 midasbooks@hanmail.net
페이스북 https://www.facebook.com/midasbooks425

© 태재숙, 미다스북스 2020, *Printed in Korea*.

ISBN 978-89-6637-802-9 03320

값 15,000원

미다스북스는 다음세대에게 필요한 지혜와 교양을 생각합니다.

부동산 투자는 최고의 부업이다

태재숙 지음

미다스북스

평범한 사람이 부동산 투자를
해야 하는 이유는 무엇일까?

직장만큼이나 부동산에 관심을 가져야 하는 이유

노른자 부동산을 소유하고 보니 세상사가 보인다. 그동안 현실 속에서 허우적대며 무엇이 문제이고 어떻게 방향을 잡아야 하는지 모른 채 살아왔는데 지금은 부자들의 관점과 과거 나의 관점의 차이점이 보이기 시작한다. 밑에서는 도무지 보이지 않는 게임의 규칙 같은 것이다. 자본주의 사회에서 투자란 철저한 게임이나 마찬가지다.

어느 날 하던 사업을 접고 막막한 현실을 맞이하게 되었다. 갑자기 벌어진 일이라 미래에 대한 대비책 없이 하루아침에 날벼락처럼 폐업하게 되었다. 그리고 다른 사업으로 경제 활동을 시작하지 않았다. 지친 심신을 달래는 시간을 갖고 싶었다. 그래서 어영부영 돈이 새나가지는 않도록 묶어두려는 의도로 부동산 투자를 접하게 되었다. 다른 사람은 몇 번을 거듭하면서 불려나갈 자산으로 강남 재건축을 샀다. 그러면서 새로운 세계에 눈을 뜨게 되었다.

나이 50대 초반은 은퇴 준비로는 늦은 나이이다. 여기서 2가지 사실을 깨달았다. 우선 은퇴 준비는 일찍 시작하는 게 무조건 유리하다. 또 하나는 제대로 된 부동산에 투자하면 많은 시간을 벌 수 있다는 것이다. 모두 여건과 상황이 다르지만, 각자의 처지에 맞게 시작하는 것이 중요하다. 올바른 지향점을 통해 가면 목표에 도달할 수 있다고 보기 때문이다.

내가 이 책을 쓰게 된 동기는 투자하기 전의 내 모습을 가진 독자들에게 이 게임 규칙을 전하고 싶었기 때문이다. 게임 규칙을 모르고 임하면 패할 수밖에 없다. 규칙을 알고 실전에 뛰어들어도 질 수 있는데, 규칙마저 모르고 어렵게 번 돈을 한순간에 누군가의 먹잇감으로 날려버리는 일을 미리 방지하기 위해 작은 지침이 되기를 바라는 마음으로 책을 쓰게 되었다.

또한 부동산에 대한 인식의 변화를 주기 위해서이다. 부동산에 성공한 사람은 장점 위주로 얘기하고, 부정적인 사람은 단점을 강하게 이야기한다. 그러나 선입견과 편견을 버리는 계기가 되었으면 한다. 흑백 논리가 아닌 내가 필요로 하는 부분을 잘 준비하여 취하면 된다. 부동산도 범위가 다양하고 넓다. 다 알려고 하기보다는 내가 필요로 하는 부분을 제대로 준비하고 실행하면서 영역을 넓혀 나가기를 권한다.

평범한 직장인 남편을 둔 가정주부가 사업을 통해 벌어들인 자금으로 부동산에 투자하고 세상을 알아가는 과정이 누군가에게 조그마한 기회와 동기 유발이 되기를 바란다. 나는 남편이 직장생활을 할 때는 부동산 근처도 가지 못했다. 그러나 부동산은 누구를 막론하고 접근할 수 있으며 해야만 하는 것이라는 걸 알게 되었다. 실제로 투자를 해보니 돈이 있고 여유 있는 사람만 하는 것이 아니라 경제 의식이 열린 사람은 꼭 하는 분야라는 것을 알았다. 다양한 경제 활동이 있는데 빼놓을 수 없는 것이 부동산인 것이다. 즉 부를 불리는 데 간과할 수 없는 분야라는 것이다.

나도 사업하면서 부단히 자산 관리에 목말라했다. 그러다가 신문 광고를 보고 재무설계사와 상담을 한 적이 있는데 그때 얻은 교훈이 있다. 재무설계사들은 적금, 보험, 펀드 상품을 팔기 위해 은행이나 증권사, 보험사에서 고용한 사람일 뿐 절대 부자가 아니라는 것이다. 부자가 되어본 경험이나 노하우가 전혀 없다는 것은 부자 되는 방법을 당연히 모르고 다른 사람들에게 부자 되는 방법을 가르쳐줄 수 없다는 것이다. 그들은 회사에서 교육받은 자료를 토대로 고객들에게 상품을 팔기 위해 노력하는 사람들이다. 부동산을 투자하고 나서야 나는 이 사실을 철저히 깨닫게 되었다.

주변에 펀드나 보험으로 부자가 되었다는 사람은 본 적이 없다. 즉 그런 투자법으로는 부자가 되기 힘든 것이다. 부자는 어떻게 부자가 되었을까? 그들은 투자 방식을 과감히 바꿨기 때문이었다.

부자들은 실행력이 남다르다

그동안 경험한 바로는 부동산 부자들은 좋은 부동산이라고 판단하면 되든 안 되든 가진 돈과 상관없이 일단 지르고 보는 경향이 짙었다. 부자가 되기 위해서는 돈이 없으면 없는 대로, 있으면 있는 대로 자기 형편에 맞춰 투자하고 자산을 늘려나가야 한다. 부자가 되려면 부자가 가는 길을 찾아 그대로 좇아야 한다. 그래서 이 책에 자신의 꿈을 이루기 위해 부동산으로 부자가 된 다양한 사람에 관한 이야기를 담았다.

투자하지 않고 버는 것만으로는 자산을 형성하는 데 한계가 있다. 그리고 우리 주위에 부자라고 불리는 사람 중에 부동산에 투자하지 않는 사람은 하나도 없을 것이다. 그러면 우리는 왜 부동산에 쉽게 접근을 하지 못할까? 왜 부자가 되지 못했을까? 부동산에 대한 인식이 달라지지 않았고, 무수히 많은 선입견을 갖고 있고, 뚜렷한 자기 주관을 갖지 못했기에 기회를 놓쳐버린 것이다.

다양한 직업의 사람들이 행복한 부자가 되어가는 과정을 곁에서 지켜봐왔다. 그들은 한 가지 공통점이 있다. 바로 부동산 투자가라는 것이다. 그들에게는 사업체를 늘린다거나 창업으로 기껏 모아놓은 종잣돈이나 목돈을 한순간에 날려버린 아픈 경험도 있다. 또한, 연금 2~3개 들었다고 든든해하며 착각하는 날들, 재테크라고는 오직 적금밖에 몰랐던 후회스러운 시간도 있었다. 그러나 그들 모두는 결국 부동산과 경매를 통해 자산 관리에 성공할 수 있었다.

이 책은 부동산으로 부자가 되었거나 행복한 부자를 꿈꾸는 이들의 생생한 성공 스토리를 진솔하게 담고 있다. 요즘 같은 저금리 시대에 실물 자산 투자 없이 은퇴를 준비하는 것은 안이하고 위험한 생각이다. 앞으로도 물가는 끊임없이 가파른 속도로 상승하고 화폐 가치는 계속 떨어질 것이다.

시작이 반이라고 한다. 이제는 부동산에 대한 인식부터 달리하여 하나하나 나의 페이스대로 준비하자. 우선 내 집부터 마련하는 솔루션을 갖자. 그리고 차츰차츰 입지 좋은 곳으로 갈아타는 것이다. 그런 다음 내게 알아서 월급을 주는 통장을 만들어나가면 된다. 우리가 결심하고 행동할 때 명심해야 할 한 가지는 부동산으로 부자가 될 때까지 결코 중간에 포기하지 않아야 한다는 점이다. 포기하지 않으면 누구에게나 기회는 성공으로 바뀔 것이다.

마지막으로, 이 책을 집필하는 데 많은 힘이 되어준 사랑하는 남편 이신종, 믿음직스러운 아들 내외 이현준과 이정희, 그리고 노트북을 사주며 든든한 지원을 해준 딸 이현정, 친정엄마 이순혜 님과 형제들에게 감사를 전한다. 또한 열정을 발휘할 수 있도록 아낌없는 성원과 격려를 해주며 〈한국책쓰기1인창업코칭협회〉의 책 쓰기를 통해 멋진 작가의 삶을 안겨준 김태광 대표님께 감사를 드린다. 대표님의 1일 특강, 미사 특강, 〈김도사 TV〉, 〈네빌 고다드 TV〉를 통해 의식과 상상의 법칙을 깨닫게 된 것 또한 진심으로 감사드린다. 위닝북스 대표 권동희 님, 한국경매투자협회 대표 김서진 님께 감사드린다. 그 외 이 책을 만들어주신 미다스북스 관계자분들에게 진심으로 감사드린다.

목차

1장

**부동산 투자는
최고의 부업이다**

2장

부동산 투자, 지금 꼭 알아야 할 것들

3장

평생 월급이 나오는 부동산 시스템을 만들어라

4장

**절대
손해 보지 않는
투자의 기술 11**

5장

**평생 가난하게
살 게 아니라면
부동산 공부는
필수다**

부동산 투자는
최고의 부업이다

01
부동산 투자는 최고의 부업이다

멋진 일을 해내려면 자신이 하고 있는 일을 좋아해야만 한다.
아직 그런 일을 발견하지 못했다면 계속 찾아나서야 한다.
— 스티브 잡스

회사 CEO인 Y씨는 재테크를 모르고 살았다. 그런데 지인이 부동산 재
테크로 건물을 사며 부를 불려나가는 것을 보고, 어느 날 필요성을 느꼈
다. 그래서 부동산 강좌를 찾아 듣기 시작했고 바로 가격 흥정도 하지 않
고 2017년 잠원에 재건축을 사게 되었다. 모르면 용감하다고 초보자이기
때문에 묻지도 따지지도 않고 전세 끼고 신용대출을 받아 48평짜리를 샀
다. 운 좋게도 재건축 진행이 빨라 2020년 5월이면 이주가 시작되었다.

서울은 부동산이 2016년부터 오르기 시작해 2019년까지 가파르게 상승 추세였다. 거의 2배가 올랐다. Y씨는 몇 년 사이에 본업보다 부동산 수익이 훨씬 높은 것을 경험하고 세상 보는 눈이 달라졌다. 그는 옷도 자주 달라지고 대접도 많이 하고 다닌다.

나는 어느 날 폐업이라는 의사결정을 했다. 그리고 갑자기 끊긴 수입으로 인해 깊은 생각에 빠졌다. 예고된 현실이 아니어서 준비가 안 된 상태로 미래를 설계해야 했다. 예전부터 코엑스에서 매년 5월에 하는 '머니쇼' 행사에 가보고 싶었는데 마침 이때다 싶어서 갔다. 남편은 있는 돈으로 은행에 넣어놓고 살았으면 했다. 그러나 내 생각으로는 은행에 넣어놓고 쓰기만 하기엔 금방 바닥이 드러날 것 같았다. 돈을 키우지 않으면 답이 없다고 생각했다. 더 정확한 생각은 원금 손실이 나지 않게 묶어두기라도 하고 싶었다. 생활은 그다음에 생각하자는 마음이었다.

머니쇼는 3일에 걸쳐 한다. 나는 새벽부터 가서 그곳에서 아침을 사먹고 줄을 서서 기다리면서 3일을 꼬박 강의를 들었다. 우리나라 유명한 분들이 부동산과 금융에 대해 시간표대로 강의를 했다. 나는 그중 가장 귀에 쏙 들어오게 강의하는 분을 발견했다. 그래서 그분 강의가 더 듣고 싶어 소속 부스에 찾아가니 직원이 친절하게 안내해줬다.

그때부터 본격적인 부동산 공부가 시작되었다. 그때가 2016년 5월이었다. 재테크는 한 번도 해보지 않았던 나에게 신선한 충격이었다. 일만

했던 나에게 또 다른 세상이었다. 그때 깨달았다. 내가 그동안 우물 안의 개구리였다는 것을. '세상은 이렇게 변화무쌍하고 배울 게 많은데 나는 한 곳만 바라보며 살았구나! 너무 좁은 시각이었구나!' 열심히 공부를 하다 보니 내가 살 수 있는 물건의 범위가 좁혀지기 시작했다.

그 당시에는 재건축이 대세였다. 강의를 들은 나는 재건축을 사야겠다고 결심했다. 그러나 남편을 이해시키는 것이 관건이었다. 힘들게 둘이서 번 돈을, 그것도 적은 돈도 아니고 부동산 살 자금 정도를 남편 동의 없이 하기엔 나도 조금 겁이 났다. 만약 잘못됐을 경우 후폭풍이 보통 일이 아니었기 때문이다. 또한, 남편의 동의를 얻어 안정감을 느끼고 싶은 마음도 있었다. 그래서 강의를 듣고 와서 부동산 매입의 필요성과 우리가 그동안 살아오면서 간과했던 것을 설명하기 시작한다.

둘 다 경제에 문외한이었다. 난 남편에게 우리 둘 다 경제에 대한 시각이 열리지 않아 잃어버린 기회비용과 함께 우리 둘이 너무 세상에 눈을 감고 살았다며 열심히 열변을 토했다. 남편은 갑자기 내가 무슨 이상한 소리를 하나 하는 얼굴로 듣더니 조금씩 수긍을 하기 시작했고, 그럼 당신 뜻대로 하라고 반신반의하면서 매입을 허락했다. 남편 승낙이 떨어지자마자 부동산을 사려고 하니 너무 핫해 물건이 없었다. 이미 매도자 우위 시장이었다. 부동산 사무실에 번호를 남기고 2주를 기다려도 소식이 없었다. 그때부터 오르는 시세를 바라보고만 있어야 했다. 마음이 초조해지기 시작했다. 남편과 둘이 사업할 때는 1,000만 원 수익 내기가 쉽지 않았는데 부동산 가격이 상승하는 것을 보자니 돈이 돈이 아니었다.

하루에도 3,000만~5,000만 원씩 변하는 시세를 보고 있자니 당장 계약서를 쓰지 않으면 안 될 것 같았다. 다음 날 바로 부동산으로 달려가 어렵게 현장 물건을 하나 잡았다. 마음이 놓였다. 그때가 2016년 6월이었다. 계약서 하나 쓰고 나니 시세 변동을 보고 감정 기복이 생기는 것도 잠재울 수 있었다. 그리고 목돈을 손실 나지 않게 묶어놓았다는 안도감이 평온한 일상을 가져다주었다. 그 뒤 계속 가격은 상승했다. 강남 재건축이 활활 타오르고 있을 때였다.

그러다가 11·3대책이 나오면서 가격이 꺾이기 시작했다. 불안한 마음이 든 건 사실이다. 처음 부동산을 매입한 건데 내 물건 가격이 내려가는 것을 보는 마음이 영 좋지 않았다. 처음 느끼는 기분이었다. 친정엄마에게 가격이 내려갔다고 이야기하니 경험 많으신 엄마는 부화뇌동하지 말라며 위로해주셨다. 부동산은 멀리 보고 가는 것이라며 일희일비하지 말라고 하셨다. 그러나 쉽진 않았다. 그럼에도 달리 방법은 없었기에 가만히 있었다. 그런데 잠시 주춤한 듯하더니 바로 상승세로 돌아섰다. 지금은 우리 부부가 그동안 사업해서 번 것만큼 올랐다.

부동산 투자는 최고의 부업이다

우리 부부는 운이 좋았다. 처음 부동산을 매입하면서 불안한 마음과 함께 폐업의 상처까지 안고 있었는데 처음 매입한 물건으로 인해 시간과 비용을 아끼는 결과가 되었다. 평상시 남편은 이렇게 이야기했다.

"우리가 알 정도의 정보는 끝물이다. 그러므로 우리는 재테크는커녕 사기만 안 당하고 저축하면서 사는 게 가장 경제적이다."

그러나 난 거부감이 들었다. '남이 하는 거면 나도 할 수 있지 않나? 왜 나는 안 된다는 건가?' 남편의 말을 수긍할 수 없었다. 그런데 부동산 매입으로 남편의 시각은 완전히 바뀌었다. 뉴스를 받아들이는 관점도 예전과 사뭇 다르다. 부동산 뉴스와 부동산 정책이 나오면 관심을 기울인다.

예전에는 부동산 뉴스 나오면 다 투기꾼들이 문제라며 관심을 가지지도 않았다. 이제는 내가 부동산 교육받으러 외출한다고 하면 적극 지지하는 분위기다. 부동산 매입은 많은 변화를 가져왔다. 예전의 남편은 경제나 정치 이야기를 하면 나를 훈계하거나 강의하듯이 했는데, 이젠 나의 말에 귀를 기울이고 있다. 그리고 내가 강의 때 들은 따끈따끈한 정보를 종달새처럼 종알종알 이야기하면 마누라의 예전 같지 않은 모습이 익숙하지 않은 남편은 신기하다는 듯이 바라보며 열심히 듣는다. 대놓고 말하진 않지만 싫지는 않나 보다.

함께 부동산 공부하는 P씨는 전업주부이다. 남편이 주재원으로 해외에 있다가 한국에 들어온 지가 얼마 안 되는, 유치원생을 둔 엄마다. 하루는 전화가 왔다. "언니, 아파트 계약서 쓰러 가려는데 주의사항이 뭐예요?" 우리 아파트 옆 단지였다. 나는 아는 데까지 얘기하고 전화를 끊었다. 그 아기 엄마도 초보였고 아는 게 별로 없는데도 부동산을 사서 월급

생활로는 상상할 수 없이 자산 소득이 올랐다. 남편이 많이 기뻐한다고 들었다. 남편의 몇 년치 연봉일 수도 있다. 어떤 물건을 고르느냐에 따라서 삶의 질이 달라진다.

이렇듯 부동산은 단순히 집, 즉 주거뿐 아니라 물가상승분만큼의 재산 증식 효과와 주거 만족도를 준다. 요즈음은 주부들이 부동산 재테크를 더 잘한다. 아파트라는 물건은 주부들이 남편들보다 활용도가 높다 보니 소비자의 심리를 더 잘 파악하여 훨씬 매수, 매도를 잘한다. 그러면서 경제에 대한 눈을 빨리 뜨게 된다. 상품 가치를 더 잘 알아보는 것이다. 그리고 직접 사용하다 보니 편리하고 활용도가 높은 상품을 동물적인 본능으로 더 잘 알아본다.

내가 공부하는 곳은 거의 강남 아줌마들이 많다. 그들은 남편 못지않은 수익을 올리는 사람들이다. 부업으로 이렇게 큰 소득을 올리는 아이템은 흔치 않다. 주부들에게 낯설지 않고 수익도 크다 보니 공부하면서 여러 가지로 가정 경제에 큰 힘이 될 수밖에 없다.

부동산 투자는 본업 못지않다

우연히 부동산이 끌려 공부하게 되었고 투자를 하면서 결과를 낳으니 재미가 있다. 부동산을 하기 전에 비하면 지금은 모든 사물을 보는 시각이 달라졌다. 일단 뉴스를 보는 눈이 생겨서 정책도 눈에 들어오고 지역에 따른 상품 가치를 매기는 힘이 생겼다. 그리고 자산 증식의 기쁨과 자신감과 가정의 훈훈한 애정이 싹트면서 더욱더 부동산을 사랑하게 되었다. 오늘도 부동산 관련 정보를 리서치하면서 스마트폰을 손에서 놓지 못한다.

02
부동산으로 월급의 소득 시스템을 만들어라

코로나가 전 세계를 강타하고 있다. 우리나라도 예외는 아니다. 지금까지의 모든 일상이 한순간에 변하는, 예전에 한 번도 경험해보지 못했던 일상이 펼쳐진다. 평범한 일상이 얼마나 소중하고 귀한 것이었는지 가슴 깊이 느끼는 요즈음이다.

이 사태가 진정되고 나면 후속으로 경제가 힘들어질 것 같다. 그러다 보면 직장의 인원 감축, 자영업자 폐업 속출 등 여기저기서 어려움이 터져나올 것 같다. 이럴 때 주거는 필수이니 소형 주택으로 현금 흐름을 구축해놓은 사람은 현 상황과 무관하게 갈 수 있지 않을까?

부동산 투자로 월급의 소득 시스템을 만들어라

부모에게 2012년 상속받은 A씨(36)는 의왕 호수공원 근처에 집을 지었다. 땅 72평에 융자금으로 건물을 지었다. 4층짜리 건물에 전세 2개, 나머지는 월세를 받아 월 이자를 제외하고 6백만 원 현금 흐름을 만들었다. 그리고 초등 저학년과 유치원생인 두 아이를 데리고 말레이시아로 떠났다. 남편이 좋아하는 골프를 부담 없이 칠 수 있고 아이들 영어 공부도 시킬 생각이었다. A씨가 남편의 의견에 따라 온 가족이 이민을 갈 수 있었던 것은 현금 흐름이 있었기 때문이다. 우리는 모두 A씨 부부처럼 현금 흐름을 갖고 싶어 한다.

2017년 여름 제주도에 여행을 갔다. 2016년부터 부동산 공부를 본격적으로 시작한 이후 모든 시각이 거기에만 맞추어져 있었다. 그래서 숙소에서 나와 부동산 중개사무소를 들렀다. 내가 갔던 곳이 국제영어마을인데 당시 매물도 없고 대기자가 줄을 섰을 정도로 핫한 곳이었다. 나는 바로 이거구나 싶어 대기자 명단에 이름을 올리고 중개사무소에서 나와 여행을 즐겼다. 제주의 자연 경관은 참으로 아름다웠다. 푸르른 자연 풍경과 한가한 제주의 모습이 힐링하는 데 안성맞춤이었다. 그러면서 부동산 임장도 겸할 수 있으니 스스로 만족한 여행이었다.

제주 여행을 마치고 돌아오려는 공항에서 물건이 있다는 소식을 듣고 바로 계약을 했다. 그 뒤 규제 정책과 중국인 투자자가 본국으로 정책상 돌아가면서 부동산 가격이 내리기 시작해 지금은 큰 손실이 나 있는 상태이다. 그래도 세입자가 있어 매월 현금 흐름은 발생하고 있다. 요즘같이 어려울 때는 현금 흐름도 중요하다. 그럼에도 현금 흐름은 있지만 자본 수익이 없으니 좋은 투자처라고 볼 수 없다.

지인 P씨는 2002년 남편과 이혼하고 아들, 딸과 살아가야 했다. 그 당시 남은 살림이라곤 비키니 옷장과 밥상으로 이용하는 사과 상자 하나가 전부였다. 그때부터 P씨는 아이들과 살아야 했기 때문에 모텔 청소를 하는 곳에 취업했다. 야간 근무를 자청했다. 그때만 해도 프런트에서 손님이 주문한 것을 판매하던 시절이었다. 그래서 호실에서 주문한 것을 가지고 가면 손님들이 팁을 주었다. 그 돈은 월급 외에 부가 수입으로 짭짤하여 야간 근무를 자청한다고 한 것이다.

P씨는 그곳에서 5년 근무를 마치고 다른 일을 찾아야만 했다. 밤새 잠을 못 자니 신체의 리듬이 깨져 어쩔 수 없이 그만두어야만 했다. 손님이 주문한 맥주병을 치아로 까주다보니 치아가 망가졌다. 그리고 밤잠을 못 자니 체력이 약해져 그만둘 수밖에 없었다. 그래서 수입은 줄어도 낮에 일하고 밤에 잠을 자야 한다는 의사 선생님의 제안으로 일을 바꿀 수밖에 없었다. 수입은 반 이상으로 줄었다.

종잣돈으로 월급의 시스템을 만들어야 한다
난 생각했다. 저렇게 살아야만 부를 이룰 수 있는가? 그게 맞다면 사는 게 너무 가혹하다. 사람이 일을 위해 태어난 것도 아니고 어떻게 저렇게 신체를 혹사하면서까지 살 수 있을까? 그토록 쓰지 않고 벌기만 하면 부자가 될 수 있는가? P씨를 보고 참 많은 생각을 했다. 비록 그렇게 해서 통장에 돈이 쌓였을지 몰라도 돈을 벌기 위해 사는 사람처럼 삶이 너무 메마르고 처절하단 생각이 들었다.

그런데 배울 점은 있었다. 돈 벌겠다는 신념은 최상급이어서 본받을 만큼 부지런했다. 그래서 주인이 채용했고 오래 돈을 벌 수 있었을 것이다. 성실과 근면은 배울 점이었다. 그러나 경제 관념은 전혀 없는 상태였다. P씨가 조금만 경제에 관해 관심을 가졌더라면 5년이란 시간 동안 얼마나 달라졌을까?

J선배는 발레를 전공했다. 발레 전공자답게 연예인만큼 아름답다. 사업가인 J선배 남편은 의류 사업을 했다. 그래서 백화점 한 코너에 입점하여 의류 판매를 했다. 그런데 얼마 후 의류 사업을 접고 지금은 현대건설로 넘어간 삼성동 한전 부지 근처에서 한전 부지 직장인을 배후에 두고 식당을 한다. J선배는 식당을 운영하고 남편은 건설업을 하고 있다. 선배가 운영한 식당은 대박을 터트렸다. 그러나 남편이 한 건설업이 부도가 나서 식당마저 잃을까 봐 미리 손절매했다. 그 뒤 공매를 잘하는 남편 지인의 소개를 받아 지방의 가든을 공매 물건으로 인수를 했다.

그곳에서 J선배는 식당 주방장을 했다. 이 선배 부부는 경제에 대한 관념이 열려 있었던 것 같다. 가든을 공매로 인수한 그 식당에서 영업을 시작한 지 6개월 정도 지났을 때 그 부동산을 딱 2배로 받고 매도를 했다. 좋은 매수자가 나타난 것이다. 그 뒤 시내 관공서와 대학이 있는 입지 좋은 곳에서 다시 식당을 오픈했다. 식당 주인이 영업하러 직장인이 있는 곳에 떡을 싸 들고 가는 사람은 처음 봤다.

연예인 같은 외모의 여성이 깔끔하게 차려 입고 식당 홍보를 하니 참신했던 것 같다. 강남에서 영업했던 마인드라 지방에서는 앞선 영업 방식이 적중했다. 직장인들에게는 신선하게 어필이 된 것 같았다. 그 정도 영업할 정도면 준비는 얼마나 철저했겠나! 선배가 오픈한 식당 옆에 아주 인지도 높은 터줏대감 식당이 있었다. 선배는 그 식당을 뛰어넘는 것이 목표였다. 길고 짧은 것은 대봐야 안다며 선배는 자신감이 있었다.

선배의 영업 전략과 준비된 음식 솜씨로 경쟁 상대를 누르고 시내에서 매출 베스트 가게로 이름을 날리게 되었다. 3년에 걸쳐 이루어진 결과물이었다. 그 뒤부터 선배 부부는 부동산을 알아보기 시작했다. 관심 있는 부동산이 발견되면 부동산 중개사에게 자문을 구한 다음 협상에 들어간다. 선배 부부에게 배울 점은 먼저 스스로 부동산을 알아본 다음 부동산 중개사에게 물어본다는 점이었다. 이는 일반인과 다른 점이다.

그만큼 부동산을 보는 안목과 경제에 대한 개념이 있는 사람들이란 생각이 들었다. 그렇게 해서 2002년 청주에서 대전 가는 고속도로 인근에 4억 5,000만 원으로 땅을 샀다. 현금 2억 원과 나머지는 거래 은행으로부터 신용을 쌓아 대출로 매입했다. 노무현 대통령이 당선되면 세종시가 개발될 것이고, 당선이 안 되면 개발을 장담할 수 없는 상황이었다.

그러나 선배 부부는 과감히 매입을 했고 매입 후 몇 개월이 지나자 입질이 오기 시작했다. 선배 부부는 꼭 세종시 개발 이슈 하나만 보고 부동산을 매입한 것이 아니었다. 고속도로변이라 어떤 식으로든 효용 가치가 충분히 있다고 판단한 것이다. 아니나 다를까 LG 물류 창고로 이용할 용도로 LG에서 인수하게 되었다. 매도 당시 노무현 대통령이 당선되어 땅값은 천정부지로 치솟아 15억 원에 매도를 하게 되었다. 실제로 들어간 돈은 2억 원이었다. 부동산이 이런 것이다. P씨와 J선배 부부의 경제에 관한 시각을 보고 난 너무 놀랐다. P씨는 통장에 잔액은 두둑하나 돈이 돈으로서의 기능을 제대로 못 한 상태에다가 건강과 돈을 바꾼 느낌이고, J선배 부부는 돈이 돈을 벌게 하는, 살아 움직이는 역동적인 기능을 효율적으로 사용하고 있었다. 나는 바로 그 차이를 배우고 싶었다.

부동산 투자로 경제 시스템을 만들어야 한다

그때부터 재무 관리에 관심을 갖게 되었다. 나에게는 일단 선배 부부처럼 부동산 살 돈이 없으니 종잣돈을 모으기 위해 재정 상태부터 바로 정립하여 자산 관리를 해야겠다는 다짐을 했다. 그러면서 신문을 구독했다. 경제를 알아야 한다는 생각에 매일경제신문을 보는데 눈에 띄는 문구를 발견했다. 코엑스에서 머니쇼를 광고하는 것이었다. 난 거기에 꼭 가리라 마음먹었다. 그러나 현실에 메여 있으니 도무지 시간이 나지 않았다. 언젠가는 가야지 마음은 먹었지만 생활전선에 매몰된 채 시간은 흘렀다.

나에게는 두 지인 P씨와 J선배가 경제에 대한 관점을 보게 한 모범 사례라고 할 수 있다. 닮고 싶은 사례와 반면교사가 되는 사례! 그때부터 다람쥐 쳇바퀴 도는 삶을 벗어나는 연습을 시작했는지 모른다. 결국, 2016년에 나는 머니쇼에 가서 멘토를 만났고 마침내 강남 재건축을 매수했다.

03
아무리 열심히 일해도 늘 힘든 이유

어느 날 가을 수확으로 우리집 앞마당 한쪽에 감이 가득했다. 시골인 우리집은 감, 밤, 고구마 등 수확한 것들로 풍성했다. 그러나 그런 수확물을 거두어들이는 엄마 아빠는 언제나 바쁘셨다. 그래서 난 가을 수확물이 귀하거나 소중하게 느껴지지 않았다. 부모님 바쁜 것이 더 신경 쓰일 뿐, 맛이 어떤지는 아무 문제도 되지 않았다.

한편 동네에 사는 Y씨는 아버지가 초등학교 교장 선생님이셨다. Y씨 집 마당은 언제나 깔끔하게 정돈되어 있어 어린 내가 보기에도 좋았다. 그런 어느 날 가을에 감이 함지박에 풍성하게 있는 것을 보고 우리집에 놀러온 Y씨는 좋아보인 듯했다. 그래서 감을 주니 그렇게 좋아할 수가 없다. Y씨는 마당이 어지럽혀 있는 것은 안중에도 없고 자기 집에 없는 풍성한 가을 먹을거리가 좋아 보이는 듯했다.

　Y씨 집이나 우리집이나 도긴개긴이다. 다만 살림살이 정리정돈 정도
의 차이지 살아가는 데는 큰 차이가 없었다. 열심히 일해도 물가상승분
정도의 인상된 월급과 우리집은 가을에 태풍 한 번 맞으면 그나마 수확
마저 큰 손실을 보게 되는 문제가 있지만 살림의 간격 차가 극명할 정도
는 아니다.

　우리 동네에 T씨는 아버지가 면장을 하시다가 군수 선거에 2번 출마했
다가 낙선되면서 가세가 기울어 일찍이 학업을 중단하고 고졸로 시장에
서 야채 장사를 한다. T씨는 가게에 야채를 납품하다가 자연스럽게 정육
점 오픈할 기회를 얻었고 또 쌀가게까지 영역을 넓혔다. 그러면서 고깃
집을 개업하게 되었다. 거기서 또 다른 가게를 열었고 냉면과 만두 메뉴
로 대박이 났다. 2013년 거기서 벌어들인 돈으로 시유지가 있는 시가 13
억 원의 화성 땅을 현금 3억 원을 주고 나머지는 사업체가 있으니 대출을
끼고 매입해 자산 형성을 했다. 시장에서 천막 치고 야채 주문과 배달을
하던 청년은 시야를 넓혀 1호점, 2호점 하나하나 늘려가면서 사업 수완
을 발휘했다. 거기서 끝나지 않고 부동산 투자까지 시야를 넓혀 큰 자산
을 축적했다.

열심히 일해도 늘 힘든 이유

　남편은 대학을 졸업하고 W모직회사에 취업했다. 부서는 전공인 화학

과에 맞는 실험실이었다. 전형적인 월급 생활이 시작된 것이다. 우리는 1989년 결혼을 했다. 그 당시 남편 월급이 38만 원이었다. 25일이 월급 날인데 항상 월급 받기 1주일이나 10일 전에 생활비가 바닥이 났다. 당연히 집은 자가가 아닌 전세였고 꾸역꾸역 생활하면서 큰아이가 생겼다. 생활비는 더 들어가고 저축은 언감생심, 빚을 안 지면 다행이다 할 정도로 여유 없는 생활이었다. 둘째가 생기면서 근로자우대아파트를 분양받아 대출을 안고 24평 생활을 시작했다. 주택에 살다가 아파트 생활을 하니 쾌적하고 편리하기는 했으나 경제적인 면은 다람쥐 쳇바퀴 돌듯이 계속 생활고에 시달리는 느낌이었다. 그렇다고 이 상황을 뛰어넘을 뚜렷한 방법을 찾을 생각도 못하고 주어진 대로 살았다. 경제 개념도 없었고 주변 친구들도 다들 고만고만한 모습들이라 딱히 위기감이나 돌파구의 필요성을 못 느끼며 살았다. 생활의 궁핍함이나 옹색함은 주어진 운명으로 생각했다. 부자들은 타고난 것이고 부자들의 삶은 나와는 다른, 특별한 사람들의 전유물로 생각했었다.

친정아버지는 농사를 지어서 우리 5남매를 다 대학을 교육시키셨다. 내가 초등학교 때만 해도 여유가 있는 생활을 했던 것으로 기억난다. 우리 고향에는 5일장이 서는데 그때마다 아버지 혹은 엄마가 장을 봐오셔서 반찬이 풍요로웠고 친구들보다 색다른 반찬들이 많았다. 예를 들면 해삼, 낙지, 바지락 등 시골에서 좀 사는 집 소리를 듣고 살았다. 그런데 우리가 성장하면서 교육비가 쓰나미처럼 들어갔다. 그러자 머슴도 내보내고 부모님께서 농사일을 도맡으셨다. 지금 생각하면 오히려 갈수록 연로하신 아버지의 일을 머슴이 분담해야 하는데 학비 때문에 지출을 줄여보고자 그런 결정을 두 분이 내리신 것이었다.

논은 하나씩 팔아서 등록금으로 대체되었다. 두 분 농사일 외에 불로소득 없이 노동력과 있는 재산으로 현금화하려니 아무리 일을 해도 나아지기는커녕 더 생활이 어려워지는 것은 불 보듯 훤한 일이었다. 그렇다고 자식들이 대학을 졸업하고 바로 취업으로 연결되어 생활에 일조한 것도 아니었다. 취업은 졸업 후에도 조금씩 늦어져 부모님은 자식 농사일로 고생을 이중삼중 톡톡히 하셨다.

자식들 취업이 늦어지니 아버지는 우리에게 가르치기만 하면 고생하지 않고 살 줄 알았다며, 너희는 다음에 자식 대학 보낼 때 학과 선택을 미래 지향적인 점에 두고 하라면서 그 부분이 아쉽다고 하셨다. 그렇게 말씀하시는 아버지를 보고 참 미안했다. 자식이 똑똑하지 못해서 취업이 늦어진 건데 아버지는 끝까지 우리를 못난 자식으로 인정하지 않으셨다.

세상은 칼날 위를 걷는 것과 같고, 알고도 속고, 모르고도 속는데 이왕이면 알고 속으라고 가르친다고 말씀하셨다. 그리고 5남매 다 대학을 보내는 이유는 형제도 사는 모습이 차이가 나면 화목하게 우애할 수 없으니 두루두루 사는 형편이 비슷해야 하는 것이기 때문이라고 하셨다. 우리집 가훈이 '부모를 하늘같이 섬기고 형제간에 우애하라'였다. 아버지가 지으신 것이다 지금도 아버지를 생각하면 사랑이 느껴져 눈물이 난다. 가슴 깊이 심어준 사랑이다. 살면서 힘들 때마다 아버지의 깊은 사랑이 위안과 위로가 된다. 경제에 관한 다른 관점 없이 오로지 열심히 일만 하셨다. 자식이 잘되면 그것으로 만족이라는 생각으로 열심히 일하신 엄마, 아버지!

열심히 일만 하면 나아지지 않는 삶

이제 내가 부모님 나이가 되어보니 더욱더 고생만 하신 부모님이 안타깝고 마음이 아프다. 그렇게 교육한다고 해서 되는 것이 아닌데, 가정 경제를 그렇게 운영해서는 안 되었는데 등등.

아마 나는 그런 부모님의 삶을 교훈 삼아 교육과 경제에 관한 관점이 생겼는지도 모르겠다. 우리집은 항상 바쁘고 일이 많았는데 언제나 여유가 없고 부모님이 일에서 헤어나오지 못하시는 게 싫었다. 그래서 일이 한가한 겨울을 좋아했다.

난 지금도 겨울이 좋다. 항상 바쁘신 부모님이 겨울에 눈이 내리면 한가하게 쉬는 모습이 그렇게 편안하고 포근했다. 다른 계절은 바빠서 식사도 제대로 못 하실 정도였다. 그래서 개인적으로 시골을 좋아하지 않는다. 남편은 서울 토박이인데 시골로 언젠가 간다고 꿈을 꾸고 있다. 전혀 시골을 모르는 사람이기에 할 수 있는 말이다. 시골의 실상을 알게 되면 지금 생활이 얼마나 편안하고 감사한 일인지 알게 될 것이다. 시골은 거저 되는 것이 하나도 없다. 다 손수 노력해야 결실이 맺어진다. 우리입으로 들어가는 것 하나하나 누군가의 손길이 들어간 것임을 알게 되는 것이 시골 생활이다. 시골에서 자란 사람은 웬만한 어려움이 닥쳐도 생활력이 강해 극복한다는 말이 있다. 그만큼 자라면서 농사일을 통해 쉽게 되는 것이 없다는 것을 체화한 것이다.

그러나 경제는 열심히 하는 것과는 전혀 별개의 문제이다. 열심히 하면 경제가 나아진다면 우리 부모님은 빌딩을 소유해야 맞다. 그런데 줄어든 논 문서만 있다. 그 이유가 무엇일까?

남편도 열심히 회사일 했으니 살 만해야 하는데 살아가는 데 여유가 없고 빚이 없는 게 다행일 정도다. 친정아버지와 남편은 무엇이 문제일까? 주변에 부자가 없었다는 게 가장 중요한 점이다. 내가 강남 신세계 백화점으로 부동산 공부를 하러 다니면서 지인들과 대화를 하고, 돈 버는 얘기를 듣고 따라 하다 보면 자동적으로 알게 되는 것이 돈인 것 같다. 학문을 통해 지식으로 접근하기보다 "누가 뭘 투자했는데 얼마가 올랐대. 우리도 해볼까?"라는 게 더 많다. 신뢰할 만한 지인이 추천도 하고 돈을 투자하는 것을 보면서 '저 사람이 할 정도면 해도 되겠다.' 하면서 자산 형성에 도움을 받는 경우도 많이 보았다.

돈이 돈을 부른다. 부자가 투자한 것은 거의 돈이 되는 경우가 많다. 그래서 그들은 끼리끼리 웬만한 전문가보다 정보가 정확하고 확실하다. 그래서 부자가 되고 싶으면 부자와 가까이 지내라고 하지 않던가. 강남 사모님들과 공부하면서 느낀 점은 강의 내용이나 주변 사람의 말을 소홀히 듣지 않는다는 것이다. 그리고 생각의 틀이 유연하고 능동적이다.

부자 따라 투자하라고 어느 은행 직원이 했던 말이 생각난다. 공부보다 더 중요한 것은 부자 따라 투자하는 것이다. 그 길이 더 빠르다. 남편이나 친정아버지도 부자인 가까운 친척이나 친구가 있었다면 정보를 한 번쯤은 접했을 것이다. 눈으로 부자의 실상을 보거나 투자 경험담을 듣게 되면 믿고 따라 했을지도 모른다. 그랬다면 일만 하는 가난한 삶을 끝낼 수 있지 않았을까?

투자를 통해 자산도 증식하고 좀 더 여유 있게 살았을 텐데 하는 아쉬움이 많다. 그래서 나는 자본주의 사회와 돈이 돈을 버는 구조를 알아서 '부'의 무지에서 벗어날 수 있기 바라는 마음으로 이 책을 쓰게 되었다.

나도 월세 받으면서 살고 싶다!

지인 E씨는 오늘도 스타렉스를 몰고 골목골목 작은 슈퍼에 물건을 납품한다. 그렇게 생활전선에 뛰어들어 1남 2녀를 가르쳤다. E씨의 남편은 용인 수지가 개발되기 전 땅을 샀는데, 사자마자 그린벨트에 묶이고 말았다. 그 후 평생 사업만 구상 중이다. 사업 시도 중 아내 E씨의 목돈도 몇 번 축낸 적이 있다. 결국, 실질적인 가장은 E씨의 몫이 되었다. 그렇게 세월이 흘러 2002년 즈음 그린벨트가 풀려 그 땅을 팔았다. E씨 남편은 땅 매매 대금으로 신길동에 다가구주택(82평) 2층 건물에 옥탑까지 방 10개, 2층은 주인이 사는 건물을 1억 6,500만 원에 낙찰을 받았다. 이미 있는 세입자를 그대로 떠안고 샀다. 평소 E씨 남편은 죽기 전에 아내가 살 집은 마련해주고 죽는다고 했다고 한다.

E씨가 좁은 집에서 못 산다고 하니, 남편은 걱정하지 말라며 대궐 같은 집을 당신 앞으로 해놓고 죽는다고 호언장담했다고 한다. 그런데 그게 현실이 되었다. 낙찰을 받고 몇 개월이 지나 E씨가 넘어져 허리 부상으로 더는 장사를 할 수 없게 되었다. 몸도 아픈 데다 상권도 변했다. 대형 상권이 들어서면서 차츰 동네 슈퍼가 없어지게 되었다. 매출이 현저하게 줄면서 변화된 상권에서 장사를 접을 수밖에 없었다. 그 뒤 경매로 낙찰받은 다가구가 제 기능을 발휘하게 되었다. 당장 수입이 끊겼는데 2층에 주인이 살고 방 10개 모두 전세를 월세로 교체하면서 월 300만 원의 파이프라인을 구축하게 되었다. 그때 E씨 나이 54세이고 자녀는 1남 2녀로 다 분가시키고 두 부부만 생활하면 되었다. 지금도 E씨는 하늘이 도왔다고 한다. 그때 경매를 받지 않았다면 어떻게 되었을까 소름이 돋는다고 한다. 지금도 꼬박꼬박 월세를 받으며 행복한 삶을 살고 있다.

나도 월세 받고 싶다

2010년 사업 시작한 지 4년쯤 되었을 때 나는 현장 3개를 운영했다. 그때부터 통장에 돈이 쌓이기 시작했다. 그러면서 투자하고 싶다는 생각이 막연히 들기 시작했다. 그 당시 집도 없었다. 내 집부터 사야 한다는 생각이 없었다. 그리고 부동산이 많이 내려가 있는 상태였다. 부동산은 일본과 같은 버블이 온다는 여론이 팽배했을 때이기도 했다. 공부가 안 되어 있으니 여론에 휘둘리는 것은 당연한 일이었다. 자산 관리도 우선순위가 있다. 제일 먼저 미래 가치가 있는 집이 우선이다. 공부를 해보니 집만 한 자산이 없다. 우리나라는 부동산에 자산의 70%가 있기 때문에 우선 똑똑한 집을 일찍 장만할수록 자산 형성에 유리하다. 꼭 거주를 해야 한다는 개념은 내려놓아야 한다.

나는 세를 살아도 된다. 그러나 자기 집은 필수이다. 그다음 자기 성향에 맞게 다른 부동산에 투자하면 된다. 그러나 나는 부동산은 종말의 시대가 왔다는 뉴스를 그대로 받아들이고 금융에 자산 관리를 해야겠다며 미래에셋에 계좌를 열었다. 직원이 나를 놓칠 리 없다. 당장 펀드를 권했다. 선뜻 내키지 않았는데 수익이 나는 표를 보여주며 권하기에 긴가민가하면서도 목돈 펀드를 들어버렸다. LG화학, OCI 주식이 붐을 일으킬 때 또 주식을 샀다. 그 뒤 펀드는 5년째 마이너스 행진을 하고 주식은 30% 때 손절매하고 말았다. 나는 '아, 내가 전문적인 지식 없이 투자해서 실패했구나!'라고 생각하며 신문을 통해 자산 관리사에게 상담을 요청했다. 무엇을 하는 것인지도 모르고 자산 관리란 말에 신청했는데 그때가 2012년이다.

재무설계사와 만났다. 그는 "이제 부동산은 끝났습니다."라며 이렇게 설명했다.

"법 제도화로 수익 대부분을 들춰 내 세금으로 다 환수 조치할 것입니다. 그래서 부동산으로 투자해서 이익이 날수록 의미가 없습니다. 그러므로 세금 면에서 안전한 금융으로 자산 관리를 해야 합니다. 상속세에 유리한 이 상품을 들어야 합니다. 앞으로는 금융이 대세입니다. 부동산 투자하는 사람들은 세금 내다보면 금융으로 방향을 전환할 수밖에 없게 됩니다. 선진국인 미국은 금융이 대부분입니다."

그렇게 상담을 하여 현재 나의 수입에 맞게 권하는 대로 보험을 다 들었다. 한 치의 의심도 없이. 그리고 처음에는 정보를 준다며 2주에 한 번씩 와서 자료를 주었다. 그러다 한 달에 한 번씩 방문하더니 그것마저 희미해졌다. 어느 날은 전화를 받지 않아서 뭔가 잘못되었다는 것을 직감했다. 나의 무지를 누구에게 탓하랴! 금융자산 관리가 아니라 보험설계사였던 것이다. 일명 재무설계사는 보험영업인이었다. 그 뒤 몇 년 흘러 우연히 지인이 부동산을 권했다. 한편으로 솔깃했다. 금융에 실망하고 다른 투자처를 찾을 생각이 조금 있었는데 땅이었다. 땅은 거짓말을 하지 않고 누가 훔쳐가지도 않으며 호재까지 있다니 좋았다. 투자하자는 생각으로 마음을 굳혔다. 지목이 뭔지도 모르고 토지이용계획원이 있는 지도 모르는 나는 용감하게 계약서에 사인했다.

그러기 전에 땅을 보여준다며 차로 나를 데리고 가는데 시내 도로변에 있는 땅이었다. 시내에 저런 땅이 있으니 개발은 빨리 되겠다는 막연한 추측을 하며 마음의 결정을 내렸다. 그런데 아뿔싸! 나중에 알고 보니 그린벨트였다. 나에게 땅을 보여주며 임장을 함께했던 사람이 등기상 소유주였다. 더 가관인 것은 소유주는 땅을 담보로 최대한 대출을 받았다. 그리고 나 같은 부린이(부동산 어린이)는 한 지번에 근저당 설정권으로 수

십 명이 있었다. 나는 그 땅의 등기권이 있는 게 아니고 임장을 함께한 사람 지번에 근저당 설정권만 갖게 되는 것이었다. 재산권도 없고 모든 키는 그 중개인이 가지고 있는 것이었다.

이 사실을 알게 된 때는 2015년이었다. 제대로 된 부동산을 하나 사야겠다 싶어 계속 모니터링하고 있던 때였다. 부동산 채널을 유심히 보고 있었다. 한 전문가가 상담을 친절하게 해주는 모습을 보고 상담 신청을 했다. 그 상담사와 상담을 하고서 나의 땅이 문제가 있음을 알았다. 상담 해준 분은 이 문제를 해결하고 편안할 때 투자를 해야 한다고 말했다. 아마 내게 권할 물건은 따로 있었던 것 같다. 디벨로퍼(부동산 개발 전문가)였다. 그러면서 해결책까지 알려주었다. 알려준 대로 그 순서를 밟아 원금을 회수했다. 물론 마지막 해결책은 나 자신이었다. 그 과정을 겪으면서 많은 것을 알게 되었다. 나에게 해결책을 제시해준 사람의 목적과 의도도 알게 되었다. 지금도 유튜브며 부동산 채널에서 유명한 사람이다. 전부 자기 영업이었다. 나에게 필요한 정보나 선택은 내가 해야 하는 것이다.

나에게 맞는 정보와 부동산은 내가 찾는 것이다. 내가 중심에 서 있고 주도적인 선택을 하기 위해선 공부가 필수다. 그래서 나는 공부를 하기로 결심했다. 어디서부터 어떻게 해야 하나 생각하다 공신력 있는 곳에서 하는 강의부터 듣기로 했다. 그것이 매년 코엑스에서 열리는 머니쇼였다. 나는 머니쇼 참가를 신청했고, 그때 멘토를 만나 부동산 공부를 본격적으로 하게 되었다.

머니쇼에서 내가 멘토를 선택했다. 가장 마음에 드는 강사를 택해 더 강의를 들을 기회를 잡는 것이다. 그 강사는 백화점에서 강의하고 있었다. 머니쇼 후 처음 강의 듣는 곳이 소공동 롯데백화점이었다. 강의를 들으면서 내가 얼마나 위험한 길을 걸어왔는지 알게 되었다. 그리고 나 자신이 얼마나 무지했는지도 알게 되었다. 나는 우물 안 개구리로 살았구나 싶었다. 이때부터 세상에 눈뜨기 시작했다. 강의를 듣고서 나에게 가장 시급한 것이 내 집 마련이란 것을 깨닫게 되었다. 강의를 다 듣고 내 집 마련에 총력을 기울였다. 사람은 한 단계씩 밖에 못 가는가 보다. 아마 나만 그럴 것이다! 지금 생각해보면 월세가 나오면서 내 집도 되는 길을 택해야 했는데 아쉬움이 남는다.

그때 나는 강남 재건축을 선택하면서도 생활비가 걱정이 되었다. 또한 어떻게 되겠지 하면서 지난날의 시행착오에 비하면 얼마나 확실한 투자인가 스스로 위로하며 안심했다. 공부가 안 되어 있으니까 넓고 깊게 보지를 못하는 것이다. 단편적으로 한 가지 선택하고, 한 가지 해결하는 근시안적인 사고였던 것이다. 지금 생각해보면 강북 쪽에 구 주택을 사서 건축해 자가도 해결하고 월세도 받는 방법이 좋았겠다 싶다. 그때 그 생각을 하지 않은 것은 아니었다. 그래서 부동산을 돌아다니기도 했다. 그런데 선택을 할 수가 없었다. 중심이 서 있지 않고 자신감이 없으니 어떤 부동산을 사서 어떻게 건축할 것인지 그림이 그려지지 않으니까 도저히 한 발을 나아갈 수 없는 상태였다. 계속 부동산은 상승가도를 달리고 있을 때였다. 차츰 지난 시행착오가 떠오르면서 잘못된 길을 갈까 봐 안전한 곳에 일단 하나 묻어두자는 생각으로 재건축을 결정하게 되었다.

이 부동산은 손해는 보지 않겠다는 생각은 들었다. 다만 언제 재건축이 되어 재산 역할을 할 것인지는 미지수였다. 예감대로 재산 역할을 하기엔 시간이 많이 남아 있었다. 다행히 다른 재건축보다는 사업 단계가 빨라 2020년 안에 이주는 예정되어 있다. 그러나 '어떻게 되겠지'가 어떻게 되는 것은 아니었다.

나도 월세를 받아야만 하는 이유

당장 생활비가 절실한 현실에 맞부딪히게 되었다. 그래서 E씨처럼 월세 받는 부동산을 만들어야 한다. 모든 과정을 일찍 시작했다면 다 가능할 텐데 하는 아쉬움이 많다. 그리고 기회가 와도 공부가 되어 있지 않으니 기회를 잡을 수가 없었다. 재건축 사기 전에 강북에 투자할 수 있는 안목이 준비되어 있었다면 더 빨리 월세 흐름을 만들었을 것이다. E씨처럼 현금 흐름을 만들어야 한다. 생활비가 나올 수 있는 시스템을 하루빨리 구축해야 한다.

05
부동산 투자, 원리를 알면 어렵지 않다

지인 B씨(51세 여)는 직업훈련학교 교장이다. 학교에서 오피스텔을 얻어 사무실로 사용하고 있다. 매월 월세를 임대인에게 학교에서 지급한다. B씨는 어느 날 자기도 이런 부동산이 있으면 좋겠다는 생각을 했다. '임대인이 되면 어떨까?'라는 생각을 하면서 직장생활을 했다. 회사나 법인에서 지급하는 것은 안전하며 연체될 일도 없고, 그런 월세를 받는 부동산을 갖고 싶어 했다. 그러던 참에 학교에서 사용하던 오피스텔이 경매로 나왔다. B씨는 기회를 놓치지 않고 낙찰을 받아 월세를 받게 되었다. 그 후 또 다른 사무실이 급매로 나와 매수했다. 그래서 본인 부동산으로 학교에서 3개 사용료를 받고 있다. 본인 직장에서 월급 이외의 월급을 월세로 받고 있는 것이다. 오피스텔은 철저히 수익형 부동산이다. 즉 월세를 받는 목적이 분명해야 한다. 그 이외 매매 차익을 생각한다면 다른 방법을 찾아봐야 한다.

나도 B씨처럼 월세를 받을 수 있게 현금 흐름을 만들어 놓았다면 일찍 경제적 자유를 얻었을 것이다. 그러나 사업할 때는 사업에 빠져 다른 것을 돌아볼 생각조차 하지 못했다. 지금에 와서 돌아보니 좁은 생각으로 살았음을 느낀다. 현역에 있거나 직장에 다닐 때 일찍 자산 관리를 시작할수록 유리하다.

압구정동에 사는 63세 G씨는 2017년 서초 무지개아파트 34평을 매입했다. 그 아파트는 재건축으로 2019년 서초 그랑자이로 일반분양을 마쳤다. 매수가 대비 8억~9억 원은 올랐다. G씨와 같은 경우는 현금 흐름이 있는 사람이 자본 수익을 목표로 했을 때 하는 선택이고, 신길동 E씨의 경우는 당장 현금 흐름이 필요했으므로 선택하는 길이다. 즉 수익형 부동산이다.

이처럼 부동산에는 2가지가 있다. 자본 수익을 목표로 하는 부동산과 현금 흐름을 목표로 하는 수익형 부동산이다. 각자의 여건에 맞는 부동산을 선택해서 방향을 잡아 투자하면 된다. 그런데 이런 개념도 없이 불나방처럼 덤벼들면 계약서를 작성하는 순간 정말 돌이킬 수 없는 강을 건너게 된다. 부동산은 큰 금액이 들어가기 때문이다. 공부할 때 멘토가

했던 말이 떠오른다. 결혼은 잘못하면 이혼하면 된다. 인생 자체가 망가진 것은 아니다. 그러나 부동산은 잘못하면 인생을 망가뜨릴 수 있다. 그만큼 부동산 투자는 신중해야 한다고 했다.

자본 수익이 목표인가, 월세 수익이 목표인가

일단 소액일 경우, 젊다면 앞으로 재개발이 예정된 연립 다세대가 유효해 보인다. 이 경우는 시간이 예정되어 있지 않기 때문에 실제 가격에서 크게 오르지 않는 싼 가격이다. 이런 물건을 전세 끼고 사놓고 기다리는 것이다. 다급해하지 않고 잊고 기다릴 수 있는 돈으로 해야 한다. 나는 2017년에 우연히 이런 부동산을 만났다. 부평, 부천IC가 지하화한다는 뉴스를 듣고 주변 부동산에 가보았더니 대지 22평, 2층짜리 연립(1억 2,000만 원)인데 전세(4,500만 원)를 끼고 있어서 계약했다. 계약 조건은 연립이 낡아 전세 세입자에 맞추었다. 계약서 쓰면서 알고 보니 매도자가 세입자이고 자금 사정으로 집을 매도한 것이었다.

나중에 알고 보니 2003년부터 재개발 말이 나왔었고 감정평가액이 1억 1,700만 원 나온 상태였다. 나는 매수하면서 언제 될지 기대하지도 않았다. 그때가 2017년 7월이었다. 등기가 나오고 2개월 만에 관리처분인가가 나면서 매수가 대비 5,000만 원이 상승하였다. 그때부터 재개발이란 것을 알게 되었다. 2019년 3월에 분양하여 입주는 2021년 10월이다. 무엇이든지 내 돈이 들어가면 가장 빠르게 알게 된다. 그것이 인생 이치다. 비례율도 높게 나와 일반분양가 대비 조합원 분양가는 꽤 프리미엄이 형성되었다. 조합원 분양가는 일단 일반분양가보다 가격이 낮고 옵션이 좋다. 확장은 무료이고 가전제품이며 새시도 현장마다 옵션이 다양하다. 여기서 일단 작게 잡아도 옵션 가격(700만~800만 원) 이득을 보고 들어가는 것 같다.

재개발의 특징을 바라고 소액을 투자하여 조급하게 기다리다 보면 실제적인 이익을 취득하지도 못하고 지쳐버릴 수가 있다. 그래서 재개발은 여윳돈으로 하라는 것이다. 시간과의 싸움이니까!

그런데 이런 투자가 맞지 않는 사람이 있다. 당장 생활비가 필요하거나 연세가 드신 분은 기다리다가 이번 생에 기회가 오지 않고 생을 마감할 수도 있다. 그리고 금방 차익 실현으로 목돈을 필요로 하는 사람도 맞지 않는다. 최근에 부동산 가격이 많이 상승하여 입지 좋은 곳에 비하면 이 재개발은 귀여운 수준이다. 서울, 성남, 수원 같은 곳은 최소 3억~8억 원까지 프리미엄이 붙었다. 프리미엄이란 감정 권리가를 뺀 나머지 가격을 말한다. 내가 매입한 효성동 부동산은 프리미엄 1억 5,000만 원이 붙었다.

관심을 갖지 않고 지나다 보면 어느새 지인들은 자산 형성을 많이 해놓아서 '나는 뭐한 건가?' 하면서 박탈감이 들 수 있다. 그래서 부동산에 관심을 가져야 한다. 큰 부자는 아니어도 물가상승분만큼 나의 자산도 플러스가 되어야 한다. 나의 현 상황부터 파악하여 차츰 나의 투자 방향에 맞게 공부를 해나가면 된다. 첫 계약서가 중요한 것 같다. 한 번은 결심해야 도장을 찍을 수 있다. 그 단계를 넘어가면 부동산 매수 결정하는 데 그다지 부담되지도 않고 공부가 되어 있으면 재미있다. 무엇보다 내가 매수한 부동산이 올라 있을 때는 생활에 활력이 나고 더 돈을 모아 부동산을 사고 싶어진다. 최근에 유행한 책 『나는 마트 대신 부동산에 간다』가 히트하지 않았던가! 그런데 실제다. 투자의 성공을 한번 맛보면 그 어떤 것보다도 재미있고 신난다. 명품이 없어도 하나도 기죽지 않는다. 왜냐하면 명품을 안 사는 것이지 못 사는 것이 아니기 때문이다.

재개발과 재건축은 자본 수익을 목표로 하는 부동산이다. 다가구, 다세대, 오피스텔, 상가 등은 월세 수익형 부동산이다. 아파트는 자본 수익과 월세 수익을 동시에 안겨다주는 투자성 좋은 부동산이다. 그래서 소형 아파트를 좋아하는 것이다. 그 대신 상가를 뺀 다른 수익형 부동산보다는 아파트가 조금 돈이 더 들어갈 수 있다. 그래도 안전성이 중요하니 아파트가 좋은 투자 대상임은 틀림없다. 다세대도 자본 수익 부동산으로 투자할 수 있다. 예를 들면 낡은 연립이나 빌라를 경매로 낙찰을 받아 수리해서 시세 가격으로 팔면 자본 수익 부동산이 되는 것이다. 부동산도 이리저리 요리하기 나름이다. 아이디어와 시각 전환에 따라 돈을 많이 버는 사람은 주변에 생각보다 많다.

월세 수익과 자본 수익이 동시에 가능한 투자

지인 K씨는 부동산에서도 포기한 반지하 빌라를 샀다. 바닥에 물이 고이고 벽에는 곰팡이가 피고 아무도 거들떠보지 않는 빌라였다. 경매에 혼자 들어가 낙찰받고 수리하여 시세보다 3,000만 원 높게 매도했다.

시세보다 높게 받은 3,000만 원뿐만 아니라 경매로 낙찰받아 실제적인 자본 수익은 8,000만 원이었다. 이런 식으로 월급 모아 하나하나 모아가는 방식이 있다. 그러면서 어느 순간에는 자본 수익의 차익이 하나가 2개가 되고 2개가 3개가 되어 일정 패턴을 지나 건물을 매수할 수 있는 덩치 큰 자본가로 우뚝 설 수 있다. 이렇듯 자신의 여건과 상황에 맞게 방향성을 잡아 부동산을 공부해서 투자하면 어렵지 않다. 그러나 이런 과정 없이 강사의 말만 믿고 투자할 수도 있다. 또 꼭 집어주는 것을 선호하여 그런 카페로 몰려다닐 수 있다. 하지만 내 돈은 아무도 지켜주지 않고 돈이란 내가 컨트롤할 수 있을 때만 내 돈이라 했다. 1~2번 쉽게 투자한 것이 운 좋게 수익이 날 수 있어도 언제까지 그럴 수는 없다.

나는 내가 공부하여 원리를 터득하고, 전문가 이야기는 참고만 한다. 그 후 점검 정도로 받아들이고 실행하는 순서를 밟는다. 모든 것이 나의 상황에 맞게 내가 조절해가는 것이 중요하다. 천천히 하나하나 쌓아가면서 자산 증식의 기쁨을 얻는다. 이 기술은 평생 활용할 수 있다. 여기서 얻는 성취감은 그 어떤 것과도 비교할 수 없는 행복이고 자신감이다.

가끔 부동산으로 좌절한 사람을 보게 된다. 그런 사람은 잘하다가 자신을 맹신하여 과하게 투자한 경우이다. 예를 들어 낙찰가 기본 원리에 따르지 않고 인간적인 감정이 개입된 경우다. '모 아니면 도'라는 식으로 훅 던지듯이 나아갔을 때 위험하다. 한번 잘못되면 꼬인 실타래를 풀기는 여간 어려운 것이 아니다. 부동산은 꼬이지 않게 살살 달래듯이 위험 요소를 헤쳐가며 보수적으로 다가가야 한다. 옆에서 부동산으로 몇 억씩 벌었다 하니 나에게 어설프게 적용했다가 낭패하는 것은 시간문제이다. 몇 억씩 부동산 상승을 맛본 사람은 분명 이유가 있다. 내가 모르는 이유 말이다.

06
성실한 월급쟁이는 부자가 될 수 없다

지인 B씨(여 51세)는 대학 졸업 후 대기업에 취업했다. 그곳에서 오리엔테이션 때 함께 입사한 사원을 만났고 그는 지금의 남편이다. 남편은 주재원으로 발령이 나고 B씨는 임신으로 인해 입덧이 심했다. 고민이 많았다. 아이를 위해 회사 일을 그만둘 것인지, 아니면 어렵게 구한 직장이니 계속 일할 것인지 기로에 섰다.

사람은 선택해야 할 때 본인의 생각이 나타나는 것 같다. 일은 다시 찾으면 되지만 아이는 '다시'라는 것이 없으므로 아이를 위해 퇴사를 결정했다. 옆에서 보기에 잘한 결정이라고 본다. 태아의 심신 안정과 인성에 엄마의 정서가 얼마나 중요한지는 더 말할 필요도 없다.

B씨는 자녀 교육까지는 아주 완벽히 잘했다. 자녀 둘 다 명문대에 입학하여, 첫째는 졸업하여 미국 대기업에 취업했다. 아쉬움이 있다면 자산 관리다. 남편의 정년퇴직을 불과 2~3년 남겨두고 자산 관리 필요성을 느꼈다. 남편이 주재원이어서 해외로 근무지를 옮겨 다녔다. 해외 주재원의 경우에는 가족 모두 나가게 되면 집을 처분하고 가는 경우도 종종 있다. 그러나 B씨는 강남 아파트를 세를 놓고 나가서 그나마 재산을 지킬 수 있었다. 아무리 월급이 많아도 자산 관리를 하지 않으면 특별할 수가 없다. 왜냐하면 월급 오른 것보다 물가는 더 오르고 더군다나 실물 자산이 상승하여 별로 나아질 게 없기 때문이다. 거기다 소비 습관은 높아져 더 지출이 늘어나는 악순환의 연속이다. B씨가 자산 관리를 자녀 교육에 신경 쓴 것처럼 했다면 남편 퇴사를 얼마 안 남겨놓고 위기감은 없었을 것이다.

명문대를 나와 연봉 높은 곳에 취업하여 직장생활을 한 사람이 있다고 치자. 또 인지도 없는 지방의 전문대를 나와 높지 않은 연봉을 받고 중소기업에 취업한 사람이 있다고 하자. 다른 예는 고등학교 나와 취업도 못하고 시장에서 호떡 굽는 포장마차를 한 사람이 있다 하자. 그중에서 부자가 될 가능성이 제일 큰 사람은 누구겠는가? 재테크를 빨리 시작하는 사람이다. 아무리 많이 벌어도 내가 벌어들인 수입으로 또 다른 수입을 창출하지 않으면 절대 부자가 될 수 없다. 그래서 월급 생활은 부자가 될 수 없다는 것이다. 그러나 간혹 월급 생활을 하면서도 경제적 자유를 얻는 사람들이 있다. 그 사람들의 공통점은 재산 관리를 일찌감치 시작했다는 것이다. 경제에 대한 개념을 일찍 깨우친 사람들이다.

높은 연봉보다 경제 관념을 일찍 깨우쳐야 하는 이유

지인 G씨(여 45세)는 가난한 친정에서 자랐다. 일찍부터 부동산에 관심을 두기 시작했다. 친구 집과 본인 집의 경제 사정이 다르다는 것을 느꼈다. '왜 우리는 돈이 없는가?'를 초등학교 때 생각했다는 것이다. 대학 때 식당 아르바이트를 했는데 사장이 너무나 배포 있게 사업체 여러 개를 이끄는 것을 보고 멘토로 삼았다고 한다. 자기도 다음에 커서 그 사장처럼 식당을 여러 개 운영해야겠다고 마음먹고 부잣집으로 시집을 갔다. 아들만 둘인 집인데 큰아들과 결혼을 했다. 부잣집 아들인데 직업이 없었다. 그래서 G씨가 자산 관리를 하며 가장의 역할을 했다. G씨 생각대로 커피가맹점을 시작으로 음식점까지 여러 개 운영했다. 그러면서 부동산에도 투자하여 많은 자산을 형성했다.

G씨는 일찍이 자산 관리의 필요성을 느꼈다고 한다. 그래서 기회가 오자 바로 실행하였다. 오히려 남편이 상속받은 것보다 더 자산을 늘려 시댁이나 남편에게 당당하고 떳떳하게 살고 있다. 자산 관리의 중요성을 언제 깨우치는지가 가장 중요하다. 빨리 깨우치면 깨우칠수록 앞서가는 것이다. 그리고 하루라도 젊었을 때 하는 것이 유리하다. G씨는 사업체를 운영하면서 투자까지 겸하여 선순환의 경제 시스템을 구축한 것이다.

주변에 이렇게 젊은 사람이 시스템을 구축한 경우는 흔치 않다. 아마도 어릴 때 부유하지 못한 가정환경이 전화위복이 된 경우가 아닐까 싶다. 평범한 가정에서 자라 평범한 남자를 만나 살았다면 이렇게 일찍 경제적 자유를 누렸을까? 아마 G씨는 월급 생활 남편을 만났어도 재테크는 했을 것 같다. 어렸을 때 이미 부동산의 시세 변화를 인지했으니까! 재테크는 환경과 여건과 상황이 문제가 안 되는 것 같다. 필요성에 대한 본인 자신의 인식 차이인 것 같다. 사업을 해도 자산 관리의 중요성을 인지하지 못하면 자산을 지킬 수 없다.

성실한 월급쟁이가 월급만 기다리고 다른 재투자를 하지 않고 생활한다면 이생에서 부자로 사는 희망은 접어야 할 것이다. 이유는 월급 상승분보다 실물 자산 오르는 폭이 더 크기 때문이다. 그래서 가진 돈으로 또 투자하여 수익 재창출을 이루어야 한다. 그 시스템이 생활비로 갖추어지면 그 뒤부터는 여유 있게 생활하면 된다.

나의 멘토를 소개하려고 한다. 멘토는 신한은행 PB 센터장이었다. IMF 때 경매계 담당 부서에 발령이 나면서부터 부동산에 대해 관심을 두게 되었다. 은행에서 채권 관계에 있는 물건을 처리하다 보니 자연스럽게 부동산을 알게 되었고 본격적인 공부를 시작했다고 한다. 그 뒤 법학을 전공하여 박사까지 취득하고 대학 강의까지 나가며 활동 영역을 넓히게 되었다. 책도 출간했고, 신문 칼럼도 쓰고, 강의도 나가고 있다. 나는 강의 때 만난 것이다. 다양한 부의 파이프라인을 형성하면서 인지도를 넓혀갔다. 이 멘토는 성실한 월급쟁이가 아니다. 사업가 정신을 지닌 직장인인 것이다. 벌써 직업이 몇 개인가? 교수, 작가, 강연가, 컨설턴트, 코칭, 은행 직원, 칼럼 기고가, 카페 개설, 유튜버 등 다양한 방법으로 수입을 창출하는 사업가이다. 이 멘토는 자산 관리를 안 하겠는가? 부동산 자산만 몇백 억으로 알고 있다. 물론 강남에 거주한다. 진정한 자산가가 아닐 수 없다!

직장생활을 한다고 해서 부자가 될 수 없는 것은 아니다. 수입원을 직장 한 곳에만 두는 사람과 직장 다니면서도 나의 멘토처럼 다양한 방법으로 수입원을 늘려가면 부의 추월차선을 탈 수 있다. 멘토가 평상시 강조한 말이 있다. "나의 수입을 정년퇴직 전 수준으로 만들어놓는 것을 목표로 하라. 그러면 정년퇴직을 해도 삶의 질이 낮아지지 않고 행복한 생활을 유지할 수 있다." 나는 멘토 강의를 들으면서 뒤통수를 맞는 느낌이었다. 내 집 마련도 안 되었지, 정년퇴직도 했지, 이 얼마나 암담한 상황인가? 정말이지 세상을 어리석기 그지없이 살았구나!

월급을 투자해야 하는 이유

나는 사업을 해도 자산 관리를 하지 않아 직장인이나 다름없었다. 조금 수입이 좋아 씀씀이만 나아졌을 뿐 별반 다르지 않은 생활이었다. 현업에 있을 때 언제 사업이 끝날지 모르는 현실을 미리 대비하자고 자각했더라면 지금처럼 절박한 현실은 모면했을 것이다. 사업 한 곳만 바라보고 더 이상의 수입원을 모색하지 않은 현실은 오늘날 많은 이들이 경험하고 있을 것이다. 부동산이든 자신의 능력이든 어떤 방법으로든 수입 창출이 필수인 시대에 살고 있다. 1980~1990년대는 성장기 때라 높은 연봉만 받아도 실물 자산을 살 수 있었다. 그리고 외벌이도 지혜롭게 자산 관리하면 살 수 있었다. 그러나 지금은 소득 4만 달러 시대에 접어들면서 물가가 오르고 더 이상의 산업이 성장세를 멈추었기 때문에 실물 자산으로 재투자하여 자산을 증식하지 않으면 현실을 헤쳐 나갈 수 없는 시대에 돌입했다.

물가는 오르고 연봉은 그에 비해 조금 오르므로 맞벌이를 해도 현실을 꾸려나가기가 만만치 않다. 그러므로 종잣돈 모일 때까지 최대한 긴축 정책을 펼쳐야 한다. 조그마한 것부터 일단 시작하여 시드머니를 키워야 한다. 거기서부터 하나하나 경험과 횟수를 불려가면서 자산 관리 내공을 키우는 것이다.

특히 부업 중에 부동산이 유리한 면이 있다. 부동산은 여성들에게 더 잘 어울린다. 집은 여성들이 살림하며 활용하는 면이 남성들보다 많으므로 특징과 장점을 더 익히 알고 있다. 그래서 선호하고 추구하는 면을 잘 알아서 상품을 고를 때 학문이 아닌 감각적으로 탁월한 선택을 한다. 그것은 돈으로 바로 연결되어 자산 형성에 크게 이바지하는 사례가 너무도 많다. 그래서인지 여성들이 대체로 부동산 투자를 잘하는 사람이 많다.

그러나 누구를 막론하고 자산 관리는 필수라고 본다. 퇴직연금 · 국민연금·개인연금으로 노후 대책을 미루어서는 안 된다고 본다. 물가 상승으로 인해 돈의 가치가 떨어질 수밖에 없다. 지금 받을 거라고 생각한 수치가 퇴직 후에 내가 사용할 때 아주 낮은 금액일 수밖에 없다. 부동산은 매달 생활비도 충족되면서 시간이 지나 물가상승분만큼 오르므로 일거양득인 것이다. 그래서 노후 대책으로 꼭 부동산은 함께해야 하는 부분이다.

직장이 나의 전부인 양 생각해서는 안 된다. 직장은 나의 인생을 책임져주지 않는다. B씨가 좋은 예이다. 비록 직장은 주변인보다 유리하게 시작했지만 그것이 전부는 아니다. 남들보다 연봉 높은 직장이었으면 먼저 경제적 자유도 이루었어야 맞다. 그러나 그렇지 못했다. 직장 수입은 내가 하는 투자의 대출이자를 대신해주는 정도로 생각하고 직장생활을 해야 한다. 직장 그 이상으로 재테크 준비를 해야 한다. 그래서 직장 연봉보다 내가 투자한 곳에서 얻는 수입이 분기점을 넘었을 때 자산 관리의 안정 궤도에 들어가게 된다. 그렇게 하면 부자는 아니더라도 현역에 있을 때 생활은 유지할 수 있다. 그리하면 평온하고 안정감 있는 노후 생활을 이어갈 수 있지 않을까 한다.

07
취업 준비, 승진 준비보다 더 중요한 것은?

이 글을 쓰고 있는 이곳은 월정사 템플스테이다. 불교 행사에 참여는 하지 않고 방에서 글만 쓰고 있다. 잠시 머리도 식힐 겸 내면의 나를 만나고 싶어 남편이 추천하여 들어오게 되었다. 점심 식사 후 선재길을 산책했다. 오랜만에 가져보는 한가로운 시간! 주중인 데다가 코로나로 인해 한적하여 쉬기에는 더할 나위 없이 좋은 것 같다. 이 시간을 갖게 해준 남편이 고맙다!

친척인 K씨(남 63세)는 공부를 잘했다. 명문고를 나와 명문대인 K대에 들어갔다. 대학 시절 하숙하던 집 주인이 젊은 학생이 반듯하고 장래가 촉망되어 눈여겨보았다고 한다. 결국, 하숙집 딸과 결혼을 했다. K씨는 대기업에 취업했다. 반면 그를 가르치느라 뼛골 빠진 시골 부모님과 형제들은 성공한 K씨가 고향 식구들을 전혀 돌보지 않으니 경제적으로도 정신적으로도 힘들어했다. 그래도 방법은 없었다. K씨는 명문대를 나와 직장생활 잘하고 명예퇴직을 했다. 그러나 그가 학생 때 공부를 잘한다고 동네가 떠들썩했던 것을 생각하면 그의 생활은 평범 그 자체였다. 본인 살기 안락한 정도의 그 이상도 그 이하도 아니었다. 시골에서 힘들게 가르친 것에 비하면 가족이 고생한 보람이 별로 없는 경우였다. 즉 대기업의 직원에 불과했던 것이다.

지인 C씨(남 57세)는 공무원이다. 승진 시험을 위해 퇴근 후에 독서실에 가 공부에 몰두했다. 시험이 쉽지 않나 보다. 합격했다는 소식이 지금도 없다. 아마도 여러 가지 이유가 있겠지만 호락호락한 시험은 아닌 듯하다. 그 시험에 합격하면 월급이 몇십만 원 인상된다고 한다. 나는 이해가 되지 않았다. 몇십만 원에 어느 정도의 노력을 했는지는 모르지만, 그 정도의 노력이면 충분히 그 이상의 경제적 자유를 누리는 방법이 있을 텐데 하는 아쉬움이 있었다.

자기 아이디어로 재화를 바꾸는 기술

연봉 높은 곳에 취업하기 위해 좋은 대학을 선호한다. 그리고 승진은 명예도 있지만 결국은 급여 인상에 대한 기대를 준다. 대기업 취업과 승진 시험으로 인해 우리의 삶이 나아질 수 있을까? 경제적 자립은 앞의 2

가지 사례에서는 얻기가 쉽지 않다. 주변에 경제적 자유를 누리며 사는 사람은 거의 자기 사업을 한다. 그러면 우리가 경제적 자유를 이루며 부자의 반열에 들어서려면 무엇을 해야 하는가? 직장생활자나 공무원은 능력과 시간을 월급이란 족쇄와 바꾸고 평생을 묶여 살게 된다. 그런 생활은 자기 주도적인 시간이나 자기 아이디어로 재화를 바꾸는 기술은 거의 없다. 월급 또한 생활비 수준을 넘어서지 못한다.

그들은 사용자 측의 시스템 안에 부속품처럼 맞물려 함께 가는 것이다. 그곳은 주도적 설계나 의견으로 독자적인 행보를 보이는 것을 허용하지 않는다. 설사 의견을 받아들여도 전체를 핸들링할 정도는 아니다. 결국, 누군가의 시스템 안에서 큰 무리 없이 여러 부속품처럼 쓰이고 있다. 그 부속품이 빠지면 또 다른 부속품이 대기하고 있다. 안 써줘서 안달이다. 대기자가 차고도 넘친다. 거기에서 빠져나오는 순간 더는 쓰일 데가 없다. 그곳에 길들여져 있었기에 혼자 힘으로 기획하고 설계해서 경제 활동할 아이디어는 없다. 옷을 벗는 순간 아무것도 아닌 게 된다. 직장에서 안전성을 느끼며 살기를 만족한다면 절대 부자의 길은 갈 수 없다.

친척이 대기업 부장이다. 친척의 부모는 아들이 실력을 발휘하여 회사에 몇백 억 매출을 올려주었다고 자랑을 한다. 그 아들의 실력이 누구를 부자로 만들어주었는가? 아무리 열심히 일해도 결국 그 아들은 누군가의 시스템 안에 있으므로 그 시스템을 만드는 사용자 측의 이익인 것이다. 그처럼 사용자 측은 일을 하라고 월급을 주며 사원을 고용하는 것이다. 거기에서 조금 실적을 올리면 생색내기 정도의 보너스를 준다. 그것도 자주 있는 일은 아니다. 당연한 것처럼 보상이 없는 경우가 더 많다. 그 부모에게 물었다. "보너스는 받았대요?" "아니, 그렇지는 않은가 봐!" 그러나 만약 그게 나의 사업이었다면 이익은 온전한 내 것이 된다. 그것의 차이는 엄청난 것이다.

스펙과 취업보다 창조적인 삶이 경제와 밀접한 이유

빌 게이츠, 스티브 잡스, 오프라 윈프리, 워런 버핏, 조앤 K. 롤링 등 부를 이룬 사람은 수없이 많다. 한결같이 창조적인 자기만의 길을 걸은 사람들이다. 이미 놓인 길이 아닌 자기가 길을 만들어 자기만의 독자적인 행보를 하는 사람들이다. 진정한 부는 자기만의 꿈을 갖고 그 꿈을 이루기 위해 목숨 걸고 될 때까지 노력하는 자가 획득하는 것이다. 예를 들면 우리는 각자 개성 있는 재능을 타고났다. 그 재능이 누군가에게는 많은 도움이 될 것이다. 그 재능을 책으로 출간하여 강연해서 많은 이가 시행착오를 줄일 수 있게 된다. 이렇듯 나만의 사업 아이템을 창조하여 경제 시스템을 만드는 것이다. 그러면 돈을 버는 것은 시간문제이다. 요즈음은 스마트폰이 발달하여 사업하기 정말 좋은 세상이다. 이 방법도 부자가 되는 그 어떤 방법보다 유용한 것이다.

C씨처럼 승진 공부하던 열정을 재테크에 쏟으면 훨씬 부를 빨리 이룰 수 있다. 예를 들어 내 집 마련부터 미래 가치 있는 부동산을 사면 훨씬

자산 증식에 유리하다. 그리고 경매 공부를 승진 공부한 만큼 하면 연봉 이상의 수입은 충분히 가능할 수 있다. 그러나 많은 사람이 자산 관리에 들어서지 못하는 것은 무엇 때문일까? 편협된 생각과 주위의 잘못된 사례로 인한 선입견을 품고 있기 때문이다. 먼저 겁부터 먹으면 도전을 주저한다. 부를 이루는 데는 학교 공부와 제도화된 시험은 결코 도움이 안 된다. 그런 제도는 나의 능력을 제대로 평가하는 것이 아니라 표준화시키기 때문에 급여가 높지가 않다. 이 세상에 없는 나만이 할 수 있는 아이템으로 최고가 되었을 때 부는 우리에게 안긴다. 그런 우리를 부는 좋아한다.

지인 W씨(58세 남)는 일찍 아버지를 여의고 큰형 밑에서 살았다. 어려서부터 공부는 별로 취미가 없었다. 형이 볼 때 공부에 별로 관심이 없는 동생을 군이 돈을 들여 가르칠 이유가 없었다. 큰형으로서는 명분이 좋았다. W씨는 시골에서 특별한 수입이 없을까 생각을 많이 했다. 그 당시 마을에는 벼농사, 밭농사가 전부였다. 그런데 W씨는 비닐하우스에 다른 작물 심기를 시도해보았다. 토마토도 시도해보고, 그 당시 아삭이 고추는 아주 특이했는데 그것도 시도해보고, 여러 가지 일반적이지 않은 것을 시도해 수확하였다. 얼마 후 소득이 만족스럽지 않았는지 서울로 상경했다. 서울에서 보일러 수리를 배워서 하자 보수하러 다니다가 실내장식까지 배우게 되었다.

그러면서 부동산과 밀접한 일을 하게 되었다. 시골에서 이것저것 시도해본 경험과 성실성으로 금방 돈을 벌었다. 사실 나도 시골에서 살아본 사람으로서 말하는데 시골 일만큼 힘든 일은 없다. 아무리 도시 일이 힘들어도 시골 농사일 이상 힘든 일은 얼마 없다. 농사일은 엄청난 인내가 필요하다. 예상하건대 그런 W씨에게 서울 일은 쉬웠을 것이다. 노력 대비 수입도 괜찮았을 것이다. 서울 생활한 지 얼마 안 되어 서울에 집 장만을 했다. 그렇게 자리를 잡아 부동산으로 자산을 증식하게 되었다. 얼마 전 아들이 결혼했는데 서울에 집을 사서 결혼시켰다 한다. 살아오면서 느낀 점은 내 돈이 들어가면 금방 익히는 것 같다. W씨도 처음 부동산 투자를 하면서 눈을 뜨게 되었을 것이다. 그 뒤부터는 탄력이 붙어 투자가 재미있었을 것이다. 이미 부동산에 대한 경험과 비결로 여러 부동산을 소유한 것으로 안다. 나 어렸을 때는 제일 미래가 염려되는, 동네에서 몇 안 되는 사람 중 하나가 W씨였다. 그러나 지금은 대학 나온 우리보다 훨씬 성공한 자산가이다. 주변에 대학 졸업 후 서울에 집 장만하고 생활한 사람 흔하지 않다. 경기도에는 있을 수 있다. 그러나 서울은 만만한 곳이 아니다. 그런데 W씨는 아들까지 서울에 집을 장만해서 장가보냈다는 것은 대단히 성공한 사례다. 여기에서 우리는 대기업 취업과 승진 시험, 공무원 시험이 해답이 될 수 없음을 알 수 있다. 기회와 길은 열려 있는 것 같다. 한 가지 방법만 있는 것은 아니다. 개인마다 성향이 다르듯이 개인이 방법을 강구해야 할 것이다. 어떤 관점으로 경제를 바라보고 자산 관리를 할지는 개인의 몫이다. 자본주의에 살면서 경제를 이루기 위해 투자에 관한 공부를 생각하지 않는 것은 죽음을 의미하는 것과 같다. 스스로 나락으로 가는 길이다.

스펙을 쌓기 위한 공부는 돈과 가깝지 않다. 오히려 시간과 돈을 낭비하게 된다. 취업 준비, 승진 준비를 하고 있다면 더는 쥐꼬리만 한 월급 상승을 바라지 말자. 실질적으로 어떤 공부가 부에 이르는 데 효율적인지 생각해야 한다. 시간을 낭비하지 말아야 한다. 내가 관심 있는 것이 무엇인지 먼저 생각하라. 나만의 방법으로 자산을 높이는 것이 무엇인지 찾아야 한다. 방법이 떠오르지 않을 때는 독서를 하고 관심 분야 멘토도 찾아 따라 해보는 것도 도움이 된다.

2장

부동산 투자, 지금 꼭 알아야 할 것들

01
돈 버는 방법의 핵심은 정보력이다

모임을 함께하는 지인 K씨(여 60)는 칼국수집 사장이다. 남편은 인천 남동공단에서 기계·부품을 수출하는 중소기업 사장이다. 부품 수출이란 게 조금 지나서 새로운 모델이 나오면 거기에 맞는 장비를 다 들여야 한다. 조금 이익이 생길 만하면 설비 투자가 발생하여 반복된 재설비투자로 인해 수익 내기가 좀처럼 어렵다고 한다. 그래서인지 K씨가 거의 생활을 전담하다시피 한다. 장사 수완이 있어 칼국수 장사해서 아이들 다 가르치며 근처 공장 용지를 샀다. 그 당시 돈이 하나도 없어 대출로 매입했다고 한다. 남편은 엄두도 못 냈는데 K씨가 추진해서 매입했다. 남편 공장도 이때 매입한 부동산이다. 재산은 지금 깔고 있는 공장 용지가 전부지만 시세가 몇백 억 원이라고 하니 성공한 투자 사례다. K씨는 식당 옆에 넓은 용지를 매입했다. 매입 당시 판넬로 된 허름한 집이었는데 그곳을 2,000만 원을 들여 수리하고 거주지를 옮겼다.

그곳은 2달 뒤 아파트 개발지로 수용되었다. 인천 남동구 논현동에 한화건설이 예전에 화학 공장으로 있던 부지에 아파트를 건설했다. 대규모였다. K씨는 상가점포 부지를 받게 되었다. K씨는 은행에서 대출을 받아 상가건물을 지었다. 72평이고 부대시설, 상하수도며 기반시설 3억 2,000만 원을 내고 근린상가를 받았다. 건물은 4층에 주인이 거주하고 1~3층까지 상가점포를 입점시켰는데 대단지 아파트 앞이라 짓는 동안 세입자가 맞춰졌다. 그곳에서 월세가 900만 원이 발생하고 있다. 임대 후 5년이면 짓는 비용은 회수된다. 지금은 시가가 23억 원이다. 매달 900만 원은 보너스로 주어지는 셈이면서 건물 상승분은 자산 증식으로 고스란히 남게 된다.

정보와 인맥으로 돈의 흐름을 알다

그 뒤 LH에서 택지 분양하는 정보를 입수하여 청약하여 여러 번 당첨이 된다. K씨는 많은 정보와 인맥으로 돈의 흐름을 알게 되었다. 돈줄을 알게 된 것이다. 나는 전혀 모르는 분야이다. 돈은 정보와 일맥상통한다. 정보를 아는 사람만 자본주의에서 부를 이끌어갈 수 있는 것이다.

점포 택지, 토지 분양 등은 수자원공사 · 경기도공사 · LH공사 · SH공사 등 공기관에서 분양하는 일정이 있다. 이것 또한 아는 사람만 안다. 나만 모른다.

T씨는 대기업 건설회사에 다닌다. 최근에 회사에서 서울 양평동에 지식산업단지를 분양하는데 성황리에 분양을 마쳤다. 본인이 책임자이면서도 가치를 몰랐다. 분양 열기를 보고 알아보기 시작했다. 그 뒤 또 회사에서 구리에 똑같은 지식산업단지를 분양하게 되었다. 이번엔 기회를 놓칠 리 없다. 동생들에게 권하여 3개를 분양받았다. 그때가 2017년이다. 지금은 매월 월세 흐름뿐만 아니라 자본 수익도 상승한 상태다. 이 모든 것이 정보이며 돈이다.

관심과 노력 없이는 나의 자산에 1원도 누가 더해주지 않는다. 형제들은 얼마나 고마워하겠는가! 주위에 어떤 사람이 있느냐가 중요하다. 부자를 꿈꾼다면 부자를 옆에 두어야 한다. 밥을 사주면서라도 함께해야 한다. 얻을 게 있다. 바로 정보이다. 꿈을 이루고 싶으면 꿈꾸는 자를 곁에 두듯이 말이다. 세상사의 진리인 듯하다. 부동산 공부하면서 느낀 점은 부자 곁에 있는 사람은 거의 부자라는 것이다.

나는 머니쇼 가기 전에는 전혀 세상 흐름이나 자산 관리에 대한 개념 없이 살았다. 엄밀히 말하면 투자의 생활과 거리가 먼 가정 경제 수준이었다. 그래서 투자는 나와 거리가 멀고 돈 있는 사람들의 전유물로만 치부해버렸다. 월급 받아 생활하기에도 급급한 상황이었다. 주변도 다 나와 비슷한 삶의 수준이었다. 그래서 동기 유발이 될 만한 사례가 없었다. 그저 아끼며 살아가는 것이 전부였다. 그러다 보니 나에게 좋은 정보가 흘러들어올 리가 만무하다. 나부터가 관심이 없는데 어떻게 돈과 정보가 나에게 오겠는가?

그러다 우연히 하던 사업을 접게 되면서 자산 관리의 필요성을 깨달았다. 자산을 지키기 위해서 내가 찾은 최선의 방법이었다. 그게 전화위복이 된 상태다. 오프라 윈프리 말이 떠오른다. 우리는 어느 시점에서는 반드시 넘어지게 된다. 왜냐하면 우리가 하던 일을 계속 추진하고 끊임없이 자신을 더 높이, 더 높게 밀어붙이다 보면 평균 법칙에 따라서 어떤 시점에 떨어지게 된다는 것이다.

명심하라. 실패란 없다. 실패란 단지 우리의 삶을 다른 방향으로 돌리려는 것이다. 물론 구덩이에 빠질 때 실패처럼 보인다. 그러나 잃어버렸다고 생각하는 것에 대해서 슬퍼하고 우울해하지 마라. 실패 속에서도 배울 것이 많다. 모든 경험, 특히 실수는 우리를 가르쳐서 더욱더 우리 자신을 강하게 만든다.

실패했다고 생각될 때 포기하지 말고 다음에 해야 할 올바른 행보를 찾아야 한다. 인생의 열쇠는 내면의 도덕적이고 감성적인 GPS 속에서 발견할 수 있다. GPS는 어떤 길로 가야 할지 알려줄 것이다. 나는 준비가 안 된 상태에서 폐업하게 되면서 크게 슬퍼하고 우울해했다. 그러면서 부동산에 입문하게 되었다. 폐업이 나의 인생에 실패가 아니었다. 다른 길을 찾아나가기 위한 과정이었다. 이것을 느낀 건 폐업하고 4년이 지난 후였다.

그동안 많은 자책과 원망, 미움, 피해 의식 등으로 우리 부부는 참 많이도 아파했다. 옛말에 시간이 답이라는 말이 있다. 정말 시간이 지나면서 조금씩 아픔이 깨달음으로 변하여 마음이 부드러워지기 시작했다. 현재도 진행형이다. 이 글을 쓰면서 치유되고 있음을 피부로 느낀다. 아픈 상태에서는 글이 떠오르지 않는다. 그런데도 이렇게 글을 쓰고 있지 않은가! 폐업으로 기회가 돼 머니쇼를 가면서, 부동산에 끌려 멘토를 스스로 정하여 공부하고 투자를 하면서 자산 관리에 돌입하게 되었다. 자산 관리에는 다양한 방법이 있다. 난 가장 관심이 가는 부동산을 택한 것뿐이다. 재미있고 즐겁다. 애인 보는 것만큼이나 에너지가 샘솟는다. 이게 내가 해야 할 일이 아닌가 싶다.

정보가 돈인 이유

산업단지 개발 계획과 주택 공급 계획을 알면 유망 투자 대상을 알 수 있다. 모든 부동산 투자 계획을 수립할 때는 공고를 우선시해야 한다. 그런 정보가 바로 돈이다. 평택에 산업단지 개발 계획이 수립되면서 얼마나 부동산 시장이 요동쳤는가! 거대 자금이 움직이는 것은 누군가에게는 큰 기회가 되고 부자로 거듭나는 계기가 된다. 땅 부자 자산가인 O씨는 평택이 산업단지로 매스컴에 발표되기 전에 보유한 땅을 처분해야 할지 고민이 되어 멘토에게 자문했다. 멘토는 예정지임을 이미 알고 있었기 때문에 보유를 권했다. 얼마 후 매스컴에 공표되면서 땅값은 천정부지로 올랐다. 만약 자산가인 O씨가 멘토에게 자문하지 않고 팔았다면 땅을 치고 후회해도 돌이킬 수 없는 현실을 맞이했을 것이다. 이렇듯 자산관리는 정보와 멘토를 동반해야 한다. 자산가일수록 정보에 대한 자세가 탄력적이며 능동적이다. 그리고 소홀히하지 않는다. 정보로 판단된 순간 행동은 민첩하다. 정보가 돈이란 것을 동물적으로 알기 때문이다. 그러나 준비 안 된 자는 정보인지, 돈인지 구분조차 못 하고 기회를 다 흘려보낸다.

A씨(여 36세)는 어려운 가정 형편에도 공부를 열심히 하여 대기업에 취업했다. 취업 후 별다른 경제 관념 없이 해외에 여행도 가고 명품 가방도 사고 일반인과 다름없이 생활을 하고 있었다. 그런데 어머니가 돌아가시면서 아버지께 매달 생활비를 보내드려야 했다. 그러다가 본인의 자산 관리를 해야 겠다는 생각이 들었다. 그때부터 소비생활에 변화가 생겼다. 제일 우선이 집 장만이란 생각에 청약통장에도 가입했다. 집을 장만하면 주택연금으로도 활용할 수 있기 때문이다.

종잣돈을 모으기 위해 매일 습관적으로 마시던 커피도 끊고 편하게 타던 택시도 전철로 대신하게 되었다. 부동산 공부도 틈틈이 하기 시작했다. 그리고 멘토를 찾아다녔다. 드디어 A씨는 2012년 개포 재건축 A아파트 10평짜리를 3억 9,000만 원(전세보증금 5,000만 원)에 구매했다. 재건축하는 경우 1억 5,000만 원(26평형 기준) 정도 추가 분담금을 예상해도 자본 수익은 이미 발생했다.

A씨는 똘똘한 집 한 채로 자산 관리가 해결되었다 해도 과언이 아니다. 지금 이 아파트 시세는 20억 원이다. A씨의 집 장만은 미래 가치를 알아보는 멘토와 멘토의 정보력이 이끌어준 것이다.

02
멘토 없는 투자는 실패하기 쉽다

어느 해 5월, 가족은 잠을 자고 있었다. 혼자 주섬주섬 옷을 입고 M6405 버스에 몸을 실었다. 송도에서 강남 가는 M버스다. 목적지는 코엑스다. 해마다 열리는 그 머니쇼에 참석하기 위해 일찌감치 길을 나선 것이다. 6시에 집에서 출발하니 너무 일찍 도착해 근처 카페에 들렀다. 10시부터 입장이 시작됐다. 줄을 서 있다가 강의를 듣기 시작했다. 3일간의 행사이다.

관심 가는 분야에 인지도 있는 강사의 강의가 시작되었다. 한 강사의 강의가 유독 귓가에 맴돌았다. 해당 부스로 찾아갔다. "OOO 강사님의 강의를 더 들을 방법이 없을까요?" 부스 담당자가 일러준 대로 강의를 신청하여 듣기 시작했다.

어떤 사람을 첫 인연으로 만나느냐가 인생을 좌우하는 것 같다. 그 멘토를 만난 것이 나에게는 천운이었다. 그때부터 그 멘토에게 부동산 공부를 계속했다. 나의 멘토는 주로 강남 사모님 수강생이 많다.

수업시간 중 한 학생이 지각했다. 강사가 무엇 때문에 늦었냐고 질문을 했다. 지각생은 여의사였다. 진료를 하느라 늦었다고 한다. 그러자 강사가 하는 말이 진료보다 이 수업이 더 중요하다고 하면서 인생의 사활이 걸린 문제라고 했다. 정말 그 말을 실감한다. 그때가 2016년이었다. 서울 부동산이 막 오르기 시작한 때였다. 그때는 하루가 다르게 부동산 매매가가 상승하고 있었다.

그 강사의 한마디 한마디가 '억!' 소리 나는 돈의 정보였다. 수업이 끝나면 한마디라도 더 조언을 들으려고 구름떼처럼 몰려들었다. 열기가 엄청났다. 그때 함께 공부한 사람 중 투자한 사람은 부동산 상승 효과를 모두 봤다. 그 강사 수강생은 50% 이상 실행을 한다. 강사 말대로 진료가 문제가 아니었다. 직장보다도 그 강사 강의가 더 중요한 시기였다.

멘토와 동행했기에 높은 수익과 과감한 실천

나도 그때 강의 듣고 부동산을 사서 9년간 사업한 수익보다 더 큰 자산 상승을 일으켰다. 그걸 계기로 부동산에 관심을 두기 시작했다. 그 강사의 수강생은 거의 주부들이다. 근데 그 주부들이 투자한 부동산 수입이 연봉 억은 넘는 수준이다. 웬만한 남편 월급보다 수익이 높다. 이렇듯 자산가들은 돈이 되는 정보는 절대 놓치는 법이 없다.

그리고 부동산 투자는 주부들이 더 잘한다고 강사가 이야기했다. 나는 그 멘토를 어떻게 믿고 따를 수가 있었을까? 강의 들을 때 강사에 대한 신뢰가 있었다. 그리고 카페를 들어가보면 이미 투자 성공한 선배들이 많았다. 여기서 선배는 내가 듣던 강의를 먼저 들은 수강생들이다. 강사에 대한 검증이 끝났다. 그리고 바로 실행에 들어갔다. 그래서 수익이 난 것이다. 부동산은 너무 망설이고 이리저리 재다 보면 기회를 놓친다.

부동산 공부를 하면서 느낀 점이 있다. 세월이 흘러도 변하지 않는 원칙은 부동산에도 적용이 된다. 원칙을 기본기에 장착한다. 그 뒤 이슈라든가 추세를 보면서 원칙에 어긋나지 않는 선에서 선택하면 위험하거나 크게 손해 볼 일은 없다. 가장 위험한 것은 원칙 없이 욕망이 앞서 판단기준이 흐트러질 때다. 원칙이 없으면 아무리 좋은 정보를 줘도 알아보지 못한다.

그럴 때 분위기에 편승하여 투자를 강행하다 보면 돌이킬 수 없는 강을 건너게 된다. 그래서 부동산 투자를 할 때는 내 집부터 마련해야 한다. 내 집 사는 데 많은 정보나 이슈가 필요하진 않다. 실질적인 가족의 필요 때문에 조건과 여건만 맞으면 사는 것이 내 집 마련이다. 그러고 나면 내 집 시세를 보게 된다.

차츰 부동산에 관심을 두면서 자연스럽게 공부를 하게 된다. 그 계기가 투자의 길로 인도하는 것이다. 그러다 보면 넓고 깊게 심화학습이 필요하다. 카페에도 가입하고 책도 읽고 강의도 들으러 다니면서 경험을 하나씩 축적하게 된다.

그러면서 어느 순간 조금씩 보이기 시작한다. 정보인지 호객인지! 세상은 아는 만큼 보인다고, 가장 빠른 정보 습득은 내 돈이 투자될 때이다. 고대 로마 제국의 황제였던 마르쿠스 아우렐리우스는 "거창한 일이라도 우선 시작해봐라. 일을 착수했다는 것만으로도 일의 반은 이룬 셈이다."라고 말했다. 하나라도 계약서를 써봐야 더 빠르게 알게 된다. 그리고 특별한 요술 방망이 같은 정보는 없다. 기본기를 잊지 말고 종잣돈을 모아 원칙에 맞게 투자하면 된다. 그게 가장 보수적이면서 가장 빠른 길이다.

선무당이 사람 잡는다고 하지 않았는가! 더 나은 특별한 요술 방망이 같은 정보가 있지는 않을까 하면서 다른 멘토를 찾아 나서기도 한다. 종잣돈이 없어 투자를 못 하면서 정보가 없어 투자를 못 하는 것처럼 정보 사냥에 나서기도 한다. 적은 종잣돈으로 시행착오를 겪는 부동산이 있다. 물론 멘토마다 성향이 다르다. 나의 멘토는 주로 강남의 아파트와 재건축 전문이고 수익성 부동산으로는 빌딩 전문가고 경매까지 강의한다.

대부분 고가이다 보니 한두 번 매수하고 나면 투자할 돈이 없다. 그러면서 다른 방법을 찾다 보니 시행착오 횟수가 많아졌다. 이것도 확실한 공부가 되어 있지 않기 때문에 겪는 문제이다.

멘토가 있어야 하는 이유

E씨(여 61세)는 2014년 반포 아크로리버파크 재건축 분양에 신청해 당첨이 되었다. 당시 분양가가 5,000만 원 정도였다. 그런데 남편이 무슨 아파트가 평당 5,000만 원이냐면서 손사래를 쳤다. E씨는 멘토에게 자문했다. 멘토는 계약을 추천한다. 그 당시 서울의 부동산 열기가 식었을 때였다. 남편은 이제 부동산 시대는 끝났다며 마음을 움직이지 않았다. E씨는 자신 혼자 재산을 움직일 수 없어 청약 당첨을 포기했다.

15억 원에 분양했던 그 아파트는 지금 34억 원이다. 그 후 E씨는 정신과 치료를 받으며 시간을 보내고 있다. 경험하지 않는 사람은 '부동산이 오르고 있나 보다, 너무 비싸, 정책이 문제야, 투기꾼들이 문제야, 세금을 많이 매겨야 해.'라며 그냥 지나가지만 직접 시장에 참가해본 사람이나 기회를 놓친 사람들은 현 상황을 바라보는 시각이 다르다.

훨씬 시장을 객관적으로 보며 실제 본인의 상황과 결부시켜 빠르게 대응한다. 시장을 그대로 인정해야 한다. 시장의 힘이 놀랍다. 정책에 의해 급등락은 있지만, 장기적으로 보면 정확하다. 그 가격만큼의 시장이 말해주고 있다. 그것을 부인해버리면 자산 관리는 어렵다고 봐야 한다. 이렇듯 성공적인 투자를 한 사람들에게는 멘토가 분명히 있다. 자기 개인적인 시각을 멘토를 통해 객관적인 시각으로 재조명하여 위험을 최소화시키는 장치를 두고 투자에 임해야 한다. 그러면 거의 백전백승이다. 물론 검증된 멘토에 한해서다. E씨 남편 같은 경우는 확실한 멘토가 없었을 것이다. 그래서 엄청난 기회를 놓친 것이다. 이 상황을 누구에게 탓하겠는가? 주변에 이런 경우는 셀 수도 없이 많다.

A씨(여 50세)는 자산 관리 수업을 듣고 투자해야겠다고 결심을 하고 멘토를 찾아갔다. 투자해야겠는데 돈이 없다고 하자 멘토가 돈이 없는데 어떻게 투자하느냐고 물었다. 집은 대출 없이 자가로 삼성동 아이파크 대형 평형을 소유하고 있었다. 멘토가 솔루션을 제시해주었다.

그 집을 전세 놓고 중계동으로 중소형 전세로 거주지를 옮기고 나머지로 단국대 정문 앞에 상가 건물을 사라는 것이었다. A씨는 실행에 옮겼는데 남편의 불만이 이만저만 아니었다. 무슨 이상한 정보에 휩쓸려 비이성적인 행동을 한다며 도무지 부인의 행동을 내키지 않아 했다. 남편은 대출받으러 은행에 갈 때 소가 도살장에 끌려가듯 전혀 동의하지 못하겠다는 표정이 역력했다고 한다.

그 부부는 의대 교수였다. 그래서 신용대출은 충분히 가능했다. 전세금 13억 원을 받아 본인 전세금은 3억 원으로 해결하고 현금 10억 원에 대출 16억 원을 받아 단대 앞 건물을 26억 원에 매입했다. 5년 후 매도하자 대출금을 뺀 차익금이 30억 원이 되었다. 다시 A씨 부부는 멘토를 찾아갔다. 멘토가 PW 센터장이었는데 그에게 돈을 맡기며 알아서 하라고 하고 문을 나섰다. 이번에는 저번과 사뭇 다르게 남편이 싱글벙글 더 적극적이었다. 우리 돈 센터장님이 알아서 하라면서 말이다. 멘토는 강남에 100억 원짜리 빌딩을 매입해주었다. 30억 원으로 100억 원 부동산을 샀다. 일반인은 잘 믿기지 않겠지만 가능한 일이다.

지금은 대출 규제가 있어서 변동적이긴 하지만 연예인들은 다 이런 식으로 산다. 건물 담보와 신용대출이 나오면 가능하다. A씨 부부는 워낙 직업이 확실해서 문제가 없었다. 그 빌딩 매입으로 월 대출 이자 빼고도 몇천만 원이 수입으로 창출되는 어마어마한 자산가로 거듭난 것이다. 멘토가 없었다면 이런 의사 결정 과정이 가능한 일이었겠는가? 절대 불가능하다. 부동산 물건에 대한 미래 가치와 대출 활용 부분을 일반인은 잘 모른다. 전문가만 잘 알 수 있다. 왜 멘토가 필요한지 알겠는가!

03
인플레이션 때 부동산을 사들여라

인플레이션과 부동산은 떼려야 뗄 수 없다. 부동산이 오르면 정부에서는 가격을 떨어트리려고 정책을 쓴다. 그러나 실제로 가격은 내려가지 않는다. 그러면 부동산값 폭등 원인은 무엇일까? 원인은 급격한 부채 확대와 통화량 증대이다. 2014년부터 가계신용대출이 오르기 시작한다. 이 늘어난 부채가 부동산으로 들어가게 된다.

금리가 낮고 가계대출이 늘다 보니 돈을 불릴 수 있는 부동산으로 쏠릴 수밖에 없다. 그리고 2000년부터 통화량이 계속 늘어나고 있다. 이렇게 증가하다 보니 서울 아파트 가격이 올라가게 되는 것이다. 통화량과 부동산은 무관하지 않다.

인플레이션은 누가 만드는가? 정치인은 임기 동안 최대한 경기가 활성화되어야 하고 그래야 인기를 얻을 수 있다. 통화를 줄인다든지 금리를 높여서 신용대출이 늘어나는 것을 줄여야 하지만 실제로 그렇지 않다. 실제로 양적 완화를 통해 경제를 활성화한다. 그러다 보니 이런 정책에 따라서 거품이 만들어진다.

부동산과 인플레이션은 어떤 관계가 있을까? 중앙은행은 화폐를 발행하여 시중은행에 보낸다. 그러면 정부는 화폐를 대기업에 보낸다. 그다음 대기업은 중소기업에 보내 마지막 임금 노동자가 급여를 받는다. 이 과정을 밟는 동안 돈의 가치는 하락한다. 그리고 물건 가격은 상승하게 된다. 예를 들어 LH공사가 땅을 사고 그 땅을 건설업체가 사서 아파트를 지어서 팔면서 돈의 가치가 떨어지므로 아파트 가격은 계속 오른다.

우리나라에서 인플레이션을 떠올리면 가장 기억에 크게 남는 일이 IMF 때이다. 인플레이션은 물가가 상승하면서 화폐가치는 하락하는 것이다. 자본주의 경제 체제가 계속되는 한 발생할 수밖에 없는 현상이다. 새우깡 가격이 24배 오른 것만 봐도 주택 가격이 오르는 것은 불 보듯 뻔하다. 더욱이 새우깡은 비싸면 안 먹어도 되지만 인간 생활에 기본 3요소 중 하나인 주택은 필수적이기 때문에 새우깡보다 더 오를 수 있음을 인식해야 한다.

평균 건축비도 오르고 시멘트 값도 오른다. 기름값도 오르고 이자는 계속 내야 한다. 어느새 한국 사람들은 건설현장에서 자취를 감추기 시작하고 이제는 외국인들이 그 자리를 대체하고 있다. 신축 빌라 현장에 가보면 중국산이 대부분이다. 유럽산 수입해서 판매하기가 시간이 너무 걸리니 손쉬운 중국산으로 대체한다. 소규모 가구공장들은 없어지고 중국에서 수입한다.

글로벌 식탁은 전체 대한민국 먹거리 단가도 떨어뜨렸다. 저성장에서 기업 구조 조정은 사람들을 투잡, 쓰리잡을 하게 만들었다. 그중에서 가장 인기 있는 재테크인 부동산이 자리 잡게 되었다. 인플레이션을 이용한 투자는 실물 자산 투자, 즉 부동산이다. 부동산은 인플레이션을 방어하면서 수익을 올릴 수 있는 투자이다. 인플레이션과 부동산의 관계를 알아보자.

국토교통부의 보도자료를 보면 매년 표준지공시지가와 개별공시지가는 계속 상승하였다는 것을 알 수 있다. 2019년에도, 2020년에도 마찬가지다. 토지 가격도 앞으로 계속 상승하게 된다. 토지의 상승 영향은 주택에도 고스란히 영향을 준다. 신규 분양 물건이 비싸 보일 수 있으나 시간이 지나면 앞으로 분양될 가격은 어떻겠는가?

적정가격이나 낮아 보일 수 있다. 지금 이 순간에도 인플레이션은 계속되고 있다. 물가 상승을 웃도는 투자는 필수이다. 그러므로 생활필수품인 부동산을 눈여겨볼 수밖에 없다. IMF 때는 금리가 20%까지 오르고 부동산은 폭락했다. 사업은 줄도산에 경매가 넘쳐나게 쌓이던 때이다.

그때 나는 전세금에 집 한 채를 고스란히 넘겼다. 그리고 허탈하게 집으로 돌아온 그때의 기억이 아직도 생생하다. 그때 씁쓸한 기분은 잊을 수가 없다.

박봉에 집 한 칸 겨우 장만했는데 돈 한 푼 받지 못하고 집을 없앤다는 것이 허탈하기 그지없었다. 그러나 자산가들은 그때 부자가 될 기회를 잡았다. 대표적인 예가 서장훈이다. 그 당시 강남에 있는 빌딩을 26억 원에 경매로 낙찰받아 80%를 대출로 하고 실제적인 돈은 얼마 들이지 않았다. 다만 몇십억 원에 대한 대출이자를 감당할 정도는 준비할 수 있어야 했다.

세입자에게서 월세를 받아 대출이자를 감당한다 해도 불경기라 어려울 때이니 만약을 대비해 어느 정도 여력은 필요한 사항이다. 그러나 이 고비는 금방 해결된 문제였다. 그 후 얼마 지나지 않아 IMF가 수습되면서 실물 자산은 치솟기 시작했다. 그때 참여했던 자산가들은 막대한 부를 끌어들이게 된다. 이렇듯 인플레이션 때는 실물 자산에 관심을 가져야 한다.

경제는 돌고 돌기 때문에 언제 이런 상황이 벌어질지 모른다. 그러나 우리는 답습 효과로 경험을 통해 지혜를 배워야 한다. 경제 성장이 멈춰 예전처럼 부동산이 오르지 않을 것이란 의견이 있다. 그러나 인플레이션이 오면 돈의 가치가 하락하여 실물 자산은 오를 수밖에 없다. 경기 부양책으로 풍부한 유동 자금이 실물 자산가를 끌어올릴 수밖에 없다. 부동산 상승은 경제 성장과 무관하다.

인플레이션 때는 돈의 가치가 하락한다

G씨(남 60세)는 시흥공단에서 부동산 임대업자이면서 사업체를 운영하는 사업가다. 음식쓰레기를 처리하는 사업체를 가지고 있는 고액자산가다. G씨야말로 IMF 때 줄도산하는 기업을 경매로 낙찰받았다. 낙찰받은 3개의 부동산에서 현금 흐름이 발생했다. 전형적인 부동산 투자가이며 사업가인 자산가다. G씨는 인플레이션의 기회를 놓치지 않는다. 지금 부자들은 안전자산을 확보하려고 비상이 걸렸다. 부자들은 위기가 기회임을 알고 민첩한 실행력을 갖는다.

돈은 구매력의 저장 수단이다. 돈의 가치는 바로 구매력이다. 부자가 되어가는 것은 구매력이 향상되고 있다는 것이다. 내가 가난해지고 있다는 것은 구매력이 낮아지고 있다는 것이다. 부자는 구매력이 향상되는 상품을 구매한다. 보통 사람들은 광고와 마케팅의 영향으로 소모해버리는 경우가 더 많다.

내가 벌고 있는 돈의 양을 늘려서 구매력을 키우거나 구매력을 소비해버리는 것을 막아서 구매력을 유지하는 방법이 있다. 또 다른 구매력에 영향을 미치는 것을 잘 활용하면 부가 쌓이는 속도를 더 빨리할 수 있지 않을까? 즉 수요와 공급의 교차점이 있다. 수요가 늘어나거나 공급이 감소하면 물가가 올라가게 된다.

수요가 증가하면 물가가 올라가게 된다. 공급이 감소하면서 가계 소비 증가, 기업 투자 증가, 정부의 지출 증가, 수요 증가로 물가가 오르게 된다. 원자재 가격이 인상되거나 임금이 오르거나 기업의 생산성이 떨어져서 공급량이 감소하는 현상이 발생한다. 그러면 가격이 올라가게 된다. 즉 이것이 인플레이션이다.

수요가 위축되면 공급이 감소하게 된다. 수요가 오르지도 않았는데 생산이 수요 감소 폭보다 더 위축되어 발생하는 인플레이션, 즉 이것이 스태그플레이션이다. 임금이 인상되는 폭보다 생산성의 증가 폭이 더 증가하여 생산이 오히려 더 늘게 되는 경우는 임금 인상으로 이어지지는 않는다.

장기적으로 보면 통화량이 인플레이션의 원인이 된다. 통화량은 증가하고 있는데 산업 생산성은 감소하고 있다. 즉 GDP의 구성 요소는 가계 소비, 기업 투자, 정부 지출, 순 수출을 다 합한 것이다. GDP를 유지하기 위해서 가계 소비가 감소했는데 그것 이상으로 정부 지출을 유지하게 되면 GDP 성장률이 유지된다. 총수요를 유지하고 있고 통화량은 계속 늘고 있고 임금 인상으로 인해 기업 생산은 감소하고 있다. 기업 규제로 인해 경영 혁신이나 기술 개발을 하기 어려운 상황이다. 그런 상황을 가정한다면 인플레이션이 발생할 확률은 매우 높다.

공부하고 종잣돈을 준비하여 경매를 하면 가장 수익을 극대화할 수 있다. 특히 이런 때는 경매가 절호의 기회일 수 있다. 경매는 나라에서 사회의 경제를 흔들리지 않게 하려고 만든 시스템으로 대출 규제는 완화

정책을 편다. 이런 때 소형 주택을 낙찰받아 주택임대사업자를 내서 월세 시스템을 만드는 것도 방법이다. 주거용 소형 아파트는 월세뿐만 아니라 자본 수익까지 발생하는 부동산이다. 물론 소형 아파트가 모두 다 유용한 것은 아니다. 미래 가치를 따져 봐야 한다. 그것도 공부하면 된다. 현재는 서울이 투자 가치가 높다. 지방은 조금씩 내려가고 있다. 자산 여력이 가능하다면 미래 가치와 투자 가치가 있는 빌딩을 경매로 도전해볼 수 있다. 이렇듯 지금은 부동산을 구매할 기회인 것이다.

04
월급 아닌 다른 수입원을 만들어라

위험이 있는 곳에 기회가 있고, 기회가 있는 곳에 위험도 있다.
이 둘은 분리될 수 없다. 함께한다.

  – 나이팅게일

　지금 코로나로 인해 생활의 제한이 오히려 글 쓰는 데 전화위복으로
이용하고 있다. 월급 아닌 다른 수입원을 만들어야 하는 이유는 너무도
명확하다. 월급으로는 물가상승분을 따라갈 수 없기 때문이다. 연봉의
높낮이가 조금씩 차이는 있어도 월급 하나의 수입만으로는 생활 필수제
인 내 집 마련과 자녀 양육비며 가족이 살아가기 위해 무리가 있다. 경제
성장기, 즉 GNP가 1만 달러 시대 때는 홑벌이로 절약하여 내 집 마련도

하고, 4인 가족이 살아갈 수 있었다. 월급보다 물가가 감당할 수준이었다. 그러나 4만 달러에 육박한 현시대는 맞벌이는 당연한 거고 월급 이외의 수입원이 필수가 되었다.

부동산으로 수입원을 만드는 방법이 있다. 사회생활 초기에 시작하면 유리하다. 왜냐하면 소비 습관이 생기면 수정하는 데 고통을 동반하기 때문이다. 그리하여 습관이 생기기 전에 시작을 일찍 하는 것이 좋다. 그 후 경제적 자유를 확립하고 소비를 해도 늦지 않다. 처음에는 월급의 일정 부분을 뺀 나머지를 종잣돈 모으는 데 집중을 해야 한다. 일정 금액이 모이면 욕심을 버리고 부동산을 매입한다. 그리고 종잣돈을 또 모은다.

그래서 이미 매입한 부동산이 일정 부분 수익이 상승하였으면 모아둔 종잣돈과 매매 수익을 합쳐 전보다 입지가 좋은 곳으로 매수한다. 그런 식으로 또 서울 접근성이 좋은 면에서 강남 가까운 쪽으로 갈아타면서 진입한다. 최대한 집을 미래 가치 있는 곳으로 안착을 한다. 그리고 나서 수익형 부동산에 투자한다. 직장이 가까운 지역의 오피스텔, 다세대, 소형 주택, 소형 아파트가 월세가 나오는 투자 부동산으로 적합하다.

월급 이외의 수입을 만들어야 하는 이유

그런 후 부동산 공부가 어느 정도 되어 있으면 상가 투자와 경매 등도 도전하면 자산 증식에 빠르게 편승할 수 있다. 처음 내 집 외에는 투자 대상을 주거용으로 하는 것이 위험을 줄이는 방법이다. 공실률을 줄일 수 있고 경기 변동에 방어율이 높기 때문이다. 즉 주거는 경기와 무관하게 생활 필수제이기 때문이다. 월급 이외 부동산에서 월세가 월급 정도 나오는 구조는 거의 성공적인 투자이고 노후 대비가 완성된 것이라 볼 수 있다.

부는 내가 좋아하는 일을 할 때 이루게 된다. 성향은 타고난 경향으로, 사람은 각자의 성향에 맞는 일을 할 때 가장 잘할 수 있다. 우리는 각자 고유한 인생의 과업이 있다. 그 과업을 성취하기 위해 산다고 해도 과언이 아니다. 성향에 맞는 일을 성취하고 그 일을 지속하다 보면, 관련된 분야로 가게 된다.

계속해서 스스로에 대해 배우게 되고 경험과 기술은 자신 안에서 쌓여갈 것이다. 그리고 마침내 나에게 딱 맞는 그 특정 분야, 특정 자리를 얻게 될 것이다. 하지만 성향이 맞지 않는 일을 하면 날마다 고통스러울 것이다. 흥미를 느끼는 일을 하는 건 우리에게 만족을 준다. 그리고 최선을 다하게 만든다. 그러면 부는 자연스럽게 따라온다.

인터넷을 검색하고 서점에 가고 도서관에 앉아서 무엇에 흥미가 있는지 발견하라. 그리고 자신을 사로잡는 것을 숭배하라. 내면 깊숙이 감춰진 흥미나 성향을 찾아봐라. 그것에 당신의 부가 있다. 부는 용기 있고 조심하는 자에게 주어진다. 물론 실행력이 중요하지만 실행력이 전부는 아니다. 적절한 조화를 이루어야 한다. 용기와 조심성을 적절히 조화시켜야 한다.

제프 베조스는 아마존이라는 꿈을 위해 고소득 금융권 직장을 박차고 나오면서 "나는 실패하더라도 후회하지 않으리라는 것을 알았다. 시도하지 않는다면 후회하리라는 것도 알았다."라고 말했다.

시어도어 루스벨트는 말한다. "실패는 고통스럽지만, 최악은 성공하려고 시도조차 하지 않는 것이다." 불확실성의 세계로 걸어 들어가게 해주는 용기는 우리의 삶을 구원해줄 수 있다. 조심하면서도 대담하게 행동하라. 용기 있는 자는 실패하더라도 일어설 힘이 있다. 또 다른 월급의 필요성을 가졌다면 전략은 융통성 있게 조절하면 된다.

경험상 부동산을 조금 강조하자면 미래 가치가 있는 부동산은 매월 월세를 월급처럼 수익을 안겨준다. 그러면서 부동산 자체 가격 상승이 이루어져 일거양득인 것이다. 일정 기간이 지나면 투자 원금을 회수한다. 그 후 계속 월급 나오는 시스템은 유지되면서 회수된 금액으로 또 다른 투자를 할 수 있다. 그러다 보면 선순환은 계속된다. 이 궤도를 유지하다 보면 자산은 증가할 수밖에 없다. 특히 부동산의 또 다른 월급통장의 매력이라 볼 수 있다.

현 직장이 평생직장이 아니므로 대비해야 하는 이유

간과하지 말아야 하는 것은 제2의 월급의 필요성과 나에게 맞는 투자 방법과 방향을 잡아 실행하는 것이다. 이 사안만 놓치지 않는다면 나도 경제적 자유를 누리며 질 높은 삶을 살 수 있다. 여기에서 경제적 자유란 돈 쓸 자유와 돈 쓰지 않는 자유를 모두 자신이 갖는 것을 말한다. 가장 아쉬운 부분은 경제적 자유에 대한 인지가 늦은 경우다.

또 안타까운 경우는 잘못 투자하여 시행착오를 했을 때다. 한 번 시행착오를 겪으면 조금 문제가 복잡해진다. 잘못된 투자는 문제를 해결해야 하고 돈과 시간으로 비용을 치러야 한다. 이중 삼중고를 감내해야 한다. 그러므로 조금 강하게 말하고 싶은 것은 조금 보수적이며 늦은 부분이 있더라도 내 돈을 내가 지킬 힘을 기르라는 점이다.

어느 정도 대략적인 공부는 하고 투자에 나섰으면 한다. 내 돈은 절대 누가 지켜주지 않는다. 그리고 세상에는 공짜가 없다. 내가 나를 바로 세우고 똑바로 걸을 수 있을 때 내 발걸음이 되는 것이다. 남이 한 발짝도 옮겨줄 수 없다. 좋은 멘토도 내가 선택하는 것이다. 내가 준비되어 있지 않으면 좋은 멘토인지 나에게 유용한 정보인지 알아내지 못한다.

그것은 나로부터 시작된다. 내가 바로 서 있고 공부해서 안목이 생기면 그때부터는 멘토의 도움과 정보로 제트기 속도처럼 쾌속 질주로 내 자산 증식은 빨라질 것이다. 이 과정을 만들어내는 것은 이 세상에 오직 나밖에 없다. 누구도 대신해줄 수 없다.

살면서 처음 경험한 것은 가장 기억에 남을 뿐만 아니라 중요하다. 첫 경험의 메시지가 크기 때문이다. 미래에 대한 방향에도 영향을 미칠 수 있다. 나는 부동산에 대해 부자들만의 리그로 생각하고 있다가 자산을 지키기 위해 공부를 하기 시작했다. 부동산 공부를 위해 첫 발걸음을 내

디딘 날은 지나고 보니 내 인생에서 가장 중요한 날이었다.

해오던 일과 결별하고 이질적인 세계에 발을 들이게 되었다. 익숙한 것과 결별하는 건 누구나 힘들다. 하지만 새로운 세상으로 나가지 않으면 평생 그 자리에 있게 될 가능성이 있다. 위험 요소가 있거나 불확실한 곳으로 가게 되면, 역경에 부딪히거나 후회하게 될 수도 있다.

결국에 가서는 꿈을 포기하는 게 낫겠다는 생각이 들 수도 있다. 하지만 '하지 않는 것'보다는 '하는 편'이 낫다. 해보면서 알게 되는 것이 많기 때문이다. 우리는 영리하게도 언젠가는 그 일을 할 거라 생각하면서 자신을 속인다. '언젠가'는 지금의 불편과 불안을 피하는 핑계에 불과하다.

사람을 수동적으로 만든다. 꿈은 불안한 마음이 있을지라도 용감하게 실천하는 사람에게 이루어진다. 나는 왜 부자가 되려고 할까? 단순히 먹고살 만큼 생활비를 버는 것이 인생의 목표인가? 아! 나의 꿈은 무엇인가? 무엇을 위해 이토록 처절하게 살아내고 있는가? 꿈이 부재했다는 사실을 자산 관리를 하면서 깨닫게 되었다.

선장이 종착지 없이 바다를 항해하는 모습이 나 자신 같았다. 이건 아니라는 생각이 머릿속을 떠나지 않았다. 돈에 관한 생각에 걱정과 불안으로 하루하루를 보냈다. 어느 순간 깨달았다. 좀 더 나은 삶을 살기 위해서는 돈을 일구어야 한다. 즉 돈으로부터 자유로워져야 한다!

남이 했다면 나도 할 수 있는 것이다. 처음이 어렵다는 선입견이 있어서 주저한다. 그러나 한 번만이라도 성공적인 투자로 자산 증식을 경험하면 자신감이 생기고 돈 버는 재미를 알게 된다. 돈 쓰는 재미와 비교할 수가 없다. 명품이 부럽지 않다. 명품은 살 수 없을 때 갖고 싶은 것일 뿐, 살 수 있는데 사지 않을 때는 명품이 전혀 부럽지 않다. 현금이 나오는 파이프라인이 하나씩 늘어날 때 그 기분은 얼마나 행복할까?

05
성공적인 투자 포인트가 있다

성공적인 투자 비결은 무엇일까?

2020년 4월 제로금리 시대가 왔다. 코로나 19가 회복이 늦어지고 제로 금리가 장기화할 경우 우리집값은 어떻게 될까? 국고채의 금리는 0%대 이다. 금리를 낮게 줘도 찾는 사람이 많다는 것은 안전자산을 선호한다 는 뜻이다. 즉 경기 회복이 어렵다는 뜻이다. 금리가 내려가면 경기 회복 을 위해 통화량을 늘린다.

그러면 부동산으로 자금이 흘러 들어갈 확률이 높다. 그러나 경기 회 복이 되지 않는 상태에서 부동산은 예전 상승 동력을 잃는다. 모두 오르 는 시대는 아니므로 앞으로는 옥석을 가려 투자해야 한다. 실거주를 위 한 내 집 마련도 마찬가지다. 경기 변동장에서도 탄탄한 수요로 가격을 지켜주었던 부동산인지 체크해야 한다. 그런 부동산에 내 집 마련을 해야 한다.

IMF나 2008년 금융위기 때 등락폭이 심했던 지역이었는지 점검이 필요한 시장이다. 실거주일 경우 이런 조사를 하라고 추천한다. 그리고 투자자라면 경기는 선순환으로 이번 코로나 같은 환경 변화는 회복되며 경기는 우상향할 수밖에 없으므로 투자 대상을 개별적 선별을 통해 대체할 것을 권한다. 지역적 대세로 그 지역 모든 부동산이 오르고 이슈가 없는 지역은 투자 가치가 떨어지는 상황이 아니라는 것이다.

내 집이 우선되어야 한다

성공적인 투자 비결의 최우선순위는 내 집 마련이다. 그 뒤 경제 흐름을 살펴볼 필요가 있다. 전문가적인 수준의 경제 지식이 필요하지는 않지만, 대외 변수는 관심을 가져야 한다. 부동산과 금융 지식을 키우는 공부가 우선 필요하다. 요즈음 같은 코로나가 경제에 어떤 영향을 미치는가? 제로금리와 인플레이션은 경제와 내 부동산에 어떤 영향을 미치는가?

관심을 두면 방법을 찾게 된다. 2016년 서울 부동산이 상승하기 시작했다. 그때 합류하지 못한 사람들이 심적 좌절감을 느끼는 걸 봤다. 그러나 세상은 돌고 돈다. 이번 기회를 전화위복으로 삼았으면 한다. 경기 사이클이 돌고 도는데 지난 경험을 교훈 삼아 다시 올 기회를 놓치지 않기 위해 대비하기 바란다. 누구나 투자에 성공만 하는 것은 아니다. 시행착오 속에서 실력이 쌓여 부자가 되는 것이다.

큰 성공은 작은 성공을 거듭한 결과이다.
– 크리스토퍼 몰리

우리가 생각한 부자란 어떤 사람들일까? 대부분의 사람은 부자들의 타고난 재능, 물려받는 재산 등을 이야기한다. 그러나 그보다 결정적인 이유가 있다. 생각의 차이이다. 일정한 생각을 반복하면서 부자들은 생각이나 습관을 체화한다. 부자는 원인을 안에서 찾는다. 그러나 가난한 자들은 원인을 밖에서 찾는다.

외부에서 문제의 원인을 찾는다면 가난에서 벗어날 가능성은 그만큼 낮아진다. 우리는 주위에서 순간의 유혹 때문에 한순간에 부와 명성을 모두 잃어버리는 사람들을 본다. 막다른 상황에 부닥친 사람들의 이야기를 들을 때마다 인간이란 강한 듯하면서도 유혹에 약한 존재라는 것을 알 수 있다.

어디서 무엇을 하든 다른 사람을 대할 때에는 인간이 유혹에 약한 존재란 점을 분명히 알고 행동해야 한다. 인간의 타고난 약점을 있는 그대로 받아들일 수 있다면, 할 수 있는 범위 내에서 타인이 유혹의 제물이 되지 않도록 도울 수 있기 때문이다. 부자는 이상향을 만들고 가난한 자는 이상향을 찾아간다. 사람 살아가는 곳이 어디든 그렇듯, 조직에서도 이성적으로 이해할 수 없는 일들이 일어날 때가 많다. 몸담은 조직이 부당하여 어떤 순간에 어떤 결정을 내리는지에 따라 삶의 궤도는 180도 달라진다. 결국 조직은 이상이 아니라 현실이라는 사실을 인정하는 것이 중요하다. 지금 몸담은 조직뿐만이 아니라 다른 어떤 조직에서도 우리는 이상향을 찾을 수 없다.

부자는 가정을 경영하고 가난한 자는 가정을 방목한다. 가정 구성원들도 공동의 목적을 함께 추구할 수 없다면 떠나갈 수 있다. 그러므로 가정 또한 경영이 필요하다. 가족 경영의 최선은 유쾌하게 오래도록 함께하는 것이다. 또한 노력하며 사는 것이다. 가정에서도 가정의 핵심 인재를 대하는 노력을 해야 한다. 부자는 '내'가 모여 집단을 이룬다고 생각하고, 가난한 자는 집단 속에 '내'가 있다고 생각한다. 부자는 사회란 개인의 조합이라고 이해하고, 가난한 자는 사회를 집단의 조합이라고 이해한다. 그러나 개인 중심적 사고에 익숙한 사람은 자신이 벼랑 끝에 홀로 서 있다고 생각한다. 부는 절박감이나 위기의식에서 나오게 된다.

인간은 본래, 바깥에서 원인을 찾고 싶어 한다. 조금이라도 일이 원하는 방향으로 돌아가지 않으면 항상 그 이유를 바깥에서 찾는다. 그러나 환경이 삶을 규정한다고 생각하는 순간 인생은 이미 결정되고 만다.

우리의 생각을 강요할 수 있는 것은 아무것도 없다. 나 자신만이 전적으로 나의 생각을 결정하고 선택할 수 있다. 우리는 모두 어떤 상황에 부덪히더라도 자신이 원하는 세상을 만들어낼 수 있다. 귀한 생각을 하도록 노력해야 한다. 그것은 성공적인 인생을 위해 투자할 만한 가치 있는 일이다. 가난한 사람은 인생 한 방을 노리고 부자들은 과정을 중시한다. 부는 하나의 사건이 아니라 일련의 과정이다. 자수성가한 부자들은 모두 신중하게 설계하는 과정을 거쳐 부를 얻는 것이다.

돈이 모이는 곳에 투자하는 것

기업이 설립되는 곳은 돈이 몰리는 지역이다. 기업의 투자로 공장이나 산업단지가 들어서는 경우 자본이 해당 지역으로 몰리게 된다. 또한, 기업 유치로 지역 경제가 활성화된다. 특히 대기업이나 국가 산업단지가 들어서면 자금이 많이 유입되어 해당 지역의 부동산 경기가 살아나고 매매 가격이 상승하게 된다. 사람이 많이 몰리는 지역은 소비가 자연스럽게 증가한다. 특히 산업단지가 조성되거나 관광지가 만들어질 때 근로자와 관광객이 머무르며 소비가 활성화된다. 특히 근로자가 많아질수록 주거환경이 필요해 아파트 분양이나 임대업이 성행하게 된다. 이렇게 인구가 유입되면 작은 도시가 군에서 시로 승격하거나 많은 인프라가 생기기도 한다. 인프라가 세워지는 과정에서 부동산 가격이 함께 상승하고 이를 통해 시세 차익을 얻을 수 있다.

부동산 투자에서 가장 호재는 교통망 개설이다. 교통망이 개설되면 자연스럽게 인구가 유입되고 지역산업이 발달하게 된다. 또한, 접근성이 좋아져 물류 유통을 담당하는 중점 도시로의 발전도 기대할 수 있다. 예를 들어 원주 기업도시와 혁신도시가 들어서고 원주와 문맥 일대에 꽃 재배단지 및 레저시설이 들어서면서 제2영동고속도로가 개통되고 서원 주 역세권이 트리플 역세권 이상으로 개발되었고 젊은 층의 지역 내 소비로 이어질 수 있다. 2016년 속초의 이런 호재에 힘입어 분양을 받았다. 고속버스터미널 근처이면서 전면 바다가 조망되는 집을 세컨드하우스를 목적으로 매입했다. 분양가는 81㎡A 1억 8,000만 원, 지금 시세는 2억 8,000만 원이다. 임대하고 있는데 임차인의 목적은 세컨드하우스다. 고속도로가 개통되면서 소비자의 요구에 맞는 부동산이 되었다. 이렇듯 교통에 따라 사람과 돈이 움직인다.

우리나라는 자식에 대한 교육열을 고려할 때 교육 환경이 좋아야 하며, 입지가 좋은 구축도 입지 나쁜 신축보다 낫다. 자연 환경의 쾌적성을 갖추고 있는 아파트이며, 직장인이 통근을 편리하게 하고 여가를 활용할 수 있는 입지가 좋다. 상업, 업무, 주거 등이 중심으로 있는 역세권과 마트, 병원, 대형몰, 백화점 등이 있는 아파트가 좋다. 그리고 브랜드 아파트가 좋다. 관공서나 학교, 편의시설 등의 상권이 형성된 대단지 아파트가 좋다. 인근 택지개발지구, 도시개발구역, 도로망 확충, 생활편의시설 설립 등이 생기면 기존 주거지 가격도 큰 폭으로 상승하므로 미래 가치가 높은 부동산이다. 이 사항을 고려하면 성공적인 투자를 할 수 있을 것이다.

06
전세 레버리지 효과를 활용하라

과연 전세 레버리지 효과는 지금도 막강한가? 전세 지렛대 전략은 집이 계속 늘어나는 시스템을 활용하는 것이다. 전세금을 받아서 다른 데쓰거나 가지고 있는 것이 아니라 그것을 가지고 계속 재투자하면서 개수를 계속 늘려서 큰 수익을 만들어내게 되는 것이다. 2007년부터 성행하던 전세 레버리지 전략이다.

그러나 지금은 어렵게 되었다. 2가지 이유가 있다. 우선 투자 대상을 찾는 게 매우 어려워졌다. 전세가와 매매가의 차이가 크게 벌어졌다. 그리고 두 번째는 정부의 규제가 아주 두터워진 상황이다. 개인 이름으로 주택 수를 늘려간다는 것은 매우 어려운 상황이다. 그럼에도 불구하고 전세 레버리지 전략은 유효하다.

다만 예전과 같이 쉽진 않다. 쉽게 대상을 찾을 수 있는 것도 아니고 예전 같이 아무나 해도 되는 상황도 아니다. 그런 것을 할 수 있는 대상을 신중히 찾아야 하고, 할 수 있는 형편이 되어야 한다. 전략을 현실에 맞게 수정, 보완해야 하는 상황이 됐다.

현 상황에서 적절한 대상을 고르고 운영할 수 있는 환경을 만들었다면 전세 지렛대는 아직도 막강하다. 막강한 이유 첫 번째, 전세 개수가 많아지면 매우 막강한 힘을 발휘한다. 3~4개 정도면 1,000만~2,000만 원 인상해서 별로 힘을 발휘하지 못한다. 그러나 많아져서 10개이면 1,000만 원씩만 인상되어도 1억 원이다. 그러면 투자할 수 있는 금액이 된다. 이렇듯 처음 시스템 구축이 힘들어도 하기만 하면 큰 효과를 발휘한다.

두 번째, 내가 생각하지도 못한 순간에 큰돈을 만들어낸다. 그게 막강한 전세 레버리지 효과이다. 최근 같은 경우는 전세 대비 매매가 많이 올라 평가 이익은 있을지언정 실질적인 좋은 성과를 얻지는 못했다.

전세금은 많이 오르지 않고 매매금만 많이 올랐다. 이때 갭투자를 하여 올랐으면 팔고, 팔아야 더 좋은 성적이 나올 수 있다. 그렇다면 '갭투자가 더 나은가?' 하는 의구심이 들 수 있다. 그런데 경제는 우리 예상대로 흘러가지 않고 반대로 전세 레버리지로 좋게 흘렀을 경우 매우 막강한 힘을 발휘한다.

우리는 경제를 아무도 예측할 수 없다. 그리고 전문가도 미래를 얼마나 맞추겠는가? 다 예측한 전문가는 하나도 없다. 일부는 맞출 수 있어도 전부는 예측하지 못한다. 우연히 맞춘 것이다. 이렇게 우리의 경제,

환경은 인간이 예측할 수 있는 영역이 아니다. 물론 어느 정도까지는 예측할 수 있다. 그러나 완벽한 예측은 불가능하다.

이렇듯 예측을 엄청나게 벗어난 범위일 때 큰 수익도 만들어지고 큰 피해도 만들어진다. 이렇듯 예상하지 못한 위기가 왔을 때 오히려 전세 레버리지가 돈을 만들어주는 현상이 발생한다. 계획하지도 않고 기대하지도 않았는데 어느 날 갑자기 큰돈이 생겼고 시장은 많이 내려와서 매수하기 좋은 상황이 펼쳐졌다. 이것은 얼마나 큰 기회인가! 바로 그런 이유로 전세 레버리지 전략은 지금도 매우 유효하다.

그럼에도 실물 자산에 투자해야 하는 이유

지금 경제 상황은 매우 안 좋다. 예전에도 그랬듯이 경제가 안 좋을 때 주가 폭락과 환율 폭등이 일어난다. IMF와 2002년 IT버블, 2008년 금융위기, 2012년 유럽 재정 위기, 그리고 2020년 코로나 사태로 인한 경제위기가 같은 현상을 보인다. 이런 위기 때 부동산에 미치는 영향을 알아보자. IMF 때 기업 도산으로 실업자가 발생했다. 그러면서 부동산 가격이 폭락했다. 결국, 역전세까지 발생하였다.

2002년 IT버블 때는 IMF 때의 가격보다 조금 상승한 상태로 거의 영향을 받지 않았다. 그리고 2008년 금융위기가 왔다. 미국에서 도저히 돈을 갚을 여력이 없는 사람에게 돈을 무작정 대출을 해주기 시작했다. 서브프라임 사태가 빚어졌다. 그런 것을 다 혼합해서 안전하다고 만든 것이 부동산을 기반으로 한 채권이다.

그래서 그 채권을 엄청나게 팔았는데 그것들이 부실로 밝혀지면서 연쇄적인 하락이 빚어졌다. 부동산 자체가 부실하다는 것이 밝혀진 것이다. 그러면서 미국에서도 어마어마한 부동산 폭락이 이어졌다. 이렇듯 전 세계적인 금융위기가 오다 보니 우리나라도 똑같은 현상이 벌어졌다. 즉 우리나라에 투자했던 외국 자본들이 자본을 빼 나갈 수밖에 없는 상황이 되었다. 그러다 보니 우리나라에 들어 있는 외국계 펀드를 환매해 달러로 바꾸는 수요가 많아지고 그에 따라 달러 가격이 올라가는 현상이 발생한 것이다.

그런데 그때는 원인 자체가 부동산으로부터 시작되었다. 그러다 보니 우리나라 부동산도 직격탄을 맞을 수밖에 없었다. 부동산 담보 대출에 대한 불신들이 가속화되면서 부동산 매물이 속출하며 가격이 하락할 수밖에 없었다. 유럽 재정 위기는 유럽에서 위기가 벌어지다 보니 펀드 환매 사태가 벌어지고 본국에 현금을 보내줘야 하니 우리나라의 펀드도 환매하며 주가 하락 환율 폭등을 겪게 되었다.

이 과정에서 부동산도 영향을 받았다. 그런데 이 위기는 예전과 조금 다르다. 실질적으로 실물 경제에까지 큰 영향을 미치지 않게 하겠다는 미국의 의지가 있었다. 이것이 지금의 위기가 예전의 위기와 다른 점으로 위기 대응 태도는 예전과 많이 다르다.

약간의 출렁임은 있을지라도 오래 가거나 폭락의 요동으로 실물 자산까지 혼란을 일으키게 하지는 않겠다는 것이다. 세계 모든 나라가 그렇게까지 가게 하지 않겠다는 의지이다. 부동산까지 영향을 미치지 않는 상태에서 이 위기가 끝나지 않을까 하고 조심스럽게 생각한다.

서울권 시장에는 아직 상승세를 이끌고 소비자가 살아 있는 상태이고 그동안 소외되었던 인천, 경기 권역은 지금 오르기 시작했다. 서울권 시장은 규제가 많아 가성비가 현저히 떨어짐에도 상승 여력이 큰 시장이고, 인천, 경기 권역은 소액으로 충분히 투자가 가능한 시장이다.

지금의 거래절벽 현상과 고가 아파트 위주의 가격 하락 현상은 대세 하락기로의 굴곡이 시작되었기 때문이 아니라 그저 한시적인 수요의 위축 혹은 관망 현상으로 봐야 한다. '가성비가 떨어지고 수익률이 낮아도 차익이 큰 투자를 할 것인가?', '적은 금액으로 철저히 수익률 위주의 투자를 할 것인가?'는 각자의 몫이다.

소비 패턴이 많이 바뀌었다. 월세 수익을 많은 사람이 원하는데 안정성이 어떨까? 주거용 건물과 상업용 건물 중 요즘 같은 경기 변동성이 클 때는 어떤 것이 나을까? 방문에서 배달로 빠르게 소비자가 이동하고 있다. 과거의 상가 몇십 개가 벌 돈을 지금은 쇼핑몰 하나, 즉 온라인 쇼핑몰이 벌고 있다. 이마트 여러 개가 버는 매출을 온라인 업체 하나가 올리고 있다. 꼭 나가서 소비해야 하는 것, 즉 미용, 편의점, 외식 등 외에는 주문으로 할 수 있는 것이 너무 많이 생겼다.

사람들의 라이프 스타일이 많이 변했고 변하고 있고 더 변할 것이다. 예전에는 총알배송, 로켓배송 등으로 다음 날 오고 그랬다. 그런데 지금은 오전에 시키면 오후에 도착하는 당일배송도 있다. 회사에서 주문하고 퇴근하면 집에 도착해 와 있는 패턴이다. 상가의 중요성이 많이 낮아졌다.

그 이유는 경기가 좋지 않은 영향도 있고 소비 패턴의 변화 영향이다. 또 하나 예전에는 상가의 목이 있었는데 지금은 희박해지고 있다. 온라인상에서의 목이 훨씬 더 중요해졌다. 현재 상황이 우리의 미래 모습이 아닐까? 사람도 많이 안 만나고 모임도 많이 줄었다. 거리에 유동인구가 많이 줄었다. 사람들은 많이 움직이지 않고, 배송업체들은 승승장구하고 있다. 앞으로의 사회 형태가 아닐까 싶다.

지금 상황과 부동산은? 꼭 움직여야 할 직업은? 예를 들면 미용실, 직장, 학교, 병원, 네일샵 등은 입지가 좋아야 한다. 이런 것들이 포함된 지역의 집들이 유망할 것이다.

몇년 전까지만 해도 전세 레버리지 전략을 내세울 만한 대상이 많았다. 하지만 지금 시장은 그렇지 않다. 그 대신 그럴 수 있는 대상을 잘 키워서 몇년 후부터 전세 레버리지 전략을 실행해야겠다는 전략으로 가야 한다. 예를 들면 새 아파트가 될 조합원 입주권이나 분양권을 산다. 입주 때가 되면 잔금은 전세를 맞추어 등기한다. 전세가 잘 맞추어지는 곳은 투자금을 적게 하거나 회수하게 되고, 2년마다 현금 흐름이 이루어지는 전략이다. 지금은 이런 것에 집중할 때이다. 과거보다 시간이 걸리더라도 이런 것을 만들어놓을 때라는 것을 인식하고 전략을 펴야 한다.

07
대출에 대해 다시 생각해보라

나는 요즈음 말하는 부린이였다. 우리 부부는 10년 전만 해도 부채를 만들지 말자고 다짐했다. 그리고 부채 없는 우리 가정이 안정적이라고 위안하면서 살았다. 그런데 부동산 공부를 하면서 충격적인 사례를 듣게 되었다. 어떤 부부가 대학교 앞에 꼬마 빌딩을 매입하여 5년 후 차익을 챙기고 매도를 했다. 3개월 후 강남에 30억 원 현금으로 100억 원짜리 빌딩을 매입했다. 부부는 연봉 고소득 직장인이었다. 현금 30억 원과 임대보증금을 뺀 나머지는 대출로 매입했다. 매달 나오는 월세로 대출이자를 갚아나가면 나머지는 순수 수입이 되는 것이다.

그러면서 미래 가치가 있는 부동산은 상승하게 된다. 이것이 자본주의 원리이다. 은행은 내가 돈을 가져다 쓰라고 있지, 돈을 저금하라고 있는 것이 아니라는 것이다. 대출의 힘과 미래 가치를 합치면 엄청난 시너지가 난다. 이 사례를 통해 나는 처음 깨우쳤다. 부동산은 미래 가치가 가장 중요하다. 그다음 부동산을 매입하기 위해 과감히 대출을 활용해야 한다. 이것을 알고 난 후 드디어 제대로 부동산을 사면서 대출을 일으켰다. 2016년 6월, 잠원동에 8억 7,000만 원짜리 재건축아파트를 4억 원 대출을 받아 샀다. 남편은 놀랐다. 폐업해서 가뜩이나 수입도 없는데 있는 대출도 갚아야 할 상황에 대출을 더 받는다며 염려했다.

오히려 대출이 부를 가져다준 경우

그러나 나는 우리 부부가 모르는 부분이 있었다는 것을 부동산 공부를 하면서 알았기에 단호했다. 그때는 대출 규제도 없어 더 가능했으나 감당할 선에서 대출을 받고 매수했다. 지금은 대출금의 3배가 올랐다. 남편도 놀란 것 같다. 이런 게 부동산의 현실이란 것을 안 것이다. 지금은 남편이 내가 어떤 일을 하든 신뢰를 하고 지지해준다. 예전에는 공부하러 간다고 하면 물가에 내놓은 아이처럼 염려하고 걱정했는데 이제는 믿어준다.

그것만으로도 자유를 느낀다. 밥을 조금 늦게 해줘도, 소홀히 해도 이해하고 기꺼이 받아들인다. 예전 같으면 무시한다고 감정을 표현했겠지만 지금은 내가 달라진 게 없는데도 더 다정하고 따뜻하게 대해준다. 난 대출을 일으킨 것밖에 없는데 말이다.

먼저 대출에 대해 알아보자. 대출은 신용대출과 담보대출로 나뉜다. 신용대출은 신용을 기본으로 돈을 갚을 능력에 따라 차등 적용되는 대출이다. 담보대출은 물건을 담보로 금융권이 빌려주는 대출이다. 담보대출은 돈을 갚지 못하면 금융권으로 담보의 소유권이 넘어가게 된다. 신용대출보다 담보대출이 금리가 낮다. 금리는 기준금리, 가산금리, 우대금리가 있다.

기준금리는 은행이 대출해줄 돈을 끌어오는 데 드는 비용이다. 가산금리는 은행이 수익을 내기 위해 붙이는 중간 이윤이다. 우대금리는 자기은행의 다른 서비스들을 이용하게 하는 제공서비스라고 보면 된다. 대출금리는 가산금리와 우대금리로 인해 은행마다 차이가 나므로 문의하여 선택하면 된다. LTV라는 것이 있다.LTV란 주택의 담보 가치에 따른 대출금의 비율을 말한다.

LTV는 2014년 8월 1일부터 70%로 적용되기 시작했다. 만약에 주택담보대출비율이 70%이고 3억짜리 주택을 담보로 돈을 빌리면 대출할 수 있는 최대 금액은 3억의 70%에 해당하는 2억 1천만 원이 된다. LTV는 주택담보대출 금액에 앞순위 채권과 임대차 보증금 및 최우선 변제 임차보증금, DTI는 총부채 상환비율로 금융부채 상환능력을 연간소득으로 따져 대출한도를 정하는 비율을 말한다. 예를 들어 대출자의 연간 원리금 상환액이 2,000만 원을 초과하지 않도록 대출 규모를 제한하는 것을 말한다.

대출에는 마이너스통장, 신용대출, 전세자금대출, 자동차할부금융 등이 포함된다. DTI는 원금상환액 중 주택담보대출 원금상환액만 포함하는 반면 DSR 총부채원리금상환비율은 주택담보대출을 포함한 모든 대출의 원금상환액을 포함한다. .

최근 들어 대출금리에 기준금리 인하까지 이루어져 부동산 시장에 긍정적인 영향을 끼칠 것으로 예상한다. 기준금리가 낮아지면 시중의 자금 유동성도 높은 수익률을 찾아 부동산 시장으로 흘러가기 마련이다. 대출 금리가 낮아지면 대출을 받아 부동산을 사려는 수요가 늘어날 것으로 예상한다. 하지만 낮은 금리에도 주택담보대출비율 같은 대출 규제가 있어 제한적인 영향을 끼칠 것이다. 그리고 한국은행의 기준금리 인하가 이루어진 상황이 부동산 가격에도 영향을 미칠 것으로 예상한다.

대출의 관점이 부의 크기를 결정한다

나는 사업을 하다 보니 사장님들과 인연이 많다. 지인 K씨(여 50세) 남편은 남동공단에서 기계부품을 취급하는 중소기업 사장이고, K씨는 음식점 사장이다. K씨는 남편 근처 공장용지가 매물로 나온 것을 거래 은행 지점장에게 듣게 되었다. 남편에게 그 부동산을 매입하자고 하니 펄펄 뛴다. "우리가 돈이 어디 있다고?" K씨는 지점장을 찾아가 그 공장용지를 사고 싶다고 구매 의사를 표했다. 지점장은 적어도 계약금 정도는 있어야 한다고 말했다. K씨는 그 계약금조차 없었다. 지점장에게 돈이

하나도 없다고 얘기했다. 지점장은 K씨의 딱한 사정을 듣고 생각에 잠
겼다가 신용대출을 K씨에게 해주었다. 그리하여 그 공장용지는 K씨 부
부의 것이 됐다. 그 뒤 K씨 남편은 월세로 공장을 운영했던 사업체를 매
입한 공장으로 옮겼다. 공단 안에 사업체가 있는 사업자는 담보대출을
90%까지 해주었다.

K씨는 그 정보를 지점장을 통해 듣고 실행을 감행했다. 남편은 그 정
보를 몰랐고, 계약금조차 없는 열악한 자신의 현실에 엄두도 못 냈다. 급
매로 나온 부동산이라 매입한 순간 자본 수익이 발생한 물건이었다. K씨
가 매입을 결정한 이유는 주변 부동산의 가치를 알고 있었다. 남편과 K
씨 본인의 집 근처이며 땅값이 떨어질 리 없으리란 확신이 있었다.

다만 살 엄두를 못 냈다. 그러나 기회가 생기자 무조건 잡아야 한다는
일념이었다. 그래서 실행했고, 결국 K씨는 자산가로 우뚝 선 것이다. 이
렇게 부동산 투자 성공을 맛보게 되면 자산을 거의 부동산으로 증식시키
는 데 집중한다. K씨를 보며 난 느낀 점이 있다. 결과를 놓고 보면 모르
는 사람은 운이 좋았다고 말할지도 모른다.

그러나 K씨가 결정한 시점에서 새로운 것에 대한 두려움과 위험성에
대한 불안감 없이 평온하게 100% 확신을 갖고 실행할 사람은 거의 없다.
그럼에도 단 몇 %의 가능성만으로도 실천하는 행동력에 부자의 자격이
충분하다고 본다. 결정의 순간에 모두 K씨와 같은 결정을 하진 않는다.
그 실행력이 K씨가 부자 될 자격이라고 느꼈다. 결국 K씨 부부는 300억

대의 자산가가 되었다. 대출의 힘은 막대했다. 아니 그 대출을 끌어안을 만큼 과단성 있는 부자들의 행동에서 많은 것을 배운다.

대출은 부자들이 더 많이 받는다. 대출은 돈이 없어서도 받지만 돈이 있어도 받는 게 대출이다. 그러므로 부자들은 대출을 일반인보다 훨씬 많이 받을 수 있다. 일반인은 소비를 위한 대출을 받는다. 부자들은 투자를 위해 주거래 은행에서 대출을 받는다. 즉 건물 구매 자금이나 기존 주택을 허물고 새 건물을 신축할 때 필요한 자금을 위해 대출을 받는다.

더 큰 수익을 목적으로 빚을 지면서 결국 돈을 버는 것이다. 부자들의 대출은 최대 한도가 아니다. 필요한 금액만큼 정확하게 계획을 세운다. 규모가 일반인보다는 크지만, 보유자산의 30~40% 정도 수준으로 충분히 상환 가능한 금액 내에서 받는다. 수익과 목표 달성을 위해 철저한 계획을 세우고 상환 계획과 방법까지 염두에 두고 대출에 임한다. 그리하여 부자들은 대출에 대한 필요 자금과 용도가 명확하다.

'빌린 돈은 빚이다.'라는 고정관념보다 대출은 성공적인 자산 관리로 하나의 수단임을 받아들이면 어떨까? 싼 이자를 내고 대출을 받아 그 돈을 가지고 대출이자보다 많은 수익을 낼 수 있는 상품에 투자하면 빌린 돈은 더 이상 빚이 아니다. 돈을 빌리는 것을 두려워하지 말자. 대출은 잘 활용하면 부자들처럼 자산을 증식시키는 큰 수단이 될 수 있다. 돈 걱정 없이 살 것 같은 부자들이 의외로 빚이 많은 이유이다.

08
부동산 재테크는 소액도 가능하다

　어느 날 유튜브를 보고 있었다. 물론 부동산 관련 영상이다. 어느 지역을 소개하면서 나들목이 지하화되는 것이 주변 지가 상승 요인이므로 대지가 있는 연립을 사라는 것이었다. 바로 현장에 갔다. 아니나 다를까 나 같은 정보를 듣고 온 사람으로 그 일대가 갑자기 번갯불이 터진 느낌이라고 부동산 중개인이 말했다.

　살다가 이런 일은 처음이라고 갑자기 고요했던 동네가 무슨 일인지 모르겠다며 부동산에서도 어리둥절해했다. 결국 2017년 5월, 부평 나들목 근처에 있는 대지 22평, 1973년에 지어진 연립을 샀다. 2003년에 재개발 조합이 설립됐다. 대림에서 시공사를 맡은 재개발이다. 매도자는 지금까지 소유하고 있었다. 개인 사정으로 매도를 결정하게 된 것 같았다.

부동산 액수보다 마인드가 먼저다

난 재개발의 진행 사정은 요원하므로 시간과의 동반을 예상하고 매수를 했다. 1억 2,000만 원에 4,500만 원 전세를 끼고 샀다. 구옥이라 세입자를 구하기 어려울 것 같아 재개발 진행될 때까지 세입자에게 맞추어주는 조건으로 매매계약서를 작성했다. 매도자가 전세 세입자가 되면서 실질적인 투입 금액은 7,500만 원 들었다. 그 후 잔금 입금하며 등기 나고 딱 2개월 만에 관리처분인가가 났다.

그 뒤 3개월 만에 이주비 대출 70% 나오고 2021년 10월에 입주하기로 되었다. 이주비 대출은 감정평가액 1억 1,700만 원의 7,000만 원을 받았다. 전세금을 돌려주고 실제로 3,000만 원 투자된 셈이다. 재건축이나 재개발의 조합원 분양가는 일반분양가와 가격이 다르다. 가격이 일반분양보다 낮을 뿐더러 옵션이 있다. 이번 재개발 옵션은 확장 무료에 에어컨 2개 설치, 브랜드 거실 새시 설치로 이루어진다.

그리고 지금 새 아파트에 대한 수요로 인해 프리미엄만 1억 5,000만 원이 생겼다. 이렇듯 소액으로도 부동산에 접근할 수 있다. 부동산은 막연한 생각으로 멀리서만 바라보면 안 된다. 2016년 초에 속초에서 대형 건설사가 처음으로 바다가 조망되는 아파트를 분양했다. 24평이 평당 700만 원대, 분양 가격이 지금은 평당 1,100만 원대다. 임대를 주고 있다.

이 부동산도 1,000만~2,000만 원으로 가능했다. 이렇듯 소액으로 가능한 부동산은 많다. 나만 모르는 것이다. 호랑이를 잡으려면 호랑이 굴에 들어가야 하지 않는가? 관심을 두고 내 주변부터 알아보기 시작하라. 얼마를 가지고 있으면 소액 부동산 투자가 가능할까? 현재 시중에서 투자할 수 있는 소액 부동산의 실투자금은 3,000만~4,000만 원 정도라고 본다.

　부동산 규제 정책이 없을 때는 대출을 최대한 활용하여 실투자금의 액수를 더 낮추는 것도 가능했지만 지금의 규제가 대출 규제가 없을 때 갭투자로 이익을 본 사람들의 활동폭을 대폭 줄어들게 했다. 소액이라도 동력을 엔진 삼아 굴려야 종잣돈은 소임을 다하는 법이다. 투자 없이는 쉽게 없어지기 쉬운 것이 소액 종잣돈의 정체이다. 열심히 일한다고 절대 부자가 되는 것은 아니다.

　돈의 속성 때문이다. 열심히 일하는 것은 돈의 노예가 되는 것이다. 한 달 벌어 지출하며 생활을 이어가다 보면 언제나 지갑은 비어 있다. 돈을 활용하여 돈이 나를 위해 일하게 전환하지 않으면 내가 돈을 위해 일하게 된다. 그러므로 투자가 필요하며 올바른 투자를 해야 한다.

　나는 2006년 청주에서 5년 임대 후 분양하는 임대아파트를 분양받았다. 그 당시 6,100만 원에 월 65만 원 임대료였다. 2년을 살고 인천으로 이사하면서 나의 권리를 프리미엄 2,000만 원 받고 팔았다. 그때 느꼈다. 일해서 버는 것과 별개로 부동산 공부를 해야겠다고. 그 뒤 사업에 전념하느라 부동산 공부의 필요성을 잊어버리고 시간을 보냈다.

그러다가 2015년 부동산 세미나를 참석하게 되어 강사가 추천해준 부동산이 있다. 그곳은 산본 신도시의 금정역 근처 주공 무궁화아파트 22평, 2억 3,000만 원짜리였다. 떨리는 마음으로 전세 2억 원을 끼고 갭투자를 했다. 2017년 세입자의 개인 사정으로 임기 전에 임차인을 새로 구하면서 매도했다. 수익으로 1,500만 원을 남겼다. 소액으로도 가능한 것이 부동산이다.

실물 자산에 대한 인식이 기회를 만든다

소액 투자에는 한계가 있지만, 좋은 투자처라는 고정관념을 깨면 소액으로도 투자 가능한 방법은 있다. 가능성 있는 부동산 소액 투자처를 알아보자. 서울에도 원룸, 오피스텔, 도시형 생활 주택, 건물, 빌딩, 아파트 등 소액 부동산 투자로 돈이 될 수 있는 동네가 있다. 또한, 서울에서 시세 차익도 가능한 곳이 있다.

아직도 2,000만 원 갭으로 투자가 가능한 곳이 있다. 강남 역삼 투룸 다세대 14~15평 전세 포함해서 1억 2,000만~1억 3,000만 원 수준이라면 이곳은 26평 나홀로 아파트 1억 3,000만 원~1억 4,000만 원 수준으로 투자할 수 있다. 다른 사람들이 발견하지 못한 비로열아파트는 적은 금액으로 투자 가능한 나홀로 아파트이다. 단지가 적은 나홀로 아파트는 거래량이 적어 주목을 받기 쉽지 않고 단점을 역이용할 수 있다.

대단지가 오를 때 나홀로식도 어느 정도 올라주는 것이다. 소액이라도 입지는 간과하지 말아야 한다. 나홀로 아파트는 대단지 아파트보다 자체 투자 가치는 떨어진다. 대단지 아파트가 다 오른 다음 차선으로 살고 싶은 곳인 만큼 기반시설, 학군 등 환경을 갖췄는지를 판단, 실수요 가치가 있는지를 꼭 검토해봐야 한다. 이렇듯 근처 대단지 아파트 가격이 충분히 올랐을 때 사고, 대단지 아파트 가격이 너무 올라 나홀로 아파트까지 가격이 오르면 팔면 된다.

　가격이 높아 미분양이 된 경우 주변 시세가 올라 가격이 적당히 비싸다고 생각할 때 사는 방법도 있다. 로열층이 남았다면 아직도 비싼 경우이고, 로열층이 거의 다 나갔다면 적당히 비싼 경우이다. 주변 물량이 너무 많아 미분양 되었다면, 부동산에 가서 주변에 어떤 물량이 직접적인 영향을 미치는지를 파악해본다. 원인 물량이 거의 소진됐을 시에는 좋은 매수 적기다. 단, 주변 신규 물량까지 동시에 점검해서 신규 분양가가 비교적 비싸면 미분양 아파트를 살 좋은 기회이고, 신규 분양가가 비슷하거나 저렴하면 좋지 않다. 또 주변 신규 물량이 너무 많아도 위험성이 높다. 할인된 가격, 중도상환금 없음, 계약금 할인, 무료 옵션 등 저렴한 가격, 좋은 조건으로 살 기회이다.

　입주 시 혹은 입주 후 2년 뒤에 가격과 물량에 대한 확신이 있다면 좋은 투자 대상이다. 수도권의 역세권 빌라의 수요가 많고 호재가 발생할 가능성이 크다. 전세가가 매매가 대비 85% 이상인 곳은 수요가 탄탄하게 받쳐주는 곳이다. 주변 아파트와 가격 차이가 큰 곳은 가격이 내려가지 않으면서 앞으로 오를 가능성이 크다.

즉 수요가 남고 아파트가 부족한 곳으로 전세가율이 높은 신축 빌라도 소액 투자 대상으로 유망하다. 부동산 투자는 대개 서울과 경기에 몰려 있다. 지방의 경우 크게 오르지도 않고 시간이 지나면 오히려 떨어지기 쉽다. 그래서 소액이라면 지방이 기회의 땅이 될 수 있다. 지방의 아파트들은 수도권의 아파트들과 가격 차이가 매우 크다. 하지만 지방의 아파트에도 분명 핵심 지역이 있다. 특히 광역시는 서울처럼 주변 도시 사람들은 로망의 지역이다. 광역시를 중심으로 핵심 지역을 찾아보면 지방은 수도권보다 부동산 가격 사이클이 길다. 그러므로 이미 값이 오른 핵심 지역 다음 핵심 지역을 사두면 따라서 오르는 경우가 있다. 기반 시설과 거리가 가깝고 교통이 연결된 곳, 새로 아파트가 들어오는 곳이 다음 핵심 지역이 될 가능성이 크다. 또 지방의 경우 역세권의 효력이 수도권만큼 강하지 않다. 지방 아파트에서는 역세권보다 학군이 좋은 지역을 1순위로 보는 것이 좋다.

소액으로 투자할 수 있는 부동산은 분명 있다. 주변 인프라가 개선되거나 개발 호재들이 현실화되는 곳은 투자 가치가 높다. 즉 지하철 개통, 도로 개설, 공원은 부동산 가격에 영향을 미친다. 재개발과 뉴타운의 개발이 집중적으로 이루어지면서 노후 주택이 없어지고 신규 아파트들이 들어서면 주거 선호도가 높아진다. 그러다 보니 가격에 반영이 되어 개발예정지는 소액으로 투자 가치가 높다. 정책, 제도, 시장 변화에 맞춰서 투자하라.

09
관점을 전환하라, 대출도 재테크다!

　지인 K씨(여 45세)는 2016년 3월 신반포 자이 34평을 15억 원에 분양을 받았다. 그때에는 대출 규제가 없어 10% 계약금을 내고 60% 중도금 대출을 받고 입주 시 잔금 30%를 받았다. 그런데 2016년부터 서울 부동산이 급등세를 보이기 시작했다. 그리고 2018년 8월 2일 부동산 대책으로 인해 신규 아파트에 대한 희소성이 커졌다.

　K씨가 분양받은 아파트는 천정부지로 오르기 시작했다. 2018년 입주할 때 전세 시세가 11억 원이었고, 나머지는 제1금융권에서 대출을 해주면서 등기를 마쳤다. 입주 때 K씨는 금융권 대출을 뺀 실제 투자 금액은 분양가의 10%인 1억 5,000만 원을 투자하여 강남에 아파트 한 채를 장만하게 된 것이다. 지금 시세는 27억 원 정도를 형성하고 있다. K씨의 경우

는 대출을 이용해 분양가 계약금 1억 5,000만 원으로 12억 원의 수익을 얻은 것이다. 이처럼 대출은 활용하는 것에 따라 결과가 다르다.

부자들은 대출을 친근하게 대한다

대부분 집을 살 때 전세 레버리지를 활용한다. 부동산! 왜 대출 끼고 사야 하나? 말 그대로 지렛대이다. 적은 힘으로도 큰 물체를 들어 올릴 수 있다. 즉 적은 돈으로 큰 수익을 내는 방법이다. 부자들이 레버리지를 쓰는 이유는 사람들이 좋은 자리, 좋은 상권에 대해 좀 비싸도 가격에 둔감해지고 인정하려는 심리적 이유 때문이다.

좋은 상권일수록 임대료 상승률이 높고 그 외에도 많은 장점이 있으므로, 부자들은 돈을 더 주고 더 좋은 상권의 부동산을 산다. 좋은 상권, 비싼 건물일수록 얻는 효과가 많으므로 부자들은 대출을 끼고 부동산을 산다. 이 경우, 레버리지로 인한 더 큰 시세 차익도 누릴 수 있다. 큰 건물은 규모의 경제를 누린다.

건물은 크든 작든 일정하게 비용이 발생한다. 그러나 큰 건물일수록 이용의 효율성을 누린다. 즉 비용적인 관리비 효율성이 더 증가한다. 좋은 길목이나 상권에 있는 건물 같은 경우에는 또 광고 수입, 브랜드 가치 등 효과를 누릴 수 있다. 대출을 통해 절세 효과도 누릴 수 있다. 대출을 끼고 부동산을 매입해서 더 좋은 상권의 부동산과 더 효율적인 임대 수입으로 금융 비용을 충당할 수 있다.

이런 장점을 통해 부자들은 지렛대를 이용한다. 잘만 사용하면 투자의 큰 무기가 된다. 레버리지 투자는, 이익이 났을 때는 이익이 극대화되지만 손실이 났을 때는 손실이 극대화되는 단점이 있다. 그러므로 주의해야 한다. 경기 하락 시 임대료 하락으로 대출이자를 못 내거나 건물가 하락으로 원금 손실, 손실 폭이 확대될 가능성이 있다.

심한 경우 파산까지 이를 수 있다. 임대료 하락, 세금, 건물가 하락 등 최악의 경우를 고려하여 내가 감내할 수 있는 수준에서 레버리지를 사용해야 한다. 무리한 갭투자로 경기 하락의 직격탄을 맞고 파산한 사례가 있다. 그러므로 레버리지는 상승기 때 활용하는 것이 좋다. 레버리지는 투자에 대한 효율성을 극대화할 수 있다. 그러므로 잘 검토하고 무리하지 않는 범위에서 사용하면 효율적인 무기가 될 수 있다. 차입 투자는 정말 매력적인 방법이다. 잘 쓰면 약, 못 쓰면 독이 되는 것이 레버리지이다. 차입 투자는 현명하게 필요한 곳에 사용하기 바란다. 반드시 최악의 상황을 가정한 현금 흐름을 충분히 계산한 후에 사용하기 바란다.

빚을 꺼리는 대표적인 이유는 빚이 좋지 않을 것이라는 막연한 부정적 인식 때문이다. 그리고 어느 정도가 적당한지 모르기 때문이다. 즉 빚의 적정성이다. 그리고 현금이 많아서 빚이 아깝거나 돈의 활용을 모르는 경우이다. 빚을 갚지 못할 것 같아서이고 그다음 집을 돌려막기로 할까 봐서이다. 빚의 부정적인 시각은 부모님의 영향이 크다.

경제 성장을 거쳤던 부모님 시대의 대출이자는 20~25%였다. 그때는 저축이 최고의 재테크였다. 그러다 보니 대출에 대한 인식이 지금과는 아주 달랐다. 부모 시대의 대출이자와 지금의 대출이자는 5~10배까지 차이가 난다. 그리고 알게 모르게 부모님의 인식이 자녀에게도 미친다. 빚의 적정성은 본인이 감당할 수 있는 수준으로 해야 한다.

대출을 활용하지 못하는 사람이 한 발 늦은 것이다

대출금은 자기 자본의 30%를 넘지 않도록 한다. 원리금 상환액이 소득의 30%를 넘지 않도록 한다. 대출이자는 원리금 이자와 상환액의 30% 범위가 적절한 수준이다. 현금이 많은 사람은 특별히 해결책이 필요하지 않다. 어떠한 식으로든 하면 된다.

그러나 대출 활용법을 모르는 사람이다. 일정 금액의 대출을 일으키면 더 빚을 내주지 않는다. 직장인 기준으로 봤을 때 직장인은 원천증빙자료와 회사 재직 증명서가 은행 대출 필요 서류이다. 직장인은 높은 연봉과 신용도가 좋을수록 대출금이 많아진다. 늘어난다 해도 일정한 금액의 최저 기준이 있다. 제1금융권에서는 그 이상으로 대출을 받을 수 없다.

그러므로 대출은 최대한 받아놓는 게 좋다. 이렇게 대출을 받는 사람들은 활용하면 된다. 투자와 투기의 차이점이 있다. 공통점은 이익을 목적으로 한다. 투자는 확실한 수익을 위한 자본을 투입하는 행위이다. 그러나 투기는 불확실한 수익을 위한 자본을 투입하는 행위이다. 부동산은 투자이고 주식은 투기에 가깝다. 부동산은 싸게 살 수 있다.

급매, 경매, 공매 등이 존재하고 정해진 가격이 없다. 기준가격보다 싸게 살 때 투자자가 된다. 평균가에 산다면 투기에 가까워진다. 그것을 팔 때 이익을 볼 수 있어야 하는데 주식은 싸게 살 수가 없다. 가격이 정해져 있다. 단지 가치 평가에 따라서 저평가된 주식에 투자하는 것이다. 물론 시간이 흐르면서 원래 가치에 수렴하게 되겠지만 정확히 알 수가 없다. 얼마가 올라갈지 시기라든지 가격에 대해 알 수가 없다. 그러므로 투자에 따른 수익이 나오는 것에 대출을 활용해야 한다.

조희탁이 쓴 『한국의 자수성가형 부자들』에는 대출금을 받을 당시 상황이 이렇게 나와 있다.

"저는 어려운 가정에서 자랐습니다. 가난에서 벗어나는 것이 저의 소원이었죠. 대출받을 당시 주변 사람들은 저를 반 미친 사람으로 취급했습니다. 그 당시만 해도 노름과 여자, 빚진 사람을 최고의 불효자라 불렀지요. 하여간 제 친구는 무모한 짓을 한다고 저를 욕하기도 했습니다. 그렇지만 저는 떳떳했습니다. 비록 빚은 졌지만 노름도 여자도 아닌 투자를 위해 어쩔 수 없이 대출한 거니까요. 대출 외에는 방법이 없었습니다. 사실 대출금 신청하러 가는 날에는 집사람과 한바탕했습니다. 그럭저럭 먹고살 만한데 그딴 짓은 왜 하냐고 집사람의 반대가 심했어요. 원래 집사람은 현실 안주형이거든요. 그 이후로 대출금 갚느라 집사람과 정말 고생 많이 했습니다. 하지만 지금은 어떻습니까. 모든 친구가 부러워하고 집사람도 고생 끝에 낙이 왔다고 좋아합니다."

김희상이 쓴『돈 좀 벌어 봅시다』에는 이런 글이 나온다.

"'독도 잘 쓰면 약이 되고 약도 잘못 쓰면 사람을 죽인다.'는 말처럼 대출도 잘 쓰면 재산 축적 기간을 축소할 수 있다. 사실 단순히 저축만 해서 얼마나 부자가 될 수 있겠는가? 부자가 꼬박꼬박 저축한 돈으로만 재산을 이룩하였겠는가? 우리나라의 재벌들은 빚을 많이 쓰고 잘 이용한 사람들이다. 빚을 많이 쓰고 잘 이용할수록 부자가 된다는 말이다. 금융 능력이 없는 사람이 빚을 많이 쓰는 것은 독약이 된다. 따라서 대출을 위험하게만 볼 게 아니라 관리의 대상으로 인식을 해야 한다. 관리만 제대로 하고 소비를 위한 대출이 아니라 투자를 위한 대출로 활용을 해야 한다. 잘만 활용만 하면 목표했던 부의 시기를 앞당길 수 있다."

대출에는 좋은 대출, 나쁜 대출이 있다. 좋은 대출을 투자용으로 받아서 미래 가치 있는 곳의 부동산을 매입한다. 레버리지 효과를 이용하여 자산 증식인 부의 추월차선에 올라탄다. 전세 보증금이나 월세 보증금은 무이자대출이다. 이 무이자 레버리지를 잘 활용하여 자산을 사고 소액으로 이자가 발생하지 않는 그 돈을 잘 모아서 화폐가치가 떨어지면 계속 우상향할 수밖에 없는 부동산 자산을 모을 기회를 갖기 바란다. 또한, 담보대출을 통해 부동산의 몸값을 올릴 방법을 활용하기 바란다. 관점의 전환으로 대출을 자산을 증가시키는 데 효율적으로 활용하기 바란다.

3장

평생 월급이 나오는
부동산 시스템을
만들어라

01
3년 안에 종잣돈 1억 원을 만들어라

금수저, 로또가 아니라면 누구나 시작은 종잣돈이다. 처음 굴리는 종잣돈이 클수록 점점 돈의 크기가 빨라진다. 종잣돈 모으는 시기는 심리가 먼저 장착된 후다. 누구나 처음은 이 과정을 건너뛸 수는 없다. 시간, 인간관계, 돈을 다이어트해야 한다. 철저히 자기 관리하여 종잣돈이 모이면 투자를 해야 한다.

처음 종잣돈을 모을 때는 주식이나 펀드를 하지 말고 모으기만 해야한다. 절대 명심해야 한다. 그리고 종잣돈 모으는 최종 목표가 정확히 세워져 있어야 한다. 예를 들어 '월 100만 원씩 3년 동안 3,600만 원을 모을것이다. 그리고 그 돈으로 전세 끼고 아파트를 살 거야.'라는 식으로 목표를 세워야 한다.

소득의 50% 이상은 자동이체로 무조건 적금을 한다. 1년 만기 적금을 들고, 만기 시 예금으로 전환해라. 생활비 줄이는 것은 생존에 필요한 것만 산다. 자산이 아닌 부채는 사지 않는다. 감가상각되는 것은 사지 않는다. 차, 여행, 비싼 옷 등은 과감히 포기한다. 그리고 커피, 술, 담배도 피한다. 커피는 사무실에서 마시고, 술 마시는 동안 재테크 공부하고 무조건 금연하라. 돈 드는 운동 대신 홈트레이닝을 하라. 그다음은 밥값이다.

점심은 샐러드, 달걀, 두유 등으로 대체할 수 있다. 밖에서 사 먹어야 할 때 싼 것, 비싼 것, 비중을 조절하라. 그리고 배달 음식, 즉 맛있는 음식들은 몸에 좋지 않다. 가능한 자제해라. 책 사는 대신 도서관을 가라. 대신 종잣돈 모으는 시기가 지나면 책은 사서 공부하라. 소비는 습관이다. 줄여도 살고 늘려도 산다.

소비에도 인식의 전환이 필요하다

사람은 지금보다 조금만 상황이 나아져도 행복을 느낀다. 충동적 소비는 마약 같아서 습관이 된다. 예비비가 필요하다. 비정기적 지출로 인해 돈 모으기가 쉽지 않다. 자동차 보험, 명절비, 부모님 용돈, 방한 의복비, 경조사비, 여행비 등 이런 돈은 예비하지 않으면 생활, 저축 패턴이 흔들린다. 1년 기준 금액을 구하고, 12개월로 나눈다. 1년 금액에 10%를 더한 금액이 예비비다. 첫 달에 1년치 예비비를 떼놓고 저축을 시작하라. 또는, 매월 예비비 금액을 나누어 내라. 예비비는 여유 있게 잡았으니 분명 남는다. 예비비 목표 금액이 채워진 후엔 자유적립예금에 낸다. 내게 보상을 주어라.

여행비 명목으로 따로 모은다. 하지만, 배보다 배꼽이 커지지 않게 주의하라. 이 모든 것의 비결은 통장 쪼개기다. 생활비·예비비·저축·여행의 4개의 통장이다. 급여가 생활비 통장으로 들어오게 된다. 자동이체는 한 날짜로 통일한다. 급여가 들어오는 순간 한날한시에 적금통장, 예비비통장, 여행통장으로 들어가도록 세팅해놓는다.

그러고 나면 생활비만 남는다. 남은 돈, 비정기적 수입, 예비비 초과금은 자유적립예금에 모은다. 종잣돈을 모으는 나의 모습! 나이가 들어서도 지질하고 초라하면 창피한 것이지만, 지금은 이보 전진을 위한 일보 후퇴의 시간이다. 강한 심리와 자존감이 필요한 시기이다. 지금 내 삶의 일부를 포기한 만큼 미래는 풍족해진다. 종잣돈을 왜 시드머니라 하는가? 시드는 씨앗이란 뜻으로 농부들은 당장 먹을 밥이 없어도 그 씨앗은 먹지 않는다. 그게 자기의 밥줄이란 걸 알기 때문이다. 마찬가지로 종잣돈은 씨앗이다. 절대 굴리는 게 아니고 그냥 모으기만 하면 되는 것이다. 이 사실을 반드시 명심하기 바란다.

어느 날 은행 창구에서 번호표를 뽑고 기다리다 순서가 되어 일을 보려 하는데 "지점장님이 ○○○씨 오시면 안으로 모시라고 했습니다."라고 했다. 난 은행 직원 안내에 따라 방으로 들어갔다. 지점장과 차를 마시며 담소를 나누게 되었다. 그때부터 은행에서 권하는 ELS, DLS, ETF, 펀드, 회사채 발행 등 다양한 금융상품을 들었다. 은행은 실에서 관리하는 고객과 매장에서 처리하는 고객이 차별화가 되어 있다. 투자 여력이 있는 고객은 지점장이 직접 영업을 한다. 즉 VIP 룸 고객인 것이다. 은행마다 그 지점이 지점장의 실적으로 이어지기 때문에 영업에 올인한다.

돈에도 뚜렷한 주관이 필요하다

은행에서 추천한 상품에 투자하고 느낀 점이 있다. 2014년, 인천 남구 용현동에서 SK건설사가 분양하면서 회사채 발행하는 것에 투자했다.

1억 원에 6개월 상환조건으로 미도달 시 6개월 또 연장하는 조건이었다. 1년 6개월 만에 4% 수익률로 만기가 되었다. 900만 원 정도 되는 수익금을 보고 이것은 아니라며 금융의 한계를 느꼈다.

그러면서 부동산에 더욱 관심을 두게 되었다. 그러고 나서 2015년, 산본 금정역 주변 주공아파트로 3,000만 원 갭투자를 실험 삼아 해봤다. 1년 6개월 만에 1,500만 원의 수익이 발생했다. 역시 부동산이라는 생각으로 나는 더욱 부동산에 관심을 두기 시작한다.

2017년, 전세 레버리지로 인천 계양구 효성동에 22평 연립을 7,500만 원으로 투자하였다. 매매가가 1억 2,000만 원이었다. 전세 4,500만 원을 끼고 매수했다. 매입 후 2개월 만에 재개발이 진행되어 이주비 대출 7,000만 원 받은 것을 빼면 현금 500만 원 들어간 셈이다. 이 부동산은 지금 프리미엄이 1억 5,000만 원 형성되어 있다.

이렇듯 처음 종잣돈으로 주위를 관심 있게 보면 저축만이 아니라 기회가 있다. 경제는 이성적인 수치가 아니다. 합리적이거나 정형화된 시세가 아니다. 소비자의 심리가 반영된 것이 가격이다. 그러므로 이성적인 판단으로 부동산에 접근하면 이해하기 어려운 부분이 있다. 인간의 욕망, 심리, 공포 등 여러 가지가 반영되어 형성되는 것이 부동산 가격인 것이다.

그런데 기본기를 간과하지 않고 부동산에 임하면 다른 어떤 투자보다 실패할 일이 적다. 정형화된 수치로만은 부자 되기 어렵다. 소비자의 심리와 소비 패턴, 소비 성향 등을 고려하여 부동산에도 접근하길 바란다. 가장 인문학적인 학문이 아닌가 싶다.

지금도 기억난다. 경매 강의 시간에 강은현 교수님이 하신 말씀이다. 처음 경매를 접하면서 부동산학을 인정할 수 없었다고 한다. 하루가 다르게 작게는 몇 천만 원에서 몇 억 원씩 오르는 것을 보고 처음에는 부정했다고 한다. 믿을 수 없는 가격이었기 때문이다. 부동산은 거품이라는 생각이었을 것이다. 이건 올바른 가격이 아니다. 그러나 이제는 부동산학이란 것을 인정하게 되었다고 한다. 막 대학을 졸업한 사회 초년생은 받아들이기 어려울 것이다. 이해한다. 나도 그랬다. 그러나 이게 현실이고 사회라고 말씀하신다. 이제는 시장가격을 철저히 인정하고 받아들이며 경매에 임한다고 하신다.

경매물건을 조사하던 중 청담동에 있는 '상지리츠빌카일룸'이 워낙 고가이다 보니 거래가 없어 시세를 알 수 없는데 경매물건이 나왔다. 세입자가 결국 낙찰을 받았는데 그 가격을 가늠할 수 없어 상식선에서 입찰

했다고 한다. 세입자가 전세금 대비 어느 정도가 가장 합리적인 가격인지 계산해보고 전세금도 지키면서 집을 매수하게 된 것이다.

그 경매물건에 대해 가치를 알아본 사람은 전세 세입자였다. 일반인은 상상도 못 할 금액이었다. 이렇듯 계산으로 정형화된 것이 아니라 가치에 따른 산법에 맞아떨어지는 사람에게 주인의 자격을 주는 것이 부동산이다.

종잣돈의 초기 단계는 누구를 막론하고 안 입고 안 쓰며 자신을 제어하는 과정을 밟아야 한다. 그런 다음 3,000만~4,000만 원 정도의 금액이 만들어지면 레버리지를 활용한 투자를 하여 종잣돈의 크기를 키운다. 투자금이 적게 드는 오피스텔이 좋은 대안이 될 수 있다. 직장 수요가 풍부하고 직장인들이 선호하는 곳이 투자 수익이 높다. 주변 아파트 가격이 많이 오르며, 임대 가격이 높은 곳이 좋다. 그리고 개발 호재가 있는 곳이 좋다. 예를 들면 마곡나루역 보타닉 푸르지오시티는 갭 1,000만 원에 분양가 대비 매매 차익이 8,500만 원이다. 당산역, 영등포시장역, 영등포구청역, 염창역, 가산디지털단지역 등은 직장과 연계성을 두고 있는 역이다. 회사들이 꽤 많다. 전세가율이 상당히 높은 게 특징이다. 그래서 투자금이 적게 든다. 투자금이 5,000만 원 미만이다. 작은 비용으로 효율을 높일 수 있는 곳에 투자하여 1년에 1억 원에 도달할 수 있도록 실천하기 바란다.

02
소액으로 종잣돈 마련해서 1년에 한 채씩 사라

　지인 C씨(남 47세)는 2010년 충남 천안에 있는 아파트를 부동산 경매로 싼 가격에 산다. 그 당시 시세가 1억 8,000만 원 정도였는데 1억 2,000만 원에 샀다. 70% 가격에 산 것이다. 이 아파트를 살 때 대출을 최대한 1억 원까지 받는다. 약간의 수리를 해서 보증금 2,000만 원에 월세 80만 원을 놓는다. 1억 2,000만 원에 사서 대출 1억 원을 받고 보증금 2,000만 원을 회수하고 나니 투자금은 거의 들지 않았다. 수리비 몇백만 원밖에 들지 않았고 월세 80만 원은 꼬박꼬박 들어온다. 여기서 대출이자 30만 원 내고 나머지 50만 원은 고스란히 순수익이다. C씨는 매입하면서 6,000만 원의 자본 이익까지 얻고 출발한 경우이다. 이렇듯 C씨는 월세로 매달 현금 수입을 일으켰지만, 이것을 전세로 놓으면 몇년 후 오르는 전세금으로 또 다른 투자처를 잡을 수 있다. 이런 식으로 하나씩 늘려나가는 것은 매우 유용한 방법이다.

투자 초기 나는 가장 먼저 내 돈을 지키기 위해 묻을 곳을 생각했다. 폐업 현실 즉 현금 흐름이 없다는 것이 마음에 걸렸지만 깊이 있게 대처할 마음의 준비가 안 되어 있었다. 계획이 안 되어 있는 상태에서 부동산 공부를 하다 보니 마음만 조급해진다. 그 당시 멘토가 한 이야기가 생각난다. 1년에 소형 아파트를 하나씩 사서 5년간 모아라.

그리하며 처음 샀던 아파트를 팔고 6년째 한 채를 사서 5채를 맞추고 나머지로 생활비로 사용하라. 이런 식으로 아파트 5채를 가지고 풍차 돌리기를 추천한다. 지금 생각해보면 적절한 대안이 될 수 있다 싶다. 미래 가치가 있는 아파트는 물가상승분만큼 올라주니 투자금은 거의 회수하고 오르는 상승분만큼 활용할 자금이 확보된 것이다.

수많은 재테크 책의 투자 경험담을 읽을 때, 강연을 통해 만난 전문가들의 무용담을 들을 때, 나도 금방 부자 될 수 있을 것 같았다. 그러나 현실은 달랐다. 난 운 좋게 투자 수익이 나는 부동산을 쉽게 매입한 상태로 현재의 나의 상황에 조금 맞지 않는 투자를 한 상태다. 폐업한 상태이므로 현금 흐름이 있어야 함을 고려하지 않는 투자였다.

그래서 현금 흐름을 만들어야 하는 방법이 시급한 상황이다. 소형으로 한 채씩 사도 월세보다 시세 차익이 우선이어야 한다. 매달 받는 월세 1

년치보다 1년 동안 부동산 시세 차익이 훨씬 크기 때문에 그렇다. 부동산에 대한 미래 가치가 중요하기 때문이다. 처음에는 워낙 소액인 데다가 선택폭이 없다 보니 수익형으로 하나하나 매수했다. 그러다가 경험을 통해 조금씩 안목과 실력이 쌓이면서 시세 차익형 부동산에 관심을 두게 된다. 어느 시점에서 수익형과 시세 차익형의 적절한 조화로 인해 경제적 자유를 누리는 현실을 맞이하게 된다.

나는 공부가 덜 된 상태에서 월세 나오는 부동산이 없음을 불안하게 여기게 된다. 그래서 방송 보고 강의를 소개 받고 들으러 가서 물건을 사게 되었다. 그때가 2018년 3월이다. 전세 1억 6,500만 원이다. 당산역과 선유도역 중간 지점에 투룸 14평 도시형생활주택이다. 얼마 전에 전세 1억 7,000만 원으로 재계약했다.

그 사무실에서 말하길 세금을 피해 이런 소형 주택을 활용해 은퇴 준비를 많이 한다고 한다. 지금 생각하면 시행착오를 겪은 것 같다. 재개발은 2003년 도시정비법에 따라 원주민이 아닌 경우 입주권이 주어지지 않는다. 두 부동산 물건은 월세 이외는 다른 재산상 실제적인 권한을 행사할 수 없는 것이다. 다세대나 연립은 제일 큰 호재는 재개발이다. 이렇듯 투자를 해보면서 알아가는 것들이 많다. 그래서 실제 경험자가 이론가보다 힘이 막강한 이유인 듯하다. 부지런히 가도 모자랄 판에 뒷걸음친 격이다. 그러나 이럴수록 열심히 할 수밖에 없다.

지인 K씨(여 45세)는 의왕의 자기 땅에 신축을 계획하면서 판교에 땅을 매입할 경우를 가정하여 두 군데 견적을 알아봤다. 세대수와 월세가 판교보다 월등하다는 견적을 내보고 의왕으로 결정했다. 그 당시 판교는 용적률도 의왕보다 낮게 나왔다. K씨는 매월 받는 월세로 생활비를 염두에 두고 있었다. 외국에서 생활할 계획이었기 때문에 월세가 중요했다. 외국에서 생활을 마치고 돌아와 시세를 보니 의왕은 건물 가격이 신축 때 그대로이다.

재테크도 방향성이 있어야 한다

그러나 판교는 사정이 다르다. 그 당시 시세 대비 딱 2배가 상승한 것을 보고 K씨는 매월 발생하는 월세보다 자본 수익이 중요하다는 것을 알았다며 부동산에 대한 안목을 키워나갔다. 결국, 부동산은 입지에 대한 가치이다. 월세를 염두에 두더라도 이왕이면 입지를 우선시해야 한다. 그러나 개발 호재가 없더라도 지가 상승 폭이 큰 곳으로 매년 하나하나씩 늘려나갈 때 자산 상승을 빠르게 느낄 것이다. 소액으로 투자하되 시간과 타이밍을 맞추면 이익을 얻을 수 있다. 대중과 같이 움직이면 돈 버는 방향과 멀어지기 때문에 어떠한 공포가 와도 흔들리지 말아야 한다. 안정적인 현금 흐름이 있는 사람은 어떤 위기가 와도 견뎌낼 수 있다.

마음을 비우고 떨어지면 떨어지는 대로 그냥 내버려둬라. 결국에는 오른다. 성공하려면 공포 속에서 기회를 엿보고 달러, 대표 주식, 우량한 회사채를 싸게 사들여라. 위기는 다시 온다. 가치보다 폭락해버린 투자 대상이 다시 폭등할 것을 대비하여 많이 사라. 이것은 쉬운 일이 아니며, 이 대담함에 베팅할 수 있는 능력을 갖추기 위해 공부해라. 그게 바로 고수로 가는 길이다. 가격이 내려가는 것만 리스크가 아니다. 가격이 오르는데 올라타지 못하는 것도 리스크다.

3년 동안 매년 3,000만 원씩 투자하여 부동산을 하나씩 매입하고 2년 후 매도하는 전략이 있다. 3년 차에는 1년 차에 매입한 부동산을 매도하고 연간 12% 복리 이익을 얻는다고 정하여 계산한다. 1년 차 주택을 매도하고 나온 수익으로 다시 3,000만 원을 더하여 투자한다. 부동산 규제가 심하므로 주택 수를 늘리는 것은 상당한 부담이 된다.

이럴 때는 과감하게 매도하는 전략으로 간다. 새 레버리지 전략은 계속 한 채씩 보유 수를 늘리는 것이 아니라 2년마다 매도해서 매도하여 얻은 이익을 불려 계속 다음 투자 대상에 투자하는 것이다. 보유 주택 수는 유지하면서 자산을 불릴 수 있다. 목표는 너무 욕심내지 말고 수익 12~20%로 잡는다. 레버리지 전략의 원칙이 있다.

지속적인 주택의 전셋값 상승이 예상되는 지역으로 투자한다. 전세가율이 85% 이상인 주택이어야 한다. 4년 안에 투자 원금 회수율이 100%인 곳에 투자한다. 10년 이상 이와 같은 방법으로 굴리다 보면 13년 차에는 전세 상승분만으로도 1억 5,000만 원씩 나온다. 그러면 이때부터 본인의 자유로운 시간이 허용되는 때이다. 이것은 꾸준히 10년 넘게 부동산에 대해 고민하고 공부했을 때만 가능한 일이다.

리스크를 감내할 용기가 없는 사람은
삶에서 아무것도 이뤄낼 수 없을 것이다.
- 모하메드 알리

하던 일을 하면서 1년에 집 한 채씩 산다는 것은 쉬운 일이 아니다. 나에게 부동산 중개업을 하는 친오빠가 광명역 분양권을 소개해줬다. 그런데 부동산에 별로 관심이 없었다. 그 당시 사업을 하고 있었고 몇천만 원일 거란 추측으로 분양권 수익이 그다지 매력적이지 않았다. 한참 지난 뒤 보기 좋게 기회였음을 알게 되고 아쉬움만 남았다.

저번 기회로 삼아 미사강변신도시 미분양된 분양권을 산다. 실거주용으로 매수를 했다. 아무런 정보나 분양권에 대한 분석 없이 매수하고 있었는데 관심이 가기 시작한다. 어느 날 부동산 전문가가 미사강변신도시에 대해 언급을 한다. 강동 쪽에 물량이 너무 많아 송파, 미사, 강동까지 영향을 받아 투자 가치가 없다.

그러자마자 난 불안해지기 시작한다. 바로 부동산에 분양권을 2,300만 원 받고 매도한다. 그리고 몇 개월 지난 다음 미사 부동산이 오르기 시작하면서 지금은 분양가 대비 2배가 올랐다. 그 이유가 정책과 무관하진 않다. 그러나 실거주용이기 때문에 서두를 필요가 없었다. 이처럼 경험을 통해서 배우고 깨우치는 것이 많다.

미분양 물건이 1~4층까지 남았는데 실거주용이라고 난 2층을 선택했다. 매도하면서 느낀 건데 제일 애매한 것이 2층이다. 4층은 남은 물건 중에 제일 좋은 것이었고 1층은 수요자가 꽤 있는 층이었다. 그리고 주 출입과의 동선도 중요하고 초등학교를 품었으면 가장 좋은 아파트인데, 그렇지 못하면 학교와의 동선도 동별 가격 차이가 있다. 실제 경험해보면서 배워가는 것들이 많다. 이론으로 배우면 실제 실무에서는 적용이 잘 안 되는 경우가 많다. 경황도 없고 정신도 없어 세세하면서도 중요한 것들을 놓치는 경우가 많다. 그러나 체화된 것은 절대 놓치는 경우가 없다. 모두 돈으로 연결되는 정보들이기 때문이다.

월급쟁이가 대출을 받아 부동산을 살 때 강제성이 있기에 시간이 지나고 나면 자산이 더 많이 모여 있다. 적금은 강제성이 없어 중도 포기할 가능성이 훨씬 크다. 대출을 받아 투자한 사람이 자본 활용을 훨씬 더 많이 했기 때문에 재테크 차원으로는 많은 이익이다.

그러므로 돈이 없는 사람은 부동산 투자 공부를 하고, 내 집 마련을 통해 실거주 주택에 투자하면서 앞으로 상승할 수 있는 부동산을 선택해야 한다. 소액 투자를 할 수 있는 부동산을 찾기 위해 현장 방문을 많이 다녀야 한다. 이런 식으로 늘리면서 일정 기간 시스템이 갖추어지면 부의 힘은 막강하여 나를 지켜주는 든든한 자산이 될 것이다.

신축된 지 10년 이내의 건물에 투자하라

 우리가 거주하는 3가지 주거 형태를 먼저 요약해보겠다. 흔하게 접하는 아파트, 다세대, 다가구가 있다. 5층 이상은 아파트라고 보면 된다. 4층 이하는 다세대, 다가구이다. 여기서 다세대는 호별로 집주인이 따로 있다. 다가구주택은 주인이 한 명이다. 이렇게 구분하면 된다. 보통 빌라는 통용되는 용어는 아니다. 빌라는 다세대 주택으로 보면 된다.

 아파트와 다세대는 어떤 차이가 있을까? 처음 집을 구하는 사람이나 신혼일 경우 빌라로 가야 할지 아파트로 가야 할지 고민이 많다. 그런데 이 2가지는 명확한 장단점이 있다. 아파트는 빌라 대비 가격이 비싸다. 그러나 환금성이 좋다. 가격 상승률이 높으므로 투자성이 높다.

하지만 관리비가 비싼데 이유는 부대시설과 기반시설 이용이 좋기 때문이다. 아파트의 경우는 10년 이내의 것을 사야 하는 이유는 분명하다. 아파트는 실생활 필수제이기 때문에 실용적인 면에 깊숙이 적용된다. 신축일수록 소비자가 생활하는 데 최대한 편리함을 갖추어준다. 지금의 대세는 조식, 저녁을 제공하는 아파트이다. 맞벌이가 대세인 요즈음 식사 제공은 시간 절약에 많은 시너지 효과가 있다.

핵가족이다 보니 재료 사서 한두 가지 해 먹는 것보다 시간과 돈의 절약 면에서 소비자의 많은 호응을 얻고 있다. 그리고 편의시설이다. 유치원과 초등학교의 유무에 따라 많은 가격 차이가 난다. 일과 후 레저에도 큰 영향을 미친다. 다양한 편의시설은 소비자의 시간과 노력을 많이 절약해준다. 그러다 보니 신축에 대한 선호도는 작년 2019년 부동산 상승한 것을 보면 알 수 있다.

또 정부의 부동산 정책에 대한 규제로 인해 신축의 희소성 때문에 더욱더 신축의 몸값이 높아가고 있다. 소비자는 늘어나는데 공급물량이 제한적이니 가격이 상승할 수밖에 없다. 서울은 아파트가 귀해 15~20년 된 것까지도 귀한 대접을 받는 실정이다. 그러나 통상적으로 5~10년 정도 지나면 거의 신축의 희소성은 희미해진다.

신축 후 5년까지는 꾸준히 상승하다가 5~10년은 미미하게 상승하다 10년 이후부터는 실거주의 개념 이외 가치가 상승하기에 특별한 요인이 필요해 보인다. 대외적인 변수 이외는 보합일 가능성이 크다. 투자 목적

으로 연수가 된 아파트에 들어가기에는 이런 점을 고려해야 한다. 실거
주일 경우는 예외이다.

신축의 장점은 여러 가지가 많다

다세대나 다가구일 경우는 아파트와 또 다른 상황이 있다. 아파트보다
건축물이 약하고 하자가 많다. 그러므로 더욱더 신축이어야 한다. 만약
다세대, 다가구를 구축으로 매수하게 되면 하자 보수에 익숙해져야 한
다. 지인 R씨(남 60세)는 은행을 정년퇴직하고 다세대 건물을 샀다. 내방
역 근처 68평에 2층에 전세 2개와 1층, 3층, 4층까지 방 10개이다.

월 680만 원에 은행이자를 빼고 380만 원을 받은 노후대책을 실행한
다. 미래에 대한 대비책으로 한시름 놓는 것도 잠시, 전화벨만 울리면 가
슴이 철렁한다고 한다. 여기저기 하자 보수, AS 요구에 벨 소리가 무섭
기까지 하다고 털어놓는다. 이유는 기후 변화로 인해 여름에는 40도까지
오르고 겨울에는 영하 20도까지 떨어지는 온도로 인해 지반이 많이 흔들
리고 그 현상으로 건물들이 쉽게 손상을 받기 때문이다.

우리나라는 아파트 비율이 60%를 차지한다. 그러므로 빌라는 주력 상
품이 아니다. 빌라라는 상품의 특성을 이해해야 할 필요가 있을 것 같다.
빌라는 25% 정도 된다. 아파트 중심 주거문화가 이미 강하게 자리 잡고
있다. 아파트 주거문화는 10~20년간 지속할 것 같다. 실제로 아파트의
장점, 매력이 많다. 대규모 단지, 쇼핑, 교육 등등 커뮤니티 시설이 잘 들

어 있다. 세계에도 이런 유례가 없다 할 정도로 우리나라 아파트는 주거 만족도가 몹시 높다.

그런 점에 비해 빌라는 이점이 없다. 한두 동짜리 자투리땅에 짓다 보니 생활편의시설을 누리지 못하는 단점이 있다. 그러다 보니 고소득층의 발길이 끊겨 젊은 층이 오지를 않는다. 전세난으로 전셋값으로 빌라라도 하나 사서 생활하려는 수요가 대부분이다. 그런데도 모든 빌라가 똑같지는 않다.

모든 빌라가 투자 가치가 떨어지거나 환금성이 없는 것은 아니다. 빌라의 특성은 도심이어야 한다. 그리고 상권이 잘 발전된 곳이 유리하다. 예를 들면 강남의 논현동, 신사동 주변이다. 강북 쪽은 홍대 입구 쪽의 빌라 가격이 많이 올랐다. 건물이 아닌 땅값이 올랐기 때문이다. 빌라와 아파트는 토지와 건물로 구성되어 있다. 가격이 오르기를 원한다면 결국 땅값이 올라야 한다.

대지지분이 비교적 넓은 곳에 빌라를 사는 것이 투자 가치에 좋다. 예를 들면 정보사 터널 근처 빌라다. 교통이 편리해지거나 땅값이 오르거나 상권이 활성화되는 빌라는 자산 가치 상승을 누릴 수 있다. 압구정 주변에 많지는 않아도 ○○교회 주변을 보면 아파트 값 오른단 얘기는 땅값이 오른다는 증거이다. 주변 빌라는 인근 편의시설을 동시에 누릴 수 있으면서 투자 가치가 높다.

그러나 일반 부동산 업자들이 영세하기도 하고 그렇게 튼튼하게 심혈을 기울여 공사하지 않는다. 그나마 아파트는 대형 건설사가 공사한 데다 지하까지 설계하여 튼튼하다. 기후 변화에 내성이 강한 편이다. 임대업자 R씨는 구축인 다가구 부동산으로 노후 대책을 선택한 것에 후회하며 신경정신과 치료를 받고 있다. 그것에 관한 결과는 고스란히 건물주가 떠안게 된다. 이런 현상을 고려하여 건물을 살 때 계획을 자세히 세워 매수해야 한다. 그리고 신축일수록 세입자 구하기가 쉽다. 공실률 면에서도 신축이 훨씬 유리함은 더 말할 나이가 없다. 주거 수요자들이 신축 선호현상이 더욱 강해지고 있다. 임대든 매매든 신축 지역이 집값을 이끄는 선봉에 있다. 구축 소단지 아파트보다 상승 시에는 상승 폭이 크고 하락 시에는 하락 폭을 방어한다.

신축의 편리성과 효율성

왜 사람들이 신축을 선호하는가? 신축을 선호하는 현상이 뚜렷하게 나타나고 있다. 불과 몇 년 전만 해도 이 정도까지는 아니었다. 지금은 신축에 눈을 돌리는 이유는 무엇일까? 모든 사람이 깨끗하고 쾌적한 집에 살고 싶은 욕구는 당연하다. 20~30년 이상 된 구축 아파트들은 여름엔 덥고 겨울엔 추운 경우가 많다. 지하주차장이 없거나 적어서 밤에는 주차 대란이 일어나기도 한다. 이에 비해 최신 건축공법으로 지어진 신축들은 더 따뜻하고 쾌적하다. 주차시설도 잘 되어 있다. 구축 아파트는 지하주차장이 따로 있어 엘리베이터 타고 내려가지 못한다. 따로 걸어 내려가야 한다. 물건 사서 지하주차장에서 걸어서 엘리베이터까지 온다는 것은 경험해 본 사람만 안다.

여간 불편한 게 아니다. 구축은 지하 주차장이 없이 야외 주차장만 있는 것도 있다. 주차장이 작은 게 많이 불편하다. 요즈음은 차가 가구마다 거의 있고, 차 자체의 크기로 인해 구축은 충족을 못 하고 있다. 그러나 구축이 입지가 좋은 곳은 가격이 오르고 있다. 즉 상권, 역세권, 학군까지 잘 받쳐주는 곳이다. 그 외 지역은 가격이 오르기 어렵다.

그렇게 다 따지면 편의성 면에서 신축에 비교가 안 된다. 신축의 구조는 예전보다 방은 적게 나올 수 있다. 그러나 확장이 다 되어서 나오고 젊은 층은 베란다의 필요성을 잘 모르는 경우가 많다. 같은 소형 평이라도 예전에 없던 화장실이 2개인 경우가 대부분이다. 생활하는 게 훨씬 다르다. 화장실 하나보다 2개가 훨씬 편리하다.

방은 예전보다 적을지라도 화장실이 2개인 것이 장점이 많다. 편의시설도 훨씬 좋다. 주변에 헬스장 없는 곳도 있다. 그러나 신축은 웬만하면 거의 헬스장, 골프장이 있다. 신축은 시설 이용에 편리한 점이 많다. 장기 거주 생각 시 고려 대상이다. 여기서 몇십 년 입주해도 마음 편하게 생활할 수 있는 장점이 있다. 만약 구축에 들어가면 거주 기간을 생각하면 이미 재건축 연한으로 생활이 불편해진다. 그러므로 신축이 조금 비싸더라도 신축 집값이 잘 올라서 더욱더 선호 현상이 뚜렷하다. 분양가가 증가한 만큼 구축과 비교하면 올라가는 폭이 훨씬 크기 때문에 신축을 선호한다. 그러므로 신축의 선호사상으로 더욱더 전망이 좋다. 구축은 입지가 좋지 않고서는 가격 하락이 불 보듯 뻔하다. 최신 트렌드가 반영된 조경과 실내 인테리어도 입주민들의 만족감을 높여준다.

주요 단지의 청약 경쟁률은 몇십 대 일, 몇백 대 일이다. 신축에 대한 수요는 많지만, 공급은 못 받쳐주는 상황이다. 어느 지역이든 구축 아파트는 많지만, 신축은 부족하므로 신축에 대한 희소성이 생긴다. 민간택지 분양가상한제로 인해 서울 내 재개발, 재건축은 전보다 위축될 것으로 예상한다. 서울의 신축 아파트의 희소성은 더욱 커질 것으로 보인다. 서울 아파트에 대한 수요 자체는 해가 갈수록 더 증가할 것으로 본다. 인구가 늘지 않아도 1인당 사용 면적이 넓어지다 보니, 서울 집이 부족하면서 신규 아파트 대한 수요는 늘어나는 추세다. 그러므로 수요가 풍부하며 투자 가치가 높은 10년 이내 부동산에 투자하기 바란다.

04
역세권 주변 소형 아파트를 사라

　신혼집을 구하는 데 교통이 불편한 신축 빌라를 구할까? 교통이 편리한 10년 된 아파트를 구할까? 장단점이 있다. 신축이란 점은 깨끗하고 남의 손길을 거치지 않는 공간이란 장점이 있다. 단점은 방음이 안 되어 있고 편의 시절이 없다는 점과 주차시설이 부족하다는 점이다. 구축 아파트는 신축 빌라보다 비싸다. 그리고 타인의 삶의 흔적이 남아 있다.

　그리고 수도관의 낡음으로 물이 깨끗하지는 않다. 그것 이외 다 장점이다. 주차며 방음, 그리고 편의시설로 인해 삶의 만족도가 높다. 여러 가지를 따져 봐도 역세권 구축이라도 아파트를 권한다. 생활의 편리함 이외 가장 큰 장점은 환금성과 투자 가치 상승 여력이다. 일정한 시간이 지나 갈아타려고 할 때 대기 수요가 풍부해 언제든지 매도하고 매수할 수 있는 환경이 된다.

그리고 평수를 상향 조정하여 갈 때 자산 가치 상승으로 인해 큰 힘이 된다. 그러므로 소비자가 선호하는 역세권 소형의 투자 가치는 두말하면 잔소리다. 역세권이 왜 집값을 좌우하는가? 역세권은 역과의 거리가 반경 500m 이내로 지하철이 근접하고 많은 유동인구를 흡수하며 편리한 대중교통을 이용할 수 있다.

그리고 역세권은 편의시설이 있다. 예를 들면 맥도날드와 스타벅스를 들 수 있다. 이러한 매장들은 흔히 역 주변에 많이 볼 수 있다. 이런 매장들이 들어오면서 맥도날드 배달 권역과 스타벅스 인접 권역이란 신조어가 생겼다. 이런 매장들이 있는 곳은 상권이 발달하여 있으며 인구가 많이 모여 있다. 맥도날드는 딜리버리 서비스까지 이용이 가능하다. 주문 후 배달까지 17분 30초까지를 맥세권이라 한다.

스타벅스는 매장이 역과의 거리가 400m 이내에 있다. 일명 스세권이다. 특히 이러한 지역의 집값이 평균 96% 이상 상승 효과를 나타냈다. 그만큼 역 주변은 편의시설뿐만 아니라 편리한 교통, 많은 유동인구를 흡수하는 효과가 있다. 역 주변의 녹지공간이 풍부하므로 쾌적한 환경을 조성한 숲세권이 있다. 연령대가 있으신 분이 선호하는 곳은 숲세권이다. 학교와 도보거리가 가깝고 유명 학원이 잘 조성된 곳은 어린 자녀를 둔 30~40대 학부모가 주요 대상층이다. 이것이 학세권이다.

호수와 역이 가까이 있는 것을 호세권이라 한다. 예를 들면 송파구의 석촌호수이다. 희소가치가 굉장히 높다. 체육 활동이라든지 여가 활동, 웰빙 활동이 가능한 지역이다. 주변 시세에 비해 최고 2배 차이가 난다. 또한, 공세권은 공원과 가까이 있는 역을 말한다. 최근 웰빙을 중요하게 여기는 분위기가 확산되고 있다.

공원에 대한 유동인구가 확보된다. 그리하여 수익형 부동산과 차익형 부동산 투자에 많은 관심이 높은 매물 지역이다. 예를 들면 보라매공원이라든지 영등포공원이다. 이러한 두 지역의 공통점은 희소가치가 높다. 최근에는 거주지 선정에서 건강, 취미생활, 학군, 직주근접 등이 하나의 트렌드로 바뀌고 있다.

그러다 보니 재테크, 수익형, 차익형이 전부 가능한 매물이 이 지역 내에 거의 다 있다. 말 그대로 역세권 주변 집값은 다른 지역과 차이가 난다. 또한, 공원이 가깝거나 학교가 가깝거나 이런 것들을 보면 당연히 가격이 높을 수밖에 없다. 상권이 많이 발달한 것을 보면 다른 지역과 비교할 수 없을 정도로 편리하다. 이런 장점에 따라 다른 지역과의 가격 차이는 클 수밖에 없다. 역세권의 부동산은 가격의 오르고 내리는 부분이 아니고 오르는 폭이 훨씬 크며 시세 차익을 볼 확률이 높다. 교통의 편리성만 봐도 가격 이점이 높은 게 많은 사람이 선호하는 역세권 부동산이다.

역세권의 소형 아파트는 왜 투자 가치가 높은가? 여기서 소형은 20평이하 방 2칸을 말한다. 매력적인 이유는 일단 관리 비용이 싸므로 거주자에게 오래 살 수 있는 환경을 제공한다. 또 오를 때 가장 먼저 오른다. 가장 저렴하다 보니 구매층이 두껍다. 1인 가구 증가율이 계속 오르면서 구매층이 점점 심화하고 있다. 매도 및 전세 세입자 구하기가 쉽다.

입지 좋은 부동산은 현금과 같다

급전이 필요할 때는 바로 대처할 수 있는 장점이 있다. 비싸면 오래 걸린다. 싸면 환금성이 쉽다. 즉 긴급 자금 확보가 쉽다. 각종 수수료가 저렴하다. 취·등록세, 보유 및 관리 수수료가 낮다. 임대사업자 혜택, 재산세 감면 등 있다. 그리고 월세, 임대소득 극대화가 가능하다. 소형 아파트는 젊은 사람들이 좋아한다. 젊은 사람들이 좋아하는 풀옵션을 갖추기에 딱 좋다. 에어컨, 냉장고, 가스레인지, 세탁기, TV 등이다. 이렇게 풀 옵션을 갖추게 되면 5~10만 원 정도 더 받을 수 있다. 풀옵션 비용은 1년 후면 회수하고, 2년부터는 그만큼 수익으로 발생한다. 아파트 시공사 관점에서 평형이 작을수록 이익이 없다. 그러므로 시간이 지나면서 20평형 후반대의 아파트만 지을 것이다.

10평형대는 남는 것이 없다. 그러므로 점점 소형 평형의 희소성이 있다. 1인 가구 증가율에 따른 계속된 호재이다. 통계청에 따르면 1인 가구 비중은 1990년대 9%, 2015년대 27.4%, 2035년대 34%로 예상을 하고 있다. 이렇듯 1인 가구는 계속해서 증가하고 있다. 이것이 소형에 투자해야 하는 이유이다. 소형 아파트의 매력을 다시 한 번 더 강조하자면 일단 싸다. 그리고 빨리 오른다. 이유는 구매층이 굉장히 두껍다. 물량이 적다. 경쟁자가 많지 않다. 건설하는 시공사가 이익이 적기 때문에 많이 짓지를 않는다. 소형 평형(24평 이하)의 물량이 적다. 그러나 1인 가구는 2030년까지 계속 증가할 수밖에 없다. 우리나라 인구의 3분의 1 정도가 1인 가구 될 때까지이다.

그래서 희소성이 높다. 대단지에 있는 소형 아파트를 추천한다. 이유는 관리비가 싸다. 실거주자 관점에서 생활의 편리성과 저렴함을 매력적으로 느낄 것이다. 전·월세, 광고 수수료 등이 싸다. 다주택자가 부담스러운 시기가 재산세 낼 때인데 소형 아파트는 세금 감면 혜택이 크다. 그리고 올라갈 때 빨리 올라 수익률이 높다.

희소성이 있어 경쟁력이 있다. 지금 지어지는 아파트 중 소형은 극소수이다. 구매층이 두터워 가장 투자 가치가 높은 이유 중의 하나이다. 갭투자 수익률도 좋고, 월세 수익률도 좋다. 이런 부분 때문에 소형 아파트는 실거주가 아니고 투자용이라면 꼭 투자 대상 1순위이다.

지방 어디를 가나 부영아파트의 입지를 생각하지 않을 수가 없다. 시내 한복판의 메인 위치에 부영아파트가 있다. 나는 서귀포에 소형 아파트가 있다. 2017년 매입 당시 제주도에 현장 방문을 했는데, 서울의 강남에 해당하는 제주 노형동이라는 곳에 부영아파트가 있었다. 그리고 속초시청 옆에도 부영아파트가 있다. 또 나는 청주에 살 때 부영아파트에 살았다.

소형 아파트의 투자 가치를 느끼면서 부영건설 이중근 회장이 떠오른다. 이 회장의 부동산 매입 비결은 안목과 타이밍이다. 이 회장이 산 땅 주변에 부동산을 사면 망하지 않는다는 말이 있을 정도이다. 땅을 보는 안목이 남다른 이 회장은 업무용 건물에 대해서도 나름의 판단이 있다고 한다. 그는 미래 가치가 있다고 생각되면 때를 기다리는 것으로도 유명하다. 몇 해 전에 매입한 태평로 삼성생명 본사 사옥이 대표적인 사례다. 부영건설은 본사 사옥으로 쓰지 않고 새로운 임차인을 구하기 위해 물색 중이다.

기업들의 돈 움직임을 보면 우리는 흐름을 추측해볼 수 있다. 타산지석으로 부영건설 회장의 움직임으로 보아 크기의 차이일 뿐 우리가 바라보며 배울 점이 있다. 앞으로 부동산 도심권은 사무실이며 주거로서 미래 가치가 많은 것임을 알 수 있다. 특히 도심권, 역세권은 투자 가치가 충분함을 알 수 있다. 4차 산업의 경제 활동 변화로 인해 도심권에서의 사회생활은 집약될 수밖에 없으며 구매력이 증대될 수밖에 없는 부동산이다. 갈수록 늘어나는 1인 가구 증가로 인해 소형은 더욱더 수요가 증대될 수밖에 없는 사회 구조이다. 그러면 역세권 소형 아파트는 갈수록 희소성의 가치 상승으로 투자 위험이 없는 좋은 투자 대상이다.

05
오피스텔 전용 면적 비율이 높은 것을 사라

전용 면적이란 실제 생활하는 공간을 말한다. 즉 거실, 침실, 주방, 욕실 등 내가 직접 사용하는 공간이다. 공용면적은 공동으로 사용 공간을 말한다. 공동체에서 꼭 필요한 복도나 계단 등 옆집이나 아래/위층 여럿이어서 아파트에 필요한 사용하는 공간이다. 바로 전용 면적과 주거 공용면적을 합친 것이 아파트의 공급면적이다. 주거의 용도에 직접 쓰이지 않는 면적 즉 건물 밖 시설인 놀이터와 주차장, 노인정, 관리 사무실 등 입주민이 사용 권한을 갖는 모든 공간의 면적이다. 서비스면적은 여유 공간이다. 공용면적, 전용 면적 어디에도 포함되지 않는 발코니 등 여유 공간을 말한다. 아파트 분양 면적은 공급면적을 뜻하며 계약면적은 전용 면적, 공용면적, 기타 공용면적까지 포함한 면적이다.

빌라도 마찬가지인데 다만 빌라는 기타 공용면적이 거의 없다. 빌라와 아파트의 면적 구분은 큰 차이가 없지만, 아파트와 오피스텔의 면적에는 차이가 있다. 일반적으로 분양가를 산정할 때 아파트는 공급면적(전용 면적+주거 공용면적)이 기준이 되고, 오피스텔은 계약면적(전용 면적+주거 공용면적+기타 공용면적)이 기준이 된다.

분양 면적이 같더라도 사용하는 공간의 차이는 크게 날 수밖에 없다. 전용률은 주거공간에서 전용 면적이 차지하는 비율로 아파트와 오피스텔은 전용률이 다르므로 같은 평형이라도 전용 면적이 크게 차이가 난다. 전용률이 아파트는 70~80%, 주상복합 60~70% 정도, 오피스텔 45~50% 내외 정도이다.

전용 면적이 높은 것을 사야 하는 이유

일반적으로 아파트의 주된 용도는 주거시설, 즉 사적인 공간이기 때문에 공용공간을 최소화하고 거실, 침실, 주방 등 주거 전용 면적을 최대한 확보하는 편이다. 자연스럽게 공급면적에서 전용 면적이 차지하는 방이 높아져 전용률도 높아진다. 반대로 오피스텔의 주된 용도는 업무시설, 즉 공적 공간이기 때문에 복도, 엘리베이터 등 공용공간의 비중이 높은 편이다.

따라서 전용률이 낮아진다. 그런데도 전용률은 60% 이상인 것을 권한다. 전용 면적이 같더라도 계약면적이 넓은 경우 전용률이 낮아지는데 이때 평당 분양가가 싸다는 착시 효과를 줄 수 있다. 착시 효과를 받지 않으려면 전용 면적과 주거 공용면적의 공급면적을 집중적으로 봐야 한다. 서비스 공간은 전용 면적에도 포함되지 않고, 주거 공용면적에도 포함되지 않은 서비스 받는 공간이다.

혜택을 받는 서비스면적을 잘 확인해야 한다. 서비스면적은 분양가에 포함되지 않는 공간이므로 크면 클수록 건설사는 원가가 올라가서 손해다. 건설사가 빈틈이 없는 가격의 분양가를 설정해야 한다고 사전에 판단하거나 굳이 서비스면적을 주지 않아도 분양에는 큰 문제가 없다고 자신하면 서비스면적은 그만큼 줄어든다.

반대로 분양에 자신이 없고 마케팅 차원에서 주목을 받기 위해 서비스면적을 많이 제공해준다. 최근 4베이가 보편화되면서 그만큼 서비스면적도 좋아져 더욱 인기가 있는 것이다. 투자의 가치는 화려한 조명과 고급스러운 옵션 인테리어가 아닌 평면, 조경, 조건 등 세밀한 모습을 봐야 보이는 만큼 얻고, 아는 만큼 보이는 수익을 향상시킬 수 있다.

위례 오벨리스크의 투자 가치에 대해 알아보겠다. 우선 편리한 교통과 쾌적한 주거환경을 꼽을 수 있다. 서울 강남권과 연결되는 위례~신사선 위례중앙역(예정)과 위례신도시 내 교통수단인 트램(노면경전철, 계획)역이 만나는 더블 역세권이다. 또 차량과 분리된 친환경 녹지공간인 '휴먼링'과 위례신도시 중심상권인 '환승 상가' 안에 있다. 특히 대규모 광장인 '모두의 광장(가칭)'이 인접해 유동인구 유입이 쉽다. 아울러 오피스텔 전용 73㎡, 85㎡ 형은 위례신도시 내 공급이 부족한 소형 아파트 대체상품으로도 인기가 높다. 이 평형은 3면 개방형 설계, 남향 위주 가구 배치로 조망권(고층 일부)도 확보했다. 옵션은 전자레인지, 세탁기, 에어컨, 냉장고 등 붙박이 가전제품과 붙박이장, 신발장 등 가구 등이 있다.

마곡 푸르지오 시티에 대해 알아보자. 인근에 신세계몰, 이마트, 극장, 백화점 아울렛 등이 있다. 그리고 삼성 코엑스와 같은 컨벤션센터가 아주 가까이 있다. 또한, 3만여 명의 LG 연구원, 관공서가 가까이 있어서 수요자는 풍부할 것으로 내다보고 있다. 워낙 고소득자라서 오피스텔에 살지 고민이지만, 3룸 아파트는 가격이 너무 올라 있어서 혼자 사는 미혼여성, 남성들에게는 마곡 센트럴푸르지오 오피스텔이 괜찮은 상품으로 평가받고 있다. 마곡역 센트럴푸르지오시티에서 마곡나루역까지는 700m, 걸어서 약 10분이 걸린다. 걸어서 10분 거리는 역세권이다. 5호선 마곡역, 9호선 마곡나루역, 공항철도 마곡역 3개의 역을 이용할 수 있다. 지하 통로로 연결된 점도 장점 중 하나이다. 편하게 걸어서 이동할 수 있고 보타닉 공원도 앞이라 좋은 위치로 투자성이 높은 부동산이다.

정자동 푸르지오 시티의 장점은 교통 편의성이 뛰어나다. 인근의 분당선 정자역은 분당은 물론 서울 강남과 강북을 관통하는 왕십리~선릉 구간 연장선 개통의 최대 수혜지이다. 정자역에서 신분당선을 통해 서울 강남까지 지하철을 이용하여 16분대에 도달할 수 있고, 분당~수어간/ 분당~내곡간/경부고속도로/외곽순환도로 등 서울 및 수도권과 광범위하게 연계되는 도로 교통망을 갖추고 있어 탁월한 접근성을 내세우고 있다. 정자동은 탄탄한 수요층을 확보하고 있다. 기존의 킨스타워, SK C&C 등으로 형성된 벤처, IT 업무단지 외에도 국내 대표 IT 기업인 NHN 본사가 이전함에 따라 분당의 핵심 업무지역으로 부상한다. 이로 인해 기존의 임대 수요층과 더불어 대량의 상주인구 유입을 기대할 수 있다. 정자도 푸르지오 시티의 대단위 규모에 걸맞게 아파트 못지않은 높은 수준의 커뮤니티 시설을 갖추었다.

오피스텔 전용 로비에는 무인 택배보관함을 설치하여 입주자의 편의성을 향상시켰으며 입주자 전용의 휘트니스센터, 골프 연습장을 지하층이 아닌 고속도로 조망이 가능하도록 설계하였다. 주동 및 평면 배치에서도 실내에서 경부고속도로와 탄천, 안산 등의 도시와 자연 조망이 최대한 가능하도록 배치하여 우수한 조망권을 확보할 수 있는 것도 이곳의 장점이다. 지상 4층 옥상정원에는 대규모 휴게공간을 마련했으며 A, B동의 21층에는 스카이파크가 있다. 또한, 입주민의 라이프스타일에 맞춘 다양한 평면을 제공할 예정이다. 저층에는 테라스 현대의 특화된 평면을 계획하여 독특한 외관을 형성함과 동시에 내부설계로는 일반 오피스텔보다 30cm 높은 2.7m 우물천장으로 공간감을 넓혔다. 오피스텔 내의 상가 비율을 전체의 5%로 최소화해 주거 건전성을 높이는 크고 작은 섬세한 설계로 정자동을 대표하는 고급 오피스텔로 자리잡았다.

오피스텔은 대체재가 적은 실평수 6~12평 원룸, 1.5실, 투룸까지 추천을 권한다. 적은 돈으로 가능하고 원룸은 고시원과 비교 대상이 된다. 서울 시세는 500만 원에 35~40만 원 정도 한다. 고시원보다 훨씬 살기 좋은 원룸형 오피스텔에 많이 거주한다. 월 임대료는 1,000만 원에 50~60만 원 한다. 1인 가구 증가로 혼자 사는 사람이 아주 많다. 투룸, 쓰리룸보다 원룸이 투자 수익이 높다.

비용이 적게 들고 수익률이 높다. 잘만 고르면 오피스텔도 좋은 투자처다. 신규로 지하철이 들어오는 오피스텔을 노려라. 대단지이면서 수영장, 헬스장, 영화관 등 복합문화시설이 같이 들어 있는 오피스텔에 투자하라. 대단지는 관리비도 저렴하다. 중요한 것은 가격이다. 비슷한 조건의 다른 지역 시세보다 저렴한지 비싼지를 알아야 한다. 가격을 알려면 현장 방문 활동을 열심히 해야 한다. 부동산은 현장이 답이다.

분양 면적에 대한 전용 면적의 비율이 높은 오피스텔이 좋은 투자 부동산이다. 실제 사용면적이 넓으므로 임차인이 선호한다. 오피스텔 계약시 전용 면적 대비 분양가를 확인해야 한다. 실제 사용하는 면적은 작은데 다른 공간 비중이 높아 분양가가 비싼 경우인지를 점검해야 한다. 오피스텔 전용률이 높게 나오면서 아파트 대체재로 손색이 없게 인기가 높은 곳이 많다. 아파트와 다를 바 없는 오피스텔만의 장점을 충분히 살리면서 주거만족도가 높은 부동산이 있다. 실거주자의 관점으로 접근하면 오피스텔이면서 전용 면적이 높은 것은 투자 가치가 높은 부동산이다.

06
다세대는 급매, 경매로 투자하라

당신이 자신에 대해 어떻게 생각하느냐가
당신의 운명을 결정한다.

― 헨리 데이비드 소로

우리는 생각에 따라 결정을 하게 되고 그 결정으로 생을 살아간다. 자산 관리도 그렇다. 어떤 의사결정을 하는지에 따라 가는 길은 아주 다르다. 지인 C씨(여 62세)는 송파동 34평형에 거주하고 있었다. 평소 건강이 좋지 않아 아산병원에 정규적인 치료를 받는 생활을 한다. 어느 날 동창으로부터 경기도 광주시청 근처 다세대 추천 매물을 소개받는다.

500여 세대로 분양 중인 다세대였다. 신중하게 생각하지 않고 공기 좋은 곳에서 평소 생활을 꿈꾸던 C씨는 구매하기로 결정한다. 거주하던 아파트를 전세로 전환하여 42평, 34평 2채를 산다. 하나는 거주하고 34평형은 2,000만 원에 월세 75만 원을 받고 있다. 매입가는 42평은 2억 6,000만 원이고 34평은 2억 3,000만 원으로 펜션과 같은 전망이 펼쳐지는 곳에서 생활이 시작된다.

돈은 벌기보다 유지하는 것이 더 중요하다

예전 거주하던 곳에서 친구들과 모임도 활발히 했던 C씨였다. 자가운 전도 못하고, C씨에게 광주의 생활은 외롭고 병원 다니기도 불편해서 후회가 되었다. 그리고 엘리베이터가 없어 전망 좋은 4층은 오히려 불편했다. 시장을 봐서 물건을 들고 4층까지 다니기엔 여간 힘든 게 아녔다. C씨가 이곳에 임대로 살며 차후 매수 결정을 해도 늦지 않았을까?!

나머지 자금으로 도심지 월세가 발생하는 곳에 투자했다면 좋았을 것이다. 그러나 이미 상황은 돌이킬 수 없게 된다. 지금 C씨의 빌라는 분양가격 이하로 내려와 있는 상태이고 매도도 안 된다. 월세를 받으면서 그 부동산이 가치를 우상향인 것을 투자해야 한다. 이렇듯 자산 관리는 너무도 중요하다. 멘토가 하는 말이 생각난다. 돈은 버는 것보다 지키는 것이 더 어렵다고. 힘들게 번 돈을 한순간에 아무런 준비 없이 날리는 경우가 주위에 너무나 많다. 너무도 안타깝다. 나 또한 시행착오를 겪은 사람으로서 이 책을 통해 독자들이 조금이나마 시행착오를 줄이기 바란다.

다세대(빌라)는 4층 이하면서 건축 총 바닥면적이 660㎡ 이하인 공동

주택을 말한다. 1층은 주차장 공간 확보를 위해 필로티를 설치하면 필로티 포함 5층까지 가능하다. 연립주택은 4층 이하면서 건축 총 바닥면적이 660㎡ 이상인 공동주택을 말한다. 재개발, 재건축을 염두에 둔 투자자라면 오래된 빌라를 고려해야 하지만 월세나 전세 등 임대하기 위해서는 새 빌라가 유리하다.

직장인의 임대 수요 등 공실이 적고 임대도 원활한 도심지나 도심지 인근 지역이 임대는 물론 매매에 유리하다. 빌라는 1층은 주차장을 위한 필로티로 구성되고, 2층에서 5층까지가 주거공간이 차지한다. 엘리베이터가 없으면 5층은 피하는 게 좋다.

시장을 한번 보더라도 5층보다는 2층을 선호한다. 재건축이나 재개발 등이 진행되면 많은 이주 수요가 발생한다. 이주 수요는 본인이 살고 있던 곳에서 먼 곳이 아닌 인근 지역으로 이동하게 된다. 어느 곳이나 주거 수요가 있으면 매매든 전세든 가격 상승이 된다. 그리고 요즘은 엘리베이터를 만드는 것이 상용화되는 추세이다.

엘리베이터가 있으면 매매 가격이 상향되고 관리비가 늘어난다. 투자 대비 수익률을 체크해야 한다. 빌라는 전용 면적 및 대지 지분이 클수록 가치가 높다. 지하철 인근 사업지역에 있는 빌라가 유망하다. 도로변에서 10여 분 정도 들어간 곳으로 쾌적하고 조용한 곳이 빌라 입지로 좋다. 하자가 적고 베란다 등 불법 확장도 확인해야 한다.

건축물대장상 근린생활시설로 용도가 돼 있으나 실제로 주택으로 사용하는 곳이 있다. 주택용이 아닌 근린생활시설로 허가를 취득하여 내부를 주거공간으로 인테리어해서 주택으로 분양하는 경우 적발 시 강제이행금 등 처벌을 받는다. 이런 점이 있는지 유의해야 한다. 옛 빌라는 신축 빌라보다 베란다가 넓고 방이 크다. 대신 거실이 작다. 그리고 가장 매력적인 것은 가격 면이다. 신축보다 가격이 저렴하다. 그러나 단점은 있다. 수리 비용이 발생할 수 있으며 담보대출이 적게 나온다. 10년 전에 지어진 빌라는 주차장이 별도로 없다. 그런데도 구축 빌라를 추천하는 이유가 있다. 반면 신축 빌라는 감정가가 높게 잡히므로 집 담보대출이 저금리로 많이 나온다. 그리고 당분간 수리비가 별도로 없으며 하자보수 무상이용을 하면 된다.

보안이 잘 되어 있고 거실이 넓게 설계되어 있다. 단점은 엘리베이터가 대지지분을 차지하고 거실이 넓어지는 요즘 추세에 맞추다 보니 방이 구옥 빌라보다 작아졌다. 그리고 가격이 높다. 이 모든 것을 고려하더라도 빌라는 급매나 경매로 매수해야 한다. 최근 1인 가구 및 2~3인 가구가 느는 추세로 수요층이 많아지고 있다. 투자 상품이자 실수요자 상품이며 최근에는 도심 역세권은 안전자산으로 인식되고 있다. 아파트의 대체상품이다. 아파트는 너무 고가라 접근이 쉽지 않은 수요의 대체상품이 될 수 있다. 임대사업자 등록 시 다양한 혜택이 주어지며 투자금이 비교적 저렴한 소형 주택으로 투자 시 다양한 세법 혜택을 받을 수 있다. 수익형 부동산으로 활용할 수 있으며 아파트의 경우 수익형 부동산으로 활용하기에는 투자금 대비 너무 고가의 상품이다.

그러므로 빌라를 노후대책으로 많이 투자한다. 오래된 주택을 철거하고 신축할 때 원가는 가장 적게 들어간다. 즉 공장도가가 되는 것일 수 있다. 그러나 일반인들이 접근하기에는 쉽지 않다. 대신 지식만 갖추면, 고수익이 가능한 최고의 방법이다. 신축 중인 주택을 매입하는 방법은 건축주가 신축 진행 중인 주택을 눈으로 확인하면서 조금 싸게 매입하는 방법이다. 건축주도 매각을 목적으로 건물을 짓는다.

짓기도 전에 매각이 이루어지면 기회비용을 얻는 안전한 사업이다. 이미 지어진 다세대 주택을 매입한 방법인데 건물주가 파는 이유를 따져볼 필요가 있다. 빌라는 용적률을 꽉 채워서 짓는다. 소형 위주로 세대 구성이 빽빽하게 이루어져 있다. 작은 땅에 많은 집주인이 대지지분을 나눠 갖고 있다. 실제로, 신축 빌라 대지지분은 약 5~7평 정도이다.

다세대도 보석이 있다

땅이 우상향하더라도 재건축할 수 없다. 감가상각만 남아 있다. 예외로 주변 대부분 오래된 단독빌라 밀집 지역으로 재개발, 뉴타운으로 가능한 곳은 투자 수익이 나온다. 빌라 투자는 구축 빌라를 사고, 거주는 신축 빌라에 전세로 살기를 권한다. 다세대 주택 투자는 재개발로 인하여 아파트 전환이 목적이어야 한다.

그리고 임대 수요가 꾸준하여 지가 상승으로 인한 시세 차익을 얻으려는 목적이 명확해야 한다. 2017년 인천 계양구 효성동 연립 투자는 시의 적절했다. 22평 감정평가액(1억 1,700만 원)까지 나온 부동산을 매입했다. 그 후 2개월 만에 관리처분인가가 났다. 이주 철거를 거치면서 2012년 10월 입주 예정이다. 프리미엄은 1억 5,000만 원 형성되어 있다.

이렇듯 빌라는 재개발이 가장 수익을 극대화할 수 있다. 그러나 예정지도 투자 가치가 있으나 급매나 경매로 매입했을 때 이미 수익을 안고 출발하는 격이다. 매입할 때부터 수익을 안고 출발할 때 초기에 투자자금을 회수할 수 있는 여러 가지 장점이 있다. 이 장점의 효과는 회수된 금액으로 또 다른 투자를 할 수 있고, 시세 등락에 자유로울 수 있다는 것이다. 이 모든 것을 고려할 때 빌라는 급매나 경매로 얼마든지 수익을 낼 수 있는 부동산이다.

아파트만 해도 주변이나 특성 등을 투명하게 검색할 수 있지만 빌라는 저평가로 인해 정보가 미약해 현장 방문이 반드시 필요하고 주변 대안 등이 많은 게 특징이다. 신중하게 원칙을 세우고 그에 입각해 투자하든, 실거주를 하든 빌라 투자에 임해야 한다. 2, 9호선의 황금노선으로 이용객 수와 유입성이 높은 역세권의 투자 가치가 높다. 직장·주거 근접의 역세권이 좋다. 환승역세권은 유동인구가 더 많다. 같은 라인도 업무단지와의 근접성에 따라 가격이 다르다.

경기가 불황일 때 아파트보다 가격이 싼 연립주택이나 빌라를 먼저 눈여겨보고 그다음 다세대나 다가구주택에 관심을 둔다. 서울보다는 수도권·지방이 먼저 나오고 아파트보다 빌라, 다세대, 다가구 순으로 경제력이 떨어지는 순서대로 나오기 시작한다. 불황기에는 사회의 부가 이전되는 시기다. 구매가보다 싸게 처분할 수밖에 없는 사람들이 생기며, 이런 물건들을 사서 불황이 끝나고 가격이 회복되었을 때 매도하는 방식으로 자산을 증식하는 전략을 구사해보기 바란다.

07
부동산 불황기에는 경매 투자해라

절대 후회하지 마라. 좋은 일이라면 그것은 멋진 것이다.
나쁜 일이라면 그것은 경험이 된다.

― 빅토리아 홀트

2014년 부동산에 아무런 지식 없이 막연히 돈을 묻어두고 싶다는 생각에 피부관리실에서 만난 지인을 통해 땅을 사게 된다. 그 지인은 부동산에서 일하는 실장이었다. 영업사원이었고 그 뒤에는 저처럼 손님을 물어다 주면 작업하는 사장이 따로 있었다. 어찌 되었든 매입할 땅을 가서 보고 용감하게 계약서를 쓴다.

그때의 생각은 도심에 있으니 땅의 가치는 떨어지지는 않을 거고 물가 상승 이상은 상승할 것이란 야무진 꿈을 꾸며 사인을 한다. 그때부터 문제가 보이기 시작한다. 지목이 뭔지, 알아보아야 할 것이 무언지도 모르고 등기권리가 어떻게 되며 지적도도 떼어보지 않고 암담함 그 자체였다. 내가 산 땅은 그린벨트에 사장 동생 명의에 나 같은 투자자를 근저당 설정등기로 가름하고 몇십 명이 설정되어 있었다. 즉 지분 근저당 설정 등기였다.

근저당으로 농협에서 최대한 대출을 하여 우리가 그 이자를 감당해주는 역할이란 것을 나중에 알았다. 그 문제를 풀면서 부동산에 접근 방법과 공부를 많이 할 수 있었다. 이때 땅 주인이 문제가 생겨도 나는 대항할 아무런 법적 장치를 확보하지 못한 상태에서 땅을 소개한 땅 주인의 형과 인간관계 끈 하나로 위험한 거래를 하였다. 그 뒤 법무사를 통해 원금만 받고 빠져나오면서 그 때의 경험이 부동산에 관한 관심으로 바뀌어 지금도 가슴 뜨겁게 공부를 하고 있다.

계약서 쓰기 전에 땅은 원주민 것을 사야 한다. 모든 부동산엔 접근 전에 최소한의 상식적인 검토사항이 필요함을 알게 된다. 예를 들면 토지이용계획 확인서, 토지대장, 지적도 등은 기본 중의 기본 사항으로 확인을 해야 한다. 그리고 그 지역 기업이 유치되는지, 관광 인프라가 확대되는지가 지가 상승에 결정적인 요인이 된다. 결국, 내 자산을 지키기 위해선 부동산 공부에 경매를 빼고는 할 수 없다는 것을 알게 되었다.

경매는 세상의 안경을 하나 더 갖는 격이다

경매 및 매매로 돈을 벌려고 부동산 하는 것이 아닌 나의 재산을 지키기 위해서 꼭 공부해야 한다는 생각이 든다. 경매는 등기부 등본을 보는 것이 기본이다. 경매를 알았다면 절대 이런 우를 범하지 않았을 것이다. 그리고 법무사를 통해 일 처리하면서 법무사가 한 말이 지금도 기억에서 지워지지 않는다.

사회생활을 하면서 우리가 접한 법률적인 기본 상식은 학교 교육 과정에 꼭 필요한 교육 필수사항이어야 한다는 것이다. 기본 상식적인 법률인데 많은 사람이 무지하여 어려움을 겪는다는 것이다. 즉 사기를 많이 당한다는 것이다. 이것은 사회적인 낭비라는 것이다. 내가 모르고 있는 동안 누군가에게 빨대 꼽힘을 당하고 살고 있지는 않은지 정신이 번쩍 들었다.

투자의 기본은 잃지 않는 투자이기에 내 자산을 지킬 힘은 가장 큰 소득이자 부동산과 경매를 공부하는 주된 이유이다. 부동산 공부를 하면서 느낀 게 있다. 경매야말로 부동산의 최고봉, 즉 꽃이란 걸 알게 되었다. 경매를 알게 되면 부동산에 대한 웬만한 상식을 거의 안다고 해도 과언이 아니다.

부동산을 접할 때 물건의 하자 여부, 등기부 등본, 시세 조사, 입지, 상품성, 호재 등 이런 것을 파악하는 데 가장 빠른 수단이 경매이다. 부동산 전문가들 또한 경매는 기본적으로 하고 있다. 멘토가 한 말이 생각난다. 경매로 단독주택 사서 새로 지어 은퇴 전 소득으로 세팅하는 것이 부동산의 최고봉이라는 것이었다. 그 정도로 경매는 부동산에서 빠질 수 없는 중요한 부분을 차지하고 있다. 경매를 통해서 자본주의 돈의 흐름을 알게 해준다. 내가 5년 임대 후 분양하는 아파트를 사정상 3년 정도 살고 나올 때 임차인을 구했다. 그리고 프리미엄을 2,100만 원을 받으면서 부동산에 대해 궁금하기 시작했다. 나는 나 대신 세입자를 구해주고 나온 것뿐인데 프리미엄이란 것이 생기니 부동산에 호기심이 생기기 시작했다.

부동산은 내 돈과 남의 효용 가치가 더해서 재화화해서 거래되면서 몸값이 커지고 있다는 것을 알게 되었다. 자본주의 사회를 사는 지금 돈의 흐름이 어떤 것인지 느낀 것은 큰 소득이었다. 부동산을 공부하면서 경매를 접하고 나를 강하고 단단하게 성장시켜주었다. 이제는 부동산 물건 위치만 들어도 용도지역을 구분할 줄 아니 얼마나 성장했는가?!

2006~2007년은 부동산 경매 시대였다. 서브프라임 사태 때이다. 이때 모든 강의가 경매 강의 이외에는 다 없어졌다. 공포스러우면서도 그때 자본 편집한 사람들이 있다. 그런데 지금 그때와 아주 흡사하다. 지금은 2020년 4월 코로나 사태이다. 이때는 경매에 관한 관심을 가지려고 생각하자. 지금부터 공부해놓으면 분명 기회가 온다. 부동산은 계속 상승만 있지 않다. 등락이 있으면서 기회가 발생한다. 준비하여 오는 기회를 잡기를 바란다.

가진 돈이 없어 작은 빌라를 공략했던 A씨(여 60세)의 이야기다. 4층짜리 빌라는 꼭 옥상을 점검해야 한다. 방수 상태, 관리 상태에 따라 입찰 가격을 정해서 수리비까지를 고려해야 한다. 입지는 임장을 통해서 확인하는 것이 필수이다. 그리고 집 외관 상태도 점검한다. 만약 새시가 깨끗하다면 내부 수리도 되어 있을 확률이 높다. 그러므로 특별히 들 비용이 없을 경우이므로 수익이 늘어날 수 있는 장점이다.

낙찰받았으면 비용 절약 차원에서 도배며 수리를 웬만해선 셀프로 해결한다. 부동산 거래에 가장 중요한 것은 역세권이다. 출퇴근 수요로 인해서다. 그다음 찾는 것이 학교이다. 그다음이 편의시설이다. 위 주거의 3박자가 갖추어진 낡은 빌라는 알토란 같은 보물이다. 이런 물건만 찾아 낙찰받아 자산 형성한 A씨는 경매 여왕으로 자리 잡아 후계 양성에 힘쓰고 있다. 경매 초보는 지도를 자주 봐라. 거주하던 동네로 시작하라. 동네만이 아는 정보가 있다. 외부에서는 알지 못하는 실거주만이 아는 편리하고 쾌적한 주거환경으로 인해 이사를 잘 안 가는 점 등이 있다. 그런 물건을 낙찰받아 시세대로 되팔아 차익을 발생시키는 방법을 추천한다. 즉 내가 잘 아는 그곳부터 공략한다.

코로나 19 사태로 경기가 주저앉은 가운데서도 아파트 경매시장 분위기는 무척 뜨겁다. 집값이 더 상승할 거란 기대감에 집주인들이 매물을 거두면서 투자자들은 경매로 쏠리고 있다. 경매는 자금 출처 증빙에서 자유롭다. 지난달 평균 서울 아파트 낙찰가율은 109.91%, 지난해와 비교해 1년 만에 낙찰가율은 15.17%포인트나 뛰었다. 낙찰가율은 감정가 대비 낙찰 금액을 의미하는데, 최근 감정가보다 비싸게 낙찰되는 사례가 속출하고 있다. 정부의 고강도 부동산 규제정책을 피하기 위한 대체 투자처로 경매시장이 떠오르고 있기 때문이다. 정부가 이달부터 시행하기 시작한 자금 출처 증빙 의무가 경매시장에서는 적용되지 않는다.

일반 주택 구입 시 증여나 상속을 받으면 누구에게 증여받았고, 증여세 부과 대상인지 면제 대상인지도 다 드러나게 된다. 하지만 경매로 취득하는 주택은 실거래 등록 의무가 없는 만큼 취득 자금에 대한 별도 증빙서류 제출 대상이 아니다. 때 아닌 경매 열풍은 다음 달부터 분양가 상한제가 시행되면 재건축·재재발 등 정비사업에 지장을 불러와 공급 감소로 이어져 주택 가격이 더 오를 수밖에 없다는 기대심리도 반영된 것이라 해석된다. 자금 조달 계획을 제출하지 않아도 되기 때문에 최근에 발표된 부동산 규제에서 다소 자유로운 측면이 있다. 또 감정가 자체가 시세보다 낮은 데다 입찰일로부터 수개월 전에 감정평가가 진행되기 때문에 시차에 따른 가격 이점까지 있어서 더욱더 경매에 대한 열기가 뜨거운 것 같다.

부동산 시장이 어려울 때 경매를 해라

몇 년 전 IMF 당시에 경매 투자를 해서 부자가 된 사람들이 적지 않다. 최근 세계적인 불황을 보고 또 한 번 기회가 오는 것이 아닌가 생각을 해보기도 한다. 부동산 대폭락이 올 것이라고 또 한 번의 예측을 하기도 한다. 과거 IMF 당시에 부동산 불패 신화가 깨진 적이 있다. 하지만 세월이 지난 후 똑바로 보면 위기가 곧 기회가 아니었나 생각해본다. 경매 투자는 경제가 불황일 때는 그 시세를 기준으로 해서 더 싼 가격, 도매 가격으로 매입할 수 있다.

경기가 불황일 때가 경매 투자의 가장 최적기가 된다. 즉 우량 매물이 쏟아지는데 투자 심리 위축으로 경매 투자자 수는 줄어든다. 그러므로 특별한 투자 실력이 없는 사람이라도 부자가 될 가능성이 커진다. 경기 불황으로 부자의 꿈을 잠시나마 접었던 사람이라면 지금이야말로 경매에 관심을 가져야 할 때다. 공부해서 인생의 기회를 저버리는 실수를 하지 않기 바란다.

08
아는 만큼 보이는 청약통장을 활용하라

　2017년 S씨(여 58세)는 개포 래미안 블레스티지 분양에 필사적인 노력으로 당첨받는다. 그때만 해도 1주택자도 가능했으며, 대출 규제도 심하지 않았다. 입지를 보고 벼르고 별렀지만 운이 따라야 하는 당첨이었다. 34평 분양가 14억 원에 지금은 25억~26억 원이다. S씨 같은 경우는 일반적인 경우는 아니다. 분양가며 경쟁률 면에서 말이다.

　그러나 S씨처럼 청약으로 단숨에 자산이 레벨업되는 경우는 최근 들어 서울에 너무도 많다. 그러면 꼭 서울이 아니어도 나의 여건에 맞는 청약을 적극적으로 추천한다. 청약은 주택을 가장 저렴하게 사는 방법이다. 아파트 분양은 공공택지와 민간택지가 있다. 공공분양과 일반분양으로 이루어져 있다.

면적과 공급 방법에 따라 일반분양, 우선분양, 특별분양으로 분리가 된다. 공공택지와 민간택지의 차이점은? 공공택지란 국가, 토지주택공사, 지방자치단체 등 공공기관이 개발하는 택지를 말한다. 국민주택건설 또는 대지조성 사업으로 개발하는 택지와 택지개발촉진법의 택지개발사업으로 개발하는 택지 등이 해당이 된다.

민간택지란 민간업체가 주택을 건설할 수 있도록 조성하는 토지를 말한다. 공공택지는 공공기관, 민간택지는 민간주택건설이 짓는 택지를 말한다. 이번에 시행하는 분양가상한제는 국토교통부에서 11월 6일 구역이 지정되었다. 공공택지는 계속 적용을 해왔고 민간택지에 대해서 분양가 상한제를 적용하게 되었다.

공공택지 분양으로 분양가 상한제의 적용을 받는 마곡 엠밸리 9단지이다. 공공분양과 민간분양의 차이점은 무엇인가? 공공분양이란 공공주택 사업지가 국가 또는 지방자치단체의 재정이나 주택도시기금을 지원받아 분양을 목적으로 국민주택규모 이하(1세대당 85㎡)의 주택을 공급하는 것을 말한다. 예를 들면 한국토지주택공사, 서울도시주택공사 등에서 분양하는 아파트를 공공분양이라고 한다.

민간분양이란 민간기업인 주택건설사업자가 주택 지구 내에서 건설되는 공공주택 외의 주택을 분양을 목적으로 85㎡를 초과한 면적을 공급하는 것을 말한다. 아파트 공급 방법에는 일반공급, 우선공급, 특별공급 등이 있다. 일반공급은 우선공급 대상자 및 특별공급 대상자에 속하지 않는 사람들을 대상으로 분양하는 것을 말한다. 공급은 행정구역의 통합으로 주택 건설지역이 변동되어 주택을 우선공급받을 필요가 있는 기존 거주자나 임대사업자 등을 대상으로 분양하는 것을 말한다.

특별공급은 다자녀가구, 신혼부부, 노부모부양자, 해제된 개발제한구역의 주택 또는 토지소유자 외국인, 생애 최초 주택 구매자, 기관추천자 및 도시개발사업에 따른 철거주택 소유자 등을 대상으로 분양하는 것을 말한다. 우선공급은 필요가 있는 기존 거주자나 임대사업자이다. 특별공급은 특별 조건에 해당하는 해당 당사자들에 공급하는 것을 말한다.

우선하고 특별공급을 제외한 나머지는 일반공급이다. 주택청약은 당해 주택 건설지역 인근 지역에 거주자만 청약 신청을 할 수 있다. 수도권이라 하면 서울, 인천, 경기권을 말한다. 청약통장의 명의 변경은 3가지가 가능하다. 상속으로 인해 상속인 명의로 변경하는 경우, 결혼으로 인해 배우자 명의로 변경하는 경우, 가입자의 배우자 또는 세대원인 직계존비속으로 세대주를 변경하는 경우에만 가능하다.

최근 들어 청약만큼 뜨거운 게 없는 것 같다. 청약은 일단 청약통장을 만들어야 한다. 거의 모든 5대 일반 시중 은행에서 청약통장 가입이 가능하다. 주택청약종합저축이라 해서 통장 하나만 만들면 된다. 일반 공공분양도 가능하고 민간분양도 가능하다. 처음 통장을 만드시는 분은 국민은행이 아닌 은행에서 만드는 것을 추천한다. 청약 신청도 편하고 확인도 편하다. 그리고 알람도 온다. 일단 순위가 되어야 한다. 1순위가 돼야 청약 우선 조건이 되기 때문에 순위를 높이기 위해서는 일정 기간 부금을 붓는 기간이 필요하다. 투기지역, 투기 과열지역, 조정 대상 지역, 비조정 대상 지역으로 구분이 되어 있다.

일반적인 지역, 비조정 대상 지역 같은 경우는 시작한 지 12개월만 되면 1순위 조건을 준다. 그러나 조정 대상 지역부터 투기 과열지역, 투기지역은 24개월이 되어야 1순위가 주어진다. 일반 청약인 경우가 해당한다. 만약에 신혼부부들 같은 경우에는 조금 더 혜택이 있다. 특별공급 제도라는 게 있는데 잘 활용하길 바란다.

사회초년생들, 신혼부부들에게 특별공급 제도를 강화해주었다. 민간 아파트의 경우 10~20%로 확대하고, 공공아파트는 30%로 신혼 특별공급을 확대했다. 특별공급은 일생일대에 딱 한 번 쓸 수 있지만, 그 한 번을 제대로 쓴다면 다 청약을 받을 수 있다. 인기가 많은 곳은 비싸므로 적당한 위치에 있는 신규 단지를 청약하는 것을 권한다. 부동산은 첫 번째도 입지, 두 번째도 입지, 세 번째도 입지이다.

자기가 관심 가는 입지들을 기본적으로 알고 있어야 하고, 그 입지에 어떤 아파트들이 분양 계획이 있는지를 연간 단위로 나와 있는 것을 체크한다. 몇 월에 분양하리라는 것을 인터넷 기사라든지 신문에 나온다. 그걸 염두에 두었다가 때가 되면 청약을 넣으면 된다. 아파트투유 사이트에서 명령문만 딱 누르면 청약이 된다. 청약 공고문이 나오기 전에 예치금액과 평형별로 넣을 수 있는 금액을 잘 체크하여 차질 없게 한다.

단 본인이 세대주이어야 한다. 세대주 명의로만 청약할 수 있으므로 1 순위가 되려면 확인을 꼭 하길 바란다. 미혼이면 부모님과 함께 거주할 경우 세대 분리를 해야 한다. 본인이 세대주로 되어 있는지 확인하라. 아파트에 청약해도 될지, 기준과 판단은 무엇인가? 입지 공부할 때 주변에 있는 랜드마크 아파트가 무엇인지를 파악하고 있어야 한다.

청약도 아는 만큼 보인다

그 동네 대장주, 제일 좋은 아파트, 그 아파트와의 가격 격차를 보면서 이 아파트가 비싼지 싼지 판단할 수 있다. 더군다나 또 그 아파트 바로 옆에 있다고 하면 거의 같은 시세가 될 것이다. 그렇게 비교해보면 된다. 예를 들면 미사리 강변도 택지개발지구이다. 초반에 1,100만~1,300만 원대 분양했는데 지금은 2,000만 원을 넘는다.

하남 미사강변도시 망월동 평균 매매가가 2,000만 원이 넘었다. 가장 비싼 강변 미사 푸르지오 아파트는 2,700만 원이다. 그런데 그 주변에서 분양할 때 비싼 아파트와 비교하여 청약 여부를 결정하면 된다. 이런 식으로 비교 검토하여 의사결정을 하면 된다. 조정지역은 5년 이내에 다른 주택에 청약 금지 항목도 잊지 않길 바란다. 최근에 미계약분도 부적격자가 많은 것이 특징이다. 청약 기준 체크 항목을 잘 따져보길 바란다.

서울에 있는 재건축, 재개발 단지는 무조건 다 좋다. 서울은 지금 새 아파트가 부족한 지역이기 때문에 입지가 좋지 않아도 새 아파트는 굉장히 좋다. 경쟁률도 높다. 그리고 1기 신도시 내에도 25년 차가 되었기 때문에 분당이라든가 평촌의 새 아파트가 공급되는 곳도 좋다. 분당 정자동에 파크리버 포스코 샵 등은 너무도 희소가치가 높은 곳이다. 평촌 재건축, 재개발 등 분양하는 것은 적극적으로 추천한다. 제일 기대되는 것 중 하나는 과천이다. 비싼 주공을 재건축하는 곳과 보통으로 분양하는 과천지식정보타운도 구분하여 추천하는 지역이다. 올 상반기와 하반기에 서울과 수도권에서 핫한 청약들이 나오고 있다. 청약할 때 막연한 로또를 한다는 심정으로 청약하는 것보다는 세밀하게 전략을 세워보기 바란다. 내가 이 청약 단지에 당첨이 될 확률이 있는지 없는지, 가점도 계산해보고 조건도 보고 공고문도 자세히 본다. 견본 주택에 가서 상담도 받아 청약될 수 있도록 적극 분양에 도전을 해보기 바란다.

집값이 내려간다고 하지만, 분양시장의 열기는 여전히 뜨겁다. 그만큼 경쟁률이 높은 것도 사실이지만 2018년 11월 이후 무주택자들에게 기회가 확대되도록 제도를 개편했다. 그래서 내 집을 마련해야 한다면 앞으로는 더더욱 청약에 도전해볼 만하다. 내 주위의 생활권을 중심으로 입지, 교통, 향후 발전 가능성 등을 고려해본다. 그런 다음 어느 지역의 분양단지에 주목해야 하는지 찾아본다. 그 후 전략을 짜서 청약에 숨어 있는 가치와 기회를 찾아 분양에 당첨되길 바란다.

09
오피스텔 300가구 이상인 그곳을 투자하라

정부의 규제와 6년 동안 서울 수도권 집값이 많이 올랐다. 금리도 제로 금리에 가깝게 내리다 보니 0.76%까지 내려가고 계속되는 미국의 양적 완화, 전 세계적인 금리 인하가 이어지고 있다. 우리나라의 1,000조 원의 부동자금과 경제적 위기가 오고 있다는 여러 가지 상황이 교차하다 보니 미래에 대해 준비를 하려는 사람은 수익형 부동산에 관심을 많이 두고 있다. 그 대안으로 오피스텔이 주목을 받고 있는데 어떤 것이 투자 가치가 높을까 알아보기로 하자. 업무공간에 상가보다 오피스텔을 많이 짓다 보니 공실률도 적고 직장 수요로 인해 투자 수요는 느는 추세이다. 업무 지구가 많은 곳은 오피스텔도 투룸 같은 경우 환금성이 뛰어나다.

그러나 원룸 같은 경우는 환금성이 떨어지며 수익형 부동산이다. 공실률이 없을 지역으로 투자해야 한다. 예를 들어 강남이나 서울대 입구 주변이다. 2호선 주변으로 강남역까지 몇 정거장 가깝게 업무단지와 연결이 쉽다. 반대편으로는 가산디지털단지가 가깝다. 구로 쪽으로 직장과 가까워 원룸 수요가 풍부하여 공실률이 거의 없다.

그러므로 강남구와 관악구가 수익형 부동산으로 투자 가치가 좋은 지역이다. 그리고 서울 시내에서 1인 가구가 압도적으로 많은 곳이 관악구이다. 약 11만 가구로 1인 가구가 가장 많다. 그리고 마곡지구이다. 마곡나루역 주변이 대기업 수요로 인해 원룸 수요가 풍부한 곳이다. 오피스텔 원룸은 절대 신도시에 들어가면 안 된다.

그러나 마곡지구는 바로 앞에 일자리가 있다. 부동산에서 가장 중요한 것은 일자리이다. 그런데 대부분 신도시는 베드타운이다. 아파트 가격은 많이 오르지만, 오피스텔은 많이 오르지 않는다. 강남역 주변 투룸 오피스텔은 가격이 많이 상승하였다. 원룸 같은 경우는 공실률이 없는 곳으로 가야 하는데 그곳이 바로 역세권이다. 직장·주거 근접의 수요가 많은 지역의 10여 평 이상의 오피스텔은 젊은 신혼부부나 회사원의 아파트 대용으로 시세 차익도 볼 수 있다.

오피스텔과 일반 연립주택, 둘 다 원룸(물론 투룸 혹은 그 이상도 있다.)에 자취형 주거시설이지만 그 차이는 극명하다. 오피스텔의 경우 엘리베이터, 주차장, 상업 시설 등 생활편의가 더욱 좋지만 그만큼 관리비가 부담된다. 오피스텔 평균 관리비가 15만 원 정도라고 하니, 제2의 월세인 셈이다.

하지만 대단지 오피스텔의 경우는 어떨까? 관리비라고 하는 항목은 전기세나 수도세와 같이 직접 이용한 항목을 제외한 입주민들이 공용으로 사용하게 되는 엘리베이터, 복도 및 계단 관리비 등 오피스텔 전반적인 시설에 대한 관리비이다. 그러므로 당연히 총금액을 모든 입주세대가 나눠서 지불하게 되는 것이다.

그렇다면 그 분모가 되는 입주세대가 많을 경우는 당연히 관리비가 절감된다. 200~300세대의 오피스텔과 1,000세대 가까운 오피스텔과의 관리비 차이는 매우 클 수밖에 없다. 보통의 신도시 혹은 신규 택지지구, 아니면 도심지일지라도 상업용지는 굉장히 부족하다.

게다가 보통은 상업지구나 역세권, 번화가에 들어서는 게 오피스텔이다. 전자의 경우에는 오피스텔이 들어서도 상업 시설이 인프라가 부족할 경우가 생기고, 후자의 경우에는 반대로 상업 인프라는 확실하지만 그만큼 시끄럽고 지저분한 환경적 문제가 생길 수 있다. 하지만 대단지 오피스텔이라면 이러한 점이 모두 해결된다.

세대수가 많은 만큼 그만큼 상가 입점의 수요 및 넓은 부지를 이용함으로 상업용지의 크기가 커지기 마련이다. 따라서 사업 인프라가 부족하지 않으며 이 정도 대단지의 경우 부지가 넓어 완전 번화가, 시끄러운 도로변에 세워지지 않기 때문이다. 편의시설 등 사업 인프라는 풍족하게 누리면서도 환경적으로 조용한 단지 생활을 즐길 수 있는 장점이 있다.

국토부 연구원에 따르면 2045년 36.3%로 갈수록 1인 가구가 증가 추세라는 것은 누구나 알고 있다. 1인 가구가 늘어감에 따라 당연히 원룸, 오피스텔의 수요는 늘어간다. 그렇다면 수요에 맞춰 많은 공급이 이뤄질 것이고, 이 많은 소비자들은 당연히 조건이 중요하며 같은 조건이라면 퀄리티가 관건일 것이다. 당연히 대단지와 브랜드 업체가 소비자의 선택을 받을 수밖에 없다. 사업 인프라, 역세권 등의 교통 인프라가 프리미엄을 높게 형성할 이유가 크다.

오피스텔의 본래 용도는 업무용이지만 소유주나 임차인이 전입신고를 하면 주거용이 된다. 오피스텔을 업무용으로 사용하다가 양도하는 경우 양도소득세가 매겨지지만, 주거용 오피스텔로 사용하다가 비과세 요건에 해당하면 양도 시에 비과세 혜택을 받을 수 있다는 점은 참고로 알아두면 좋다.

최근 아파트값이 치솟으면서 주거용 오피스텔을 찾는 신혼부부들도 늘어나고 있다. 아파트 가격보다 상대적으로 낮은 주거용 오피스텔의 주거비 부담은 덜할 수 있지만, 세금과 유지비는 아파트보다 높아 주의해야 한다. 주거용 오피스텔 장점은 일반적으로 상업용지에 들어서 편의시설, 교통여건 등 다양한 인프라가 잘 형성되어 있어 임대 수익성이 높아 투자성도 기대할 수 있다.

보안 시설 및 방범 CCTV가 잘 갖춰져 있어 안전하게 거주할 수 있다. 요즈음은 아파트 자재와 같은 자재를 신축 빌라나 오피스텔에 사용하는 추세이다. 주거용 오피스텔도 주택과 같은 구조와 인테리어인데 반해 상대적으로 가격이 싼 것도 주거용 오피스텔을 많이 선택하는 이유이다. 수영장. 조식 서비스 등 편의시설 특화한 오피스텔 차별화로 승부에 잇달아 나서고 있어 화제다.

대단지의 편리성이 소비자의 마음을 사로잡는다

대표적인 예가 엠디엠의 경기 수원시 광교신도시 '광교더샵 레이크시티'이다. 1인 가구부터 실버 세대까지 거주할 수 있게 평면구성으로 이루어졌다. 실내수영장, 사우나, 스크린골프 등 31개 부대시설과 3끼 식사를 저렴하게 제공하는 카페테리아도 설치되어 있다. 공방, 쿠킹클래스룸 등 취미가 비슷한 입주민끼리 교류할 수 있도록 다양한 부대시설도 갖추는 등 다양한 소비자의 요구에 맞게 발전하고 있다.

결국, 투자 가치를 높이는 대안이다. 주변 아파트 가격보다 현저하게 가격이 낮고 교통이 개선되며 일자리가 풍부한 곳의 오피스텔도 투자 가치가 높다. 예를 들어 위례 한화오벨리스크 센트럴스퀘어이다. 위례 중심지에 있고 생활 인프라며 위례 중앙역이 세워질 역사와 가까워 투자 가치가 높다. 1, 2층은 상가이고 스타벅스와 올리브영이 입점해 있고 3층은 하늘공원이 있다.

지하에는 L 시네마가 입점해 있어 문화생활을 즐길 수가 있다. 이처럼 대단지이면서 복합문화시설이 있는 곳은 소비자의 욕구를 충족하기에 충분하다. 이런 곳은 수익형과 매매 차익을 동시에 충족해줄 수 있는 투자 가치가 높은 곳이다. 위례신도시는 쾌적한 환경과 중소형 아파트가 거의 없다는 점에 착안하여 아파트와 같은 면적 구성을 통해 수요자의 욕구를 충족하여 많은 관심을 받고 있다.

회사가 강남이나 성남에 있고 차량을 소유한 직장인들이 위례 오피스텔을 많이 찾고 있다. 강남 쪽 오피스텔과 비교했을 때 평수는 좀 더 큰데 가격이 저렴하고 신도시라 건물이 깨끗하여 선호한다. 대중교통이 불편하다는 단점 외에 많은 장점이 있어 인기이다. 임대료가 저렴하고 주차장 등의 편리성이 수요를 끌어들이고 있다.

대단지 오피스텔을 선택해야 하는 이유는 단지 내 상업 시설과 주차 및 보안, 커뮤니티 등 편의성이다. 여러 세대가 공용관리 비용을 분담하기 때문에 관리비가 저렴하다. 쇼핑, 식사, 교육, 여가 등 다양한 인프라를 이용할 수 있는 것이 특징이다. 특히, 멀리 나가지 않아도 필요한 것들을 누릴 수 있어 여가시간의 중요성을 높이 여기는 젊은 세대를 중심으로 대단지의 편의시설에 대한 선호도는 높아갈 수밖에 없다. 생활 인프라가 갖춰진 단지는 많은 수요로 인해 공실률도 낮아 안정적인 투자 수익이 기대되고, 추후 시세 차익도 바라볼 수 있다.

10
복도식 아파트보다 계단식 아파트에 투자하라

복도식은 같은 층의 모든 세대가 긴 복도를 공유하는 구조이다. 주로 1970~1980년대에 지어진 주공아파트에서 많이 살펴볼 수 있다. 현관과 작은 방이 복도를 따라 접하고 있으며, 거실과 침실은 건물 안쪽으로 큰 창을 갖고 자리하고 있다. 한쪽으로 복도가 설치되어 있는 편복도식이 있다. 중복도식은 중앙에 복도가 있고 복도를 사이에 두고 세대 공간이 이루어져 있다. 편복도식의 경우 아파트가 많고 중복도식의 경우 오피스텔에 많이 이용되고 있다. 복도식 아파트의 장점은 공간의 효율성을 위해 설계되어 한 층에 많은 가구가 들어갈 수 있다. 같은 면적의 경우 계단식 아파트보다 저렴하다. 현관문을 열어두면 맞통풍으로 인하여 환기가 잘된다. 그리고 매물 가격이 저렴하다.

복도식 아파트가 유행이었던 이유는 오래된 아파트로 대부분 우리나라의 유행 시기와 연관이 있다. 1970~1980년대 아파트 수가 폭발적으로 증가했던 이유는 좁은 면적에 많은 인원을 수용할 수 있었기 때문이다. 많은 세대를 아우르는 복도식 아파트가 주목받을 수밖에 없는 것이다. 또한, 상대적으로 계단식보다 건설 비용도 저렴한 편이다.

가장 먼저 뽑는 단점은 전용 면적이다. 복도가 차지하는 비율이 높아 실거주자가 사용하는 전용 면적이 좁아질 수밖에 없다. 구조도 좋지 않다. 베란다가 1개만 존재해 2베이 구조를 띠는 게 대부분이다. 특히 작은 방은 복도와 마주 보고 있어 햇볕이 잘 들지 않고, 겨울철 추위에도 취약하다.

주택은 자산 증식보다 더 중요한 게 있다

가장 큰 문제는 프라이버시 침해다. 창이 복도 쪽으로 나 있으므로 복도를 오고 가는 주민들과 눈이 마주치곤 한다. 방범창을 필수로 설치하지만, 복도가 오픈되어 있어 범죄 위험을 걱정하는 이들도 많다. 벽 하나를 두고 세대가 붙어 있는데, 복도까지 공용이니 소음도 심한 편이다. 옆집의 말소리, 복도를 지나다니는 주민들의 걸음 소리 등 신경 쓰이는 게 한둘이 아니다. 블라인드가 없으면 눈이 마주치기도 한다.

면적이 좁아 복도를 자기 집처럼 사용하는 주민들도 있다. 자전거를 세워 통행을 방해하거나, 음식물 쓰레기를 두어 벌레가 생기거나 냄새로 손해를 끼치기도 한다. 심지어 일부 주민들의 경우 복도에서 담배를 피우기도 한다. 이처럼 복도식 아파트는 수많은 단점으로 인해 거주 만족도가 매우 낮다. 찾는 이도 없고 가격이 내려가니 건설사도 선호할 리가 없어 사라지는 이유이다. 거의 모든 신축 아파트가 계단식 구조를 선택하고 있다.

계단식 아파트는 같은 층에 2가구가 승강기를 중심으로 마주 보고 있는 구조이다. 계단이나 승강기를 중심에 두고 이웃 가구와 서로 마주 보는 현관 구조로 되어 있다. 복도식 아파트에는 앞 베란다만 있는 것에 비해 계단식 아파트에는 앞뒤 베란다가 모두 있다. 복도식보다 공유면적이 적어 전용 면적이 넓다.

사생활 보호에 유리하며 현관에서 승강기가 가깝다. 프라이버시 침해를 받지 않는다. 찬바람이 들어오지 않으며 승강기 이용이 편리하다. 계단식 아파트의 단점은 가격이 비싸다. 복합식 아파트는 같은 층에 3가구 이상이 승강기를 중심으로 배치하고 있는 구조이다. 타워형 아파트의 경우 주로 복합식을 선호하며, 다양한 방향으로 가구가 배치되어 있다.

복합식 아파트의 장점은 용적률이 높고 다양한 방향으로 가구 배치 및 선호하는 방향 선택이 가능하며 조망이 좋다. 복합식 아파트의 단점은 배치 방향에 따라 일조권이 안 좋을 수도 있다. 승강기 대수보다 가구 수가 많은 경우 승강기 이용에 불편함이 있다. 승강기와 연결된 통로가 막혀있어 통풍, 환기에 어려움이 있다. 계단식보다 세대수가 많기에 복도식보다는 조용하지만, 계단식보다는 다소 시끄럽다.

요즈음 주상복합이 많아지면서 타워형이 많아지고, 3가구 이상 경우가 많다. 장점은 아파트에서 내려오면 실내 안에서 상점가를 이용할 수 있다는 점이다. 변형 형태로는 아파트에서 내려와 지하 통로로 이동해 상점을 이용하는 것도 있다. 같은 층에 3~8세대 정도 거주하고 있는 주거 형태이다.

계단식 아파트 형태에서도 주상복합이 있긴 하지만 가장 먼저 시작은 복합식 아파트에서 파생된 형태이다. 2000년 초반에 완공된 '도곡동 타워팰리스'가 되겠다. 복합식 아파트 장점은 용적률이 높고 다양한 방향으로 가구 배치 및 선호하는 방향 선택이 가능하다. 조망이 좋은 게 가장 큰 장점이다. 단점은 배치 방향에 따라 일조권이 안 좋을 수 있다.

승강기 대수보다 가구 수, 층수가 많은 경우 승강기 이용에 대기시간이 길다. 그리고 대부분 연결된 통로가 막혀있어 통풍, 환기가 어렵다. 계단식보다 세대수가 많기에 복도식보다는 조용하지만 다소 시끄러울 수 있다. 건물에 따라 한 층에 세대수가 최소 2~12세대까지 있다.

예를 들어 전용 면적 18평 복도식으로 방 2개, 거실 1개일 경우 계단식 구조라면 전용 면적 18평이 전용 면적이 넓어 방 3개, 거실 1개로 동일 평형 대비 더 크고 넓게 시공되었다. 그리하여 복도식 아파트는 소비자들로부터 외면을 받아 가격도 계단식보다 덜 오르고 서서히 사라지고 있다. 복도식 아파트를 계단식으로 바꾸기 바람이 일고 있다. P 건설사에서 제시한 복도식 아파트 리모델링 방안도 그런 류이다. 기존 복도식 아파트에 대해 엘리베이터와 계단실을 새로 만들어 계단식 아파트로 바꾸자는 것이다. 건설교통부가 추진 중인 건축법 개정안에 따르면 고층의 복도식 아파트가 가장 큰 혜택을 볼 전망이다.

계단식으로 개조가 가능해지면서 전용 면적을 늘리고, 집의 가치도 상승시킬 수 있기 때문이다. 정부 계획대로 세금 감면이나 공사비 지원 등 후속 대책이 나온다면 재건축 못지않은 효과를 기대할 수도 있다. 일부 업체들은 이미 가상모형을 개발하고 수익성 분석에 나서는 등 빠른 행보를 보이고 있다.

복도식에서 계단식으로 바꾸는 비용은 기존 복도를 뒷발코니로 만들거나 확장해서 방이나 다용도실 등으로 사용하게 만든다. 이때 발코니가 없던 아파트는 새로 만들 수 있고, 기존의 좁은 발코니는 최대 2m까지 넓힐 수 있다. 별도 계단실과 엘리베이터실을 만들어 드나들 수 있는 공간을 확보하게 된다.

P건설사가 분석한 자료에 따르면 강남의 34평형 복도식 아파트를 계단식으로 바꾸면 면적이 약 4~5평 정도가 증가하는 것으로 나타났다. 이때 공사비는 가구당 2,500만 원·내부 인테리어와 노후 설비까지 모두 교체하면 이 금액에 3,000만~4,000만 원이 추가된다.

P건설사는 '계단실과 엘리베이터 공간을 철골 코어로 꾸몄을 때의 비용'이라며 '개별 아파트마다 조건이 달라 공사비에 차이가 있다.'고 말했다. S 건설사도 비슷한 결과를 내놓았다. 역시 강남의 33평형 아파트를 대상으로 가상모델을 만든 결과 전용 면적이 5평 정도 늘었고, 비용은 냉난방·전기·내부 인테리어, 외장·설비 교체 등을 포함해 7,660만 원이 들었다. 리모델링 가구 수가 늘어나면 단가가 낮아져 비용도 줄일 수 있다고 전문가들은 추측한다.

일반적으로 주택 수요자들은 계단식 아파트를 선호하는 것으로 나타났다. 계단식 아파트의 가격 상승률이 복도식보다 14.1포인트 높게 조사됐다. 입지 여건과 단지 규모, 입주 연도 등 여건이 비슷한데도 계단식 아파트가 강세를 보이는 이유는 복도식은 소비자들의 불편함을 반영한 구매 여력이 떨어지는 데서 오는 현상이다. 사생활 침해 등을 고려하더라도 자산 가치 면에서도 계단식을 선택해야 하는 이유가 뚜렷하다. 주택은 재산상 손실 여부를 떠나 편안하고 내일을 위한 유일한 휴식공간인데 고유의 권한인 쉼터의 장소가 되지 못한다면 그 어떤 것도 의미가 없다고 생각한다. 편안하고 안락한 휴식의 보금자리가 되는 선택을 권한다.

4장

절대 손해 보지 않는
투자의 기술 11

01
목돈이 있다면 대단지를 노려라

　비싸더라도 대단지 아파트를 사야 하는 이유는? 지역의 아파트 가격 수준보다 높더라도 대단지 아파트를 사라. 요즘처럼 불확실성이 커진 상황에서는 더욱더 단지 규모를 떠져야 한다. 아파트 수요자들의 대단지 선호현상이 더욱 강해지고 있다. 소단지 아파트보다 상승 시에는 상승 폭이 크고 하락 시에는 하락 폭을 방어한다.

　통계를 보면 지난 5년간 전국 아파트 단지 규모별 상승률을 살펴보면 1,500가구 이상의 대단지가 38.85%로 가장 높은 상승률을 기록했다. 1,000~1,499가구가 29.61%로 뒤를 이었다. 규모의 경제라 할 만큼 대단지부터 상승분이 더 높다. 또한, 대단지와 소단지 아파트 간 가격 격차도 갈수록 더 벌어지며 단지 규모별 가격 양극화가 굳어지는 모습이다.

왜 사람들은 대단지를 선호할까? 단지가 작으면 세대수가 적다 보니 어떤 경우는 몇 개월에서 몇 년 동안 같은 평수의 매매가 단 한 번도 없는 경우가 발생한다. 집의 시세를 알 수 없으니 파는 사람도, 사는 사람도 애매하다. 파는 사람은 왠지 싸게 파는 것 같고, 사는 사람은 비싸게 사는 것 같아 원만하게 협의가 이뤄지기가 힘들다. 이에 비해 대단지 아파트는 세대수가 많으니 자연스럽게 거래가 빈번하여 시세가 명확하다. 최근에 있었던 거래 가격에 비해 난 조금 가격을 낮춰도 급매로 여겨서 금방 팔리기도 한다. 대단지는 세대수가 많다 보니 고정수요로 인해 단지 인근에 유치권부터 초·중·고교가 마련되고 아파트를 경유하는 버스 노선 개선, 대형 할인점 입점 등 생활편의시설이 잘 갖춰져 있다.

내가 좋으면 남들도 좋아한다

즉 교육부터 편의시설, 교통 등 주거환경 인프라가 좋다. 또한, 대단지에 걸맞게 급이 다른 커뮤니티 시설과 화려한 조경 시설을 갖추고 있다. 세대수가 많다 보니 평면도 생활 양식에 맞춰 선택할 수 있다. 대규모 단지가 들어설 땅이 흔치 않아 희소가치도 높다. 그러다 보니 건설사들도 대규모 단지를 지을 때 더욱 신경을 써 안정성과 상품성이 뛰어나다.

입주민 간 동질감이 높아 나름의 내부 조직도 형성되고 규모가 큰 만큼 지역을 대표하는 랜드마크 단지로 설 가능성이 크다. 그러므로 지역 시세를 이끌며 시간이 흘러도 가격이 잘 내려가지 않는 장점이 크다.

대단지라도 입지가 좋지 않으면 미분양을 피해갈 수 없게 되는 경우도 생긴다. 그리고 같은 단지 내에서도 어떤 동호수에 위치하느냐에 따라 가격차를 보이기도 하다. 그러므로 대단지일지라도 꼼꼼한 시장조사는 꼭 필요하다. 대단지라고 모두 완벽한 주거환경을 갖춘 것은 아니다. 입지와 아파트가 서로 상승 작용을 일으키지 못하고 엉뚱한 부지에 들어서면 전혀 대단지의 위력을 발휘하지 못한다.

대단지인데도 불구하고 입주 후에 가격이 하락하는 경우가 생긴다. 대단지 역시 주변 시장 환경과 향후 개선 요인들을 꼼꼼하게 확인하는 것이 필수다. 대단지는 대단지에 걸맞게 급이 다른 커뮤니티 시설과 화려한 조경 시설을 갖추고 공용관리비로 운영되기 때문에 입주민들은 저렴하게 사용할 수 있는 메리트가 있다. 규모가 및 천 세대인 아파트의 근처에는 대부분 초등학교가 있다. 심지어는 단지 내에 있기도 하다.

특히 초등학생을 둔 부모님들은 아이들이 큰길 건너는 것도 걱정스럽기 때문에 교통사고 등의 위험이 적은 초품아(초등학교를 품은 아파트)를 선호한다. 초등학교뿐 아니라 중고등학교도 대단지 인근에 있는 경우가 많다. 또 일반적으로 대단지 아파트는 작은 단지에 비해 상대적으로 관리비가 저렴하게 나온다. 관리비 중에서도 공용관리비가 저렴하다. 공용관리비는 세대수로 나누기 때문이다. 또 대단지 아파트 인근에는 호재가 생길 가능성이 크다.

예를 들어 지하철역이 생길 때 타당성 조사 기준은 그 역을 얼마나 많은 사람이 이용할 것인가이다. 당연히 대단지 아파트가 조성돼 사람들이 모이면 지하철 등 각종 개발사업이 진행될 가능성이 크다. 결국, 개발 호재들이 대단지 주변에서 일어나고 이러한 개발 호재들은 아파트 가격을 더 높여주는 경우가 많다.

다각도의 측면으로 아파트를 보자

어느 아파트에 사는지가 입주민들의 자부심을 나타내기도 한다. 대단지 아파트 선호현상은 앞으로도 계속될 것이다. 내가 산 집의 집값이 올랐으면 하는 바람은 누구나 같다. 아파트를 샀을 때가 최고점이었거나 산 이후 하락하기만 한다면 잠도 제대로 이루기 힘들 정도로 큰 상심에 빠지게 될 것이다. 부동산 투자에서도 타이밍은 아주 중요하다.

이미 상승한 곳보다 추후 상승할 곳을 노려야 한다. 아파트 사기 전 상승할지의 체크 사항을 알아보면 최근 시세 동향을 확인해야 한다. 모든 아파트가 계속해서 상승만 하지는 않는다. 시장 상황과 주기에 따라 상승과 하락이 반복된다. 과거 상승한 이력이 있고 상승 요인이 있는 아파트는 가격 조정을 받더라도 조정폭을 방어할 수 있다.

이후에 상승 여력이 생겼을 때 상승 폭이 작았고 거래가 적었던 아파트에 비해 상승 폭이 커질 가능성이 크다. 어느 정도 상승 중인 아파트는 중장기적으로도 매매 가격이 오를 가능성이 크다. 손쉬운 시세 확인 방법은 네이버 부동산에서 매수하고자 하는 아파트는 찾아보는 방법이다. 과거부터 현재까지 어떤 시세를 형성했는지 실거래가와 그래프를 통해 한눈에 확인할 수 있다.

물론 매매가를 상승시키는 요인이 지속할 수 있는지는 점검해야 한다. 그리고 청약 경쟁률은 아파트 가격 흐름을 파악하는 데 매우 중요하다. 경쟁률은 수요자이기 때문이다. 9·13, 12·16 대책 같은 강력한 규제가 발표된 이후의 청약 경쟁률을 유심히 살펴볼 필요가 있다. 규제가 심해지면 투기 수요가 감소하고 실수요자만 남는다. 규제가 발표된 이후에 진짜 실수요를 파악할 수 있다.

아무리 강력한 대책이 나와도 장점이 있는 아파트에는 투기 수요는 빠지더라도 실수요자는 남아 있기 마련이다. 8·2 대책 이후 분양해 올해 4월 입주하는 신반포센트럴자이는 1순위 청약에서 평균 경쟁률 168 대 1이었다. 전용 면적 51㎡ 분양가는 11억, 프리미엄 10억 이상을 형성하였다. 이 아파트에 들어가고 싶은 수요가 많다는 뜻이다.

이처럼 청약 경쟁률을 보면 잠재적 매수층이 얼마나 되는지, 앞으로의 흐름에 대해 파악할 수 있다. 개발 호재가 있으면 집값이 오른다. 개발 호재 중에서도 가장 중요한 것은 일자리와 교통이다. 강남 집값이 가장 비싼 이유는 여러 가지가 있겠지만 특히 양질의 일자리가 가장 많은 곳이기 때문이다. 맞벌이 부부가 늘어나면서 일자리와 집까지의 거리, 직장·주거 근접의 가치는 더 상승해왔다.

대규모 업무지구 상암, 판교 등이 크게 상승한 것을 보면 그 중요성을 알 수 있다. 삼성이나 LG 등 대기업에서 대규모로 사업장이 들어오거나 투자하는 지역도 크게 상승한다. 직장·주거 근접이 형성된 지역은 이미 가격이 오른 상태기 때문에 대부분 외곽으로 벗어날 수밖에 없는 게 현실이다. 그렇다면 일자리로 얼마나 일찍 도착할 수 있느냐가 중요하다. 교통 중에서도 철도가 포인트다. 버스는 교통체증으로 도착 시각이 오락가락할 수 있다. 어느 정도 시간을 정확하게 지키는 지하철로 얼마 만에 업무지구까지 도착하느냐가 중요하다.

업무종사자 수가 가장 많은 강남 접근성이 가장 중요하다. 2호선, 9호선, 분당선, 신분당선 등이 핵심 노선이다. 최근 분당선과 신분당선을 따라 부동산의 시세가 많이 오른 수원, 용인 지역들을 보면 알 수 있다. 지하철이 새로 생기거나 교통이 신설되는 지역을 선점하면 시세 상승을 노릴 수 있다.

이런 개발 호재들은 조금만 관심을 가지면 알 수 있다. 정부나 지자체에서는 각종 보도자료를 통해 향후 어디가 어떤 개발 호재를 가졌는지 안내해준다. 예를 들어 '도시기본계획'은 20년 단위로 장기도시개발의 방향 및 도시 계획의 입안 지침이 되는 계획이다. 앞으로 어느 지역이 개발의 수혜지역이 될 것인지 확인할 수 있다.

또한, 국토부에서 발표한 '광역교통 2030', '국가철도망 구축계획' 같은 자료를 보면 향후 어느 지역의 교통이 어떤 식으로 발전될지에 대해 확인할 수 있다. 이러한 정보들을 통해 어떤 의사결정을 하는가에 따라 결과가 크게 달라질 수 있다. 매수를 고려 중인 아파트가 있다면 현재의 가격뿐 아니라 향후 가치가 어떻게 될지를 꼭 따져보고 매수하기를 추천한다.

대단지 아파트는 지역의 랜드마크로써 영향력이 크다. 그러므로 시세 가치가 인근 단지보다 월등히 높다. 그리고 다양한 커뮤니티 시설로 생활이 편리하다. 또한, 관리비가 저렴하다. 부동산 회복할 때 시세 상승 폭이 크며 매매, 전세, 월세 거래가 수월해 환금성이 높다. 그리고 학군, 상권 등 생활편의 인프라가 잘 형성되어 있다. 우리나라는 주택을 주거 목적으로 사는 것과 동시에 투자할 목적의 재테크 수단으로 사는 경우도 많다. 그래서 수익성을 고려하여 대단지를 사야 한다.

02
환금성을 보면 역세권이 최고다

부동산 시장이 침체 국면에 빠지더라도 경매시장에서 역세권 아파트의 인기는 좀처럼 식을 줄 모른다. 아파트의 환금성을 좌우하는 결정적인 요인은 바로 교통여건이다. 환금성과 교통여건을 갖춘 역세권 아파트는 현찰이나 마찬가지다. 또한, 수익성까지 매우 높을 뿐 아니라 두꺼운 수요층이 남아 있으므로 부동산 시장이 불황일 때도 가격 하락 폭이 거의 없는 최고의 상품이다.

지하철역에서 걸어다닐 만한 거리에 있는 아파트와 그렇지 못한 아파트가 현재는 비록 커다란 가격 차이가 없을지라도 앞으로는 상당한 차이를 보일 수밖에 없다. 서울 수도권 지역에서 역세권 아파트와 비역세권 아파트 사이에 존재하는 가격 차이만 봐도 알 수 있다. 역세권이란 역과 인접해 있어 유동인구가 많고 교통이 편리한 역세권을 이야기한다.

요즈음 내가 직장인이라면 어떤 주택을 선호할까

교통이 편리하므로 유동인구가 많은 곳이다. 하지만 역세권이라고 해서 모든 지역이 유망한 것은 아니다. 보통 역에서 걸어서 5분 이내 거리에 있는 아파트를 A급 10분 이내 거리에 있는 아파트를 B급으로 여긴다. 비록 역에서의 거리 차이는 그리 크지 않더라도 아파트의 시세 및 상승 폭은 상당한 차이를 보인다.

역세권 아파트는 다른 지역에 비해 가격 등락 폭이 작고 활용도가 크다는 특징이 있다. 역세권에 대한 꾸준한 수요가 가격을 안정시키고 있기 때문이다. 따라서 불경기일지라도 가격 하락이 크지 않으며 재산 보전 기능이 뛰어나다. 그리고 편리한 교통 때문에 대학생이나 신혼부부 직장인들의 실수요와 임대 수요가 많아 활용도가 우수하다.

최근 들어 대출 규제가 강화됨에 따라 경제적 부담을 낮출 수 있는 중소형 아파트가 인기를 끌고 있다. 역 주변에 자리 잡은 미래 가치가 높은 아파트로 수요가 몰리고 있다. 또 최근에 공급되고 있는 중소형 아파트는 4베이를 비롯해 알파룸 등 넓은 서비스 공간을 선보이고 있다. 그러므로 가성비가 커진 것도 흥행에 성공하는 이유이기도 하다.

금융결제원 아파트투유에 따르면 작년 1~3분기에 분양한 전국 아파트 중 청약 경쟁률 상위 100개 주택형을 분석한 결과 81개가 전용 면적 85

㎡ 이하의 중소형인 것으로 조사됐다. 청약 경쟁률이 높은 단지 중에는 역세권까지 갖추고 있는 경우가 많았다. 한편 역세권이면서 중소형 위주인 단지들이 분양에 나서 수요자들의 관심을 끌고 있다. 특히 출퇴근 시간에 민감하고 자금력은 다소 부족한 젊은 층에서 많은 관심을 보일 전망이다.

역세권 단지의 경우 주변에 상가 및 편의시설이 잘 갖춰져 있어 수요자들의 관심이 높다. 또한, 다른 지역으로의 이동이 수월해 출퇴근 시간을 줄일 수 있다. 통근시간이 짧아질수록 도로 위의 차량에서 발생하는 매연이나 먼지, 소음 등으로부터 해방될 수 있고, 여유시간이 늘어 취미활동이나 여가생활도 즐길 수 있어 교통환경은 주거지 선택 시 중요한 요소가 된다. 또한, 중소형 역세권 아파트는 불황기에는 자금 부담이 덜하고 환금성도 좋아 실수요자들에게 끊임없이 러브콜을 받고 있다. 핵가족화 시대에 굳이 넓은 주거공간이 필요하지 않고, 건설사들도 평면 특화를 장점으로 내세워 더 넓게 공간을 쓸 수 있기 때문이다. 실수요자 중심으로 주택시장이 개편되는 만큼 가격부담이 덜한 중소형 아파트는 가성비와 미래 가치를 고려하여 주목해야 할 상품이다.

내 집 마련을 앞둔 예비 청약자들은 이 점을 우선 고려하여 청약을 준비하는 것이 좋은 전략이다. 역세권은 돈이다. 집을 마련할 때 기왕이면 역세권 단지를 노리는 것이 시세 차익에서도 환금성에서도 좋다. 알면서도 생각만큼 행동이 따르지 못한다. 비싸기 때문이다. 하지만 비싸므로 투자 상대에서 제외할 것이 아니라 역발상을 해볼 필요가 있다. 비싼 것은 그만큼 미래 가치가 있다는 것으로 생각의 전환이 필요하다.

역세권이란 지하철역 또는 전철역을 중심으로 접근성이 좋은 지역을 말한다. 걸어서 5~10분 이내 또는 거리로 500m 이내를 말한다. 이 범위를 벗어나면 역세권의 영향력은 사라지게 된다. 역세권을 사야 하는 이유는 오를 때 많이 오르고 내릴 때는 강한 가격 저지선을 하고 있기 때문이다. 탄탄한 수요가 뒷받침되어 있어 침체기에도 가격 하락 폭이 크지 않다. 그러므로 역세권 아파트는 환금성이 높아 역세권을 사야 하는 이유이다.

도로 · 철도 · 지하철 신설은 주변 부동산 시장에 큰 재료로 꼽힌다. 도로 개설에 따라 접근성이 좋아진다는 것은 거주하거나 사업을 하려는 수요가 몰린다는 뜻이다. 곧 지역의 부동산 가치는 높아지게 마련이다. 과거 한정된 장소에서 생활할 때는 교통여건이 중요하지 않았다. 그러나 활동 영역이 점점 넓어지고, 도로 위의 교통체증도 심각해지며, 그런 와중에 지하철이 갖는 의미는 매우 커졌다.

지하철은 목적지까지 가장 신속하고 정확하게 이동할 수 있는 대중교통 수단이며, 자산 증식의 한 방법이다. 지하철역이 가까운 아파트가 그렇지 않은 경우보다 거래가 활발하고, 가격 상승력이 높은 것이 일반적이기 때문이다. 이런 이유로 주거 선택할 때 역세권 여부가 점점 더 중요하게 고려되고 있다.

역세권 아파트는 지역 내에서도 가장 높은 몸값을 자랑한다. KB국민
은행 시세에 따르면 길음역 역세권인 길음 뉴타운 6단지는 길음동 평균
아파트 가격보다 비싸다. 같은 지역 내에서도 초역세권 아파트와 비역세
권 아파트 간의 집값 차이도 크다. 저평가되어 있다가 지하철 9호선이 개
통되면서 가치가 높아진 서울 강서구가 대표적이다.

강서구 마곡동 마곡 힐스테이트 평균 아파트값과 마곡동 벽산아파트
의 가격 차이를 보면 현저한 차이를 알 수 있다. 서울 노원구 상계동 4, 7
호선 노원역 상계주공5단지와 지하철 7호선 수락산역에서 10분 이상 걸
리는 북부 현대아파트의 가격 차이를 보면 역세권의 위상은 더 말할 필
요가 없다. 역세권과 비역세권 아파트 가격 오름폭도 차이가 크다.

시간이 돈인 이유

서울 9개 전철 노선 등 수도권에만 총 19개의 전철 노선이 지나는 만
큼, 1개 노선만 이용할 수 있는 아파트는 큰 메리트가 없을 정도가 됐다.
이에 2개 호선이 지나는 더블 역세권이나 3곳 이상의 노선이 인접해 있
는 트리플 역세권 등 다중 역세권은 '프리미엄 역세권'이 됐다. 실제로 서
울부동산정보광장에 따르면 서울의 25개 구 중 월세 비중이 가장 높은
구는 종로구(43.4%)와 중구(42.9%)로 나타났다.

공교롭게도 이들 지역은 종각, 종로, 경복궁, 광화문, 시청, 서울역, 명

동, 충무로 등 서울 도심 주요 지하철역이 약 15개 이상 지나는 곳이다. 이에 반해 월세 비중이 낮았던 금천구(19.1%)와 양천구(19.9%)는 각각 4개와 7개 역이 지나는 지역으로 지하철역이 다소 부족한 것으로 나타났다. 심지어 더블 역세권 아파트도 심심찮게 눈에 띄기도 한다.

상황이 이렇다 보니 최근엔 지하철 3개 노선을 걸어서 이용할 수 있는 트리플 역세권 아파트가 진정한 역세권 단지로 인기를 얻고 있다. 아파트 상승률 또한 더블 역세권과 트리플 역세권 간 큰 차이를 보인다. 도로뿐 아니라 지하철, 경전철 등 대중교통 수단이 잘 발달한 곳은 부동산 가격을 상승시키는 데 필요 충분조건인 새로운 인구가 유입된다. 또한, 상권을 비롯해 각종 인프라가 잘 갖춰진다. 실수요자로서는 저렴하게 주택을 마련했을 경우이다. 현재 교통 인프라가 완벽하게 갖춰진 곳보다는 지금 당장은 좀 불편한 경우다. 그러나 앞으로 교통환경이 좋아질 곳을 미리 선점해놓는다. 그러면 향후 시세 차익을 기대할 수 있다. 지하철, 경전철 등 교통이 개선되는 지역 내에서도 더블 역세권 이상을 갖춘 지역이나 단지를 찾으면 안전하다.

수도권 서남부에서는 신안산선 복선전철 사업이 관심사다. 2023년 개통 예정인 신안산선은 안산(한양대역)에서 시작해 시흥, 광명을 거쳐 여의도까지 43.6km를 연결하는 노선이다. 안산에서 여의도까지 대중교통 소요 시간이 1시간 30분에서 30분대로 단축된다. 신안산선은 지하철 2호선과 7호선이 만난다. 신안산선 환승역으로 개통될 예정인 지하철 2호선 구로디지털단지역이 도보권인 서울 동작구 대림지구에도 소규모 아파트가 있다.

가장 빠른 사업노선은 GTX A노선으로 경기 파주 운정에서 일산 킨텍스역을 지나 서울역 · 삼성역을 거쳐 화성 동탄까지 83.1km 구간, 총 10개 정거장을 연결하는 광역 급행 철도다. 서울 잠실운동장~보훈병원을 잇는 9호선 3단계 구간 급행 역은 석촌, 올림픽공원, 보훈병원 등 3개 역이다. 급행열차를 타면 보훈병원에서 김포공항까지 소요 시간은 50분으로 단축된다. 강남권을 관통하는 9호선은 황금노선으로 불린다. 지하철 9호선 4단계 연장은 서울 강동구 보훈병원과 고덕강일1지구 3.8km 구간을 4개 역으로 잇는 사업이다.

역세권은 일과 삶의 균형을 중시하는 현대인들이 시간을 절약할 수 있는 데다 역 주변으로 상업 시설이 발달해 있어 편리한 생활이 가능하다. 또한, 부동산 시장 불황에도 꾸준한 수요가 있으므로 환금성이 뛰어나다. 직장 배후 수요가 풍부한 여의도, 광화문, 강남 등 3대 도심과 가까운 경우에는 금상첨화다. 그러므로 조금 비싸더라도 투자 가치가 높은 시세 차익과 환금성을 갖춘 역세권을 공략하는 것을 추천한다.

03
부동산은 입지와 접근성이 전부다

    부동산은 입지와 접근성이다. 쾌적한 주거환경, 미래 가치 있는 부동산은 입지를 빼놓을 수 없다. 부동산에서 입지는 생활권, 역세권을 갖춘 대표적 입지 조건을 말한다. 즉 지하철, 학교, 마트에서 도보로 몇 분 정도의 입지를 말한다. 우리나라 부모들의 자식에 대한 교육열은 어느 나라보다 강하다.

    이러한 교육열을 고려했을 때 좋은 입지 조건은 교육환경이 좋은 입지를 말한다. 그런 입지의 아파트는 지역 내에서 값비싼 가격을 형성하고 있다. 특히 신도시 분양을 하더라도 학원 중에서도 유명한 대형 학원이 밀집된 곳이나 많은 학원이 입점할 수 있는 근린상업 시설이 있는 아파트가 비싼 이유이다.

부동산은 입지가 전부다

아파트를 구매할 때 무조건 신축을 고려하게 되는 경우가 많은데, 입지 조건이 좋다면 도심의 오래된 아파트라도 가격 강세를 꾸준히 유지하는 경우가 많다. 좋은 학교, 교통환경, 병원 등 지역 내에서 한번 구축된 좋은 인프라는 시간이 지나도 사라지지 않으며 이러한 입지 조건 내에 있는 아파트의 가치도 쉽사리 꺼지지 않는다.

따라서 미래 가치가 높은 아파트를 구매하고자 할 때, 무조건 신축을 고려하기보다는 구축 아파트라도 입지 조건이 좋고, 가격 강세를 꾸준히 유지하는 곳도 좋다. 따라서 미래 가치가 높은 아파트를 구매하고자 할 때, 무조건 신축을 고려하기보다는 입지 조건이 좋은 구축 아파트를 고려하는 것도 바람직하다.

아파트 주변의 사회적 환경도 중요하지만, 자연적 환경에 있어 쾌적함을 지키고 있는 아파트도 좋은 입지 조건을 갖추고 있다고 볼 수 있다. 자연 환경적 조건은 그 지역의 녹지뿐만 아닌 습도, 비바람, 온도, 기상 상태, 냄새 등을 들 수 있다. 일조 시간이 많은 지역의 경우, 일조 시간이 적은 지역에 비해서 쾌적하므로 주거지 가격이 높을 때도 있다.

반대로 습지가 많거나 바람이 많은 지역인 경우, 혐오 시설이 주변에 있는 경우 등은 주거지역으로 바람직하지 않다. 직장·주거 근접이란 직장과 주거가 가까운 환경을 말한다. 이것은 물리적 요인, 시간적 요인이 함께 작용하는 이상적인 공간이란 뜻이다. 물리적으로 가까워도 통근시간이 길거나, 물리적으로 멀어도 통근시간이 짧을 때도 있는데, 도로, 전철이 발달하면 직장·주거 근접의 효과가 있다.

직주근접은 직장인의 통근을 편리하게 하고, 여가시간을 활용할 수 있게 하여 삶의 질을 개선하므로 입지 조건에서 중요한 요소이다. 역세권은 아파트 입지 조건에 있어 가장 중요한 요소로 간주한다. 역세권이란 일반적으로 역을 중심으로 다양한 사업 및 업무 활동이 이뤄지는 반경 500m 내 지역을 의미한다.

도시에서 역은 가장 일상적인 이동 수단이기에 큰 비중을 차지한다. 또한, 환승 기능 등으로 접근성과 유동인구의 집중이라는 측면에서 상업, 업무, 주거 등이 동시에 발달한다. 따라서 역을 중심으로 하는 역세권은 가장 주목받는 입지 조건이 될 수 있다. 아파트 주변 편의시설의 발달은 삶의 질을 높이는 중요한 요소이다. 주변 편의시설이 잘 발달한 아파트는 경쟁력 있는 아파트라 할 수 있다. 편의시설 중 확인하면 좋은 부분이 있다면 마트, 병원, 대형 몰, 백화점 정도가 있다. 거기에 영화관, 스타벅스까지 있다면 '영세권', '스타벅스 인접 권역'이 되어 삶의 질을 향상하는 훌륭한 입지 조건이 된다. 최근엔 브랜드가 곧 입지라는 말이 있다. 아파트의 브랜드도 입지 조건에 중요한 요소이다. 브랜드 아파트는 층수, 방향, 전망, 평면 구조 등의 요소를 잘 갖추고 있다. 또한 브랜드 아파트는 오늘날 좋은 아파트의 상징처럼 여겨지고 있다.

지역 내에서도 브랜드 아파트는 일반 아파트보다 매매가가 비싼 경우가 일반적이다. 단지 규모도 입지 조건에 중요한 요소이다. 대단지 아파트는 소규모, 중규모 단위 단지의 아파트에 비해 관공서나 학교, 편의시설 등의 상권이 자연스럽게 형성된다. 따라서 일반적으로 1,000세대 이상의 대단지를 노리는 것이 좋다고 한다. 같은 지역이라도 아파트 단지 규모가 크면 평당 매매가도 높은 경우가 많다. 아파트 주변 개발 호재도 좋은 입지 조건의 요소이다.

아파트 인근으로 택지개발지구, 도시개발구역, 도로망 확충, 생활편의시설 설립 등이 생기면 기존 주거지 가격이 상승하기 때문이다. 실제로도 개발 호재가 있는 지역의 아파트들은 큰 폭으로 상승하고 있다. 아파트는 면적, 기업 브랜드, 교통여건 등을 갖춘 입지 조건이 좋은 부동산이 미래 가치가 높다. 서울은 다세대, 빌라라 하더라도 가격 하락 폭이 상대적으로 적다. 향후 재개발이 추진될 가능성이 지방보다 크다.

수요가 지방보다 월등히 많기 때문이다. 서울은 20년이 넘은 아파트라도 관리가 잘되지 않는 단지라도 사람들이 거주한다. 공실이 날 가능성이 매우 작다. 심지어 40~50년 된 아파트도 많다. 모두 사람들이 살고 있다. 즉 수요가 있기 때문이다. 가격보다 삶의 질을 먼저 고려하라고 말하고 싶다. 삶의 질이 월등히 높다. 그 격차는 앞으로 더 커질 것이다. 서울보다 삶의 질이 좋은 곳은 없기 때문이다. 전원주택을 좋아하는 사람들이 있는데 그곳은 공기 질만 좋다. 교통, 교육, 상권, 일자리가 현저하게 떨어진다. 비서울 지역에서 서울로 간다고 할 때 5년 후 이사하기가 더 쉬울까, 아니면 지금 이사하는 게 더 유리할까? 지금 서울에 있는 것이 더 유리하다. 5년 후 10년 후에는 서울로 진입하기가 더 어려워지기 때문이다. 그러므로 서울을 추천한다.

접근성의 중요성

지방에 평생 일자리가 있고, 서울에 살 이유가 없는 사람들에게 하는 이야기가 아니다. 수도권에 있는 사람들에게 해당하는 이야기다. 서울에서 거주하고 싶은데 여러 가지 개인적인 선택의 문제 이 때문에 결정하지 못하는 사람들에게 말이다. 거주가 아니라 투자가 목적이라면 자신의 통찰력으로 판단하기 바란다. 정부청사가 세종시로 내려간 후 세종시의 인구가 급증했다. 파격적인 혜택이 집중되는 명품 신도시였기 때문이다.

세종시에 일자리가 있는 사람이라면 당연히 세종시로 이주를 하는 것이 좋다. 하지만 세종시의 인구를 늘려준 것은 서울, 과천의 공무원들이 아니었다. 대부분이 대전, 청주, 공주, 천안 등 지방에서 살던 사람들이었다. 현재 사는 곳보다 훨씬 좋은 주거환경을 제공해주었기 때문이다. 서울, 과천 사람들은 내려가지 않고 주말 부부를 선택했다.

특히 학생 자녀가 있는 세대는 더 서울을 고집했다. 세종시가 아무리 급속하게 성장한다고 하더라도 서울이 가지고 있는 여러 가지 프리미엄

이상의 혜택을 줄 순 없기 때문이다. 서울, 과천에서 10여 년 이상 살아온 경험상 이들은 서울을 떠난다는 것이 어떤 의미인지 알고 있었던 것이다. 부득이하게 외국이나 지방에 가야 하는 경우가 있다. 그런 경우라도 서울에 집 한 채는 마련해두었으면 한다. 그래야 다시 돌아올 때 부담이 덜 되기 때문이다. 같은 맥락으로 부산, 대구, 광주, 전주도 생각해봤으면 한다.

부산에 연고가 있는 사람이라면 부산을 포기하면 안 된다. 대구에 기반이 있다면 대구를 끝까지 챙겨야 한다. 광주, 전주도 마찬가지다. 각 생활권에서 수십 년 동안 대장 역할을 해온 지역에는 우리가 눈으로 볼 수 없는, 부동산이 주는 여러 가지 혜택이 있다. 그것이 프리미엄이다. 그 프리미엄에는 가치라는 개념이 들어가 있다.

그 가치는 시간이 흐를수록 더 커진다. 시간이 흐를수록 이전보다 더 비싼 비용을 지급해야 살 수 있다. 부동산 규제가 강화되든, 부동산 투기꾼들이 기승을 부리든, 그 어떤 이유로 세상이 뒤집히든 신경 쓰지 마라. 투기과열 지구, 투기지역, 양도소득세 등 어렵기만 한 이야기는 의미 없다고 본다. 1가구 1주택으로 구매하려는 사람들에게 의미 없는 이슈다. 실거주할 집 한 채 서울에 마련하기를 권한다.

부동산은 바쁘게 살아가는 현대인에게 여러 가지 요소들이 중요하지만, 특히 입지와 접근성은 빼놓을 수 없다. 생활 수준이 향상될수록 교육에 관심이 높다. 그런 점을 고려하여 교육을 충족할 환경과 직장의 출퇴근 교통 환경, 생활에 편리한 시설을 확충한 입지, 또한 국민소득이 향상될수록 자연 환경의 가치를 높게 추구한다. 이런 사항들을 갖춘 서울의 부동산 가치는 시간과 비례하여 상승할 것으로 본다.

04
생각보다 효과가 큰 청약통장은 필수다

청약통장이 필수인 이유를 알아보자. 투기과열 지구나 조정대상지역이 아닌 비조정 대상 지역의 분양 아파트는 1주택자라도 청약을 넣을 수 있다. 청약 제도가 까다로워질수록 당첨된 뒤에 자동 취소되는 '부적격 처리'나 계약 포기 사례도 많다. 이런 '미계약분'이라는 또 다른 기회를 잡으려면 청약 절차는 물론 시장의 흐름을 반드시 파악하고 있어야 한다.

부자는 바뀌는 규칙에 베팅한다고 한다. 2017년 7월에 분양한 노원구 '상계역 센트럴푸르지오'가 그런 사례였다. 상계뉴타운의 첫 일반분양 아파트인 이 단지가 들어서는 노원구에는 30여 년 동안 신규 아파트 공급이 없어서 수요가 무척 큰 상황이었다. 이러한 심리를 반영하듯 모델하우스에도 사람이 넘쳐났다.

그러나 8 · 2 대책으로 인해 대출 요건이 강화되면서 8월 2일부터였던 지정계약일에 계약을 포기하는 사람이 다수 발생했고, 40가구가 미계약분으로 나왔다. 이 분양단지의 가치와 청약 절차를 미리 파악하고 있던 사람들은 미리 잔여 세대 신청을 통해 미계약분을 잡았고, 실제로 큰 수익을 올렸다. 어렵고 힘든 상황일수록 준비된 자에게 수익을 주는 것이 부동산이다.

내가 아는 지인이 하는 말이다. "다시 20대로 돌아갈 수 있다면 청약통장부터 만들 거야. 백날 월급통장에 돈 들어와 봐야 뭐 하냐. 내 집 마련은 월급통장이 아니라 잘 키운 청약통장이 해주는 건대!" 그녀의 말처럼 하루라도 더 빨리 청약과 친해지는 것이 결국 자산을 굴리고 불리는 길이다.

주택청약 제도는 정부가 1977년 '국민주택 우선공급'에 관한 규칙을 발표하면서 도입됐다. 무주택 서민을 위해 아파트 공급은 늘려야 하는데 재원은 많이 부족했고, 이를 청약통장이라는 예금으로 기금을 조성하고자 시작한 제도다. 청약통장에 예금한 사람들만이 아파트에 청약할 수 있다.

당첨자는 납부 기간, 납부 횟수, 부양가족 수, 무주택 기간 등 일정한 조건을 기준으로 심사해 산정한다. 청약 제도는 30년 넘게 유지되며 부동산 시장의 수요를 조절하는 수단으로 변화해왔다. 청약 제도의 역사를 다 알 필요는 없으나 흐름을 파악해두는 일은 중요하다. 2016년부터 전

매제한 강화, 1순위 자격 요건 강화, 무주택 당첨 비중 확대 등 요건이 점점 더 까다로워지면서 실수요자에게 유리한 방향으로 변하고 있다는 점도 기억해두자.

무엇보다 규제와 완화를 반복하면서 역사는 돌고 도는 법이다. 지금이 규제 시기라고 해서, 또 내가 사는 지역이 규제 지역이라고 해서 섣불리 포기하지 말라는 이야기다. 강조하건대 일생에 한 번은 청약을 써먹을 일이 꼭 온다.

MBC 인기 예능 프로그램인 〈나 혼자 산다〉에 출연하고 있는 배우 이시언 씨가 꿈에 그리던 새 아파트로 이사하는 장면이 전파를 타면서 큰 화제를 모았다. 그 아파트는 이시언 씨가 청약에 당첨된 아파트로, 그는 실제 아파트가 공사를 시작했을 때부터 현장을 찾아가며 입주할 아파트에 대한 기대를 보여주기도 했다.

청약은 생각보다 효과가 크다

입주 당일에는 "청약통장아, 고맙다!"라고 외치는 모습이 많은 시청자를 웃음 짓게 했다. 방송 직후 그가 입주한 아파트는 인터넷 포털사이트의 실시간 검색어에 오를 정도로 대단한 관심을 끌었다. 바로 서울 동작구에 있는 'e편한세상 상도 노빌리티'이다. 2016년 6월에 분양한 단지로 당시 경쟁률은 19.26 대 1, 나름 인기리에 마감된 단지다.

방송 이후 더욱 주목받은 사실은 해당 아파트의 프리미엄이다. 이시언 씨가 처음 청약에 당첨됐을 때만 해도 이 아파트의 분양가는 6억 5,800만 원(전용 면적 84㎡)이었다. 그런데 입주 당시 호가는 13억 원에 달했다. 2년여 사이에 무려 2배 가까이 오른 것이다. 안타깝게도 지금은 이시언 씨와 같은 사례가 나오기는 힘들다.

서울 지역에서 추첨제는 이제 전용 면적 85㎡ 초과 아파트만 가능하고, 서울은 특히 대형 평형보다 소형 평형 위주로 공급이 이루어지고 있기 때문이다. 가점이 낮다면 여러모로 투기과열 지구 및 조정대상지역이 아닌 다른 곳의 분양을 노려보는 편이 좋다. 아니면 자신의 상황이 일반공급이 아닌 특별공급에 해당하는 조건인지를 잘 찾아보는 자세가 필요하다. 시간이 답이다. 청약통장의 가입 기간도 그렇고, 무주택 기간도 그렇고 시간이 지나야 가점을 높일 수 있다. 그나마 바르게 점수를 올리는 방법이 부양가족 수를 늘리는 방법이라고 할 수 있겠다. 현재 내 가점이 부족하다고 판단된다면 시간을 채우기 위해 기다리되, 기다리는 시간 동안 청약을 더욱 깊이 공부해야 한다.

지금 분양하고 있는 아파트의 경쟁률이 어떤지도 알아보고, 앞으로 예정된 분양단지에 대해 조사도 하다 보면 내가 가야 할 방향이 어딘지를 잘 알 수 있게 된다. 그러다가 문득 본인에게 맞는 가점 대의 아파트가 보이면 아끼거나 미루지 말고 도전해보는 자세도 필요하다. 거듭 강조하건대 하루라도 더 빨리 청약에 도전해보라. 분명 내 집 마련의 실마리를 찾게 될 것이다.

청약 당첨 확률을 높이는 방법을 알아보자. 우선 자신의 가점이나 자격 기준, 자금 상황이 어떤지를 우선순위로 두어 당첨을 목적으로 청약을 한다. 그리고 남들이 좋다고 하는 것에 더 끌리는 것이 인지상정이다. 하지만 아파트 청약은 기회가 아주 제한된 상품이다. 남들이 관심을 두지 않는 쪽을 선택하는 게 더 유리하다.

마지막으로 분양권은 매직 머니다. 늘 비싸다고 이야기하지만 입주 시점이 되면 그때의 분양가가 결코 비싸지 않았음을 알게 된다. 2016년 6월에 래미안 개포지구 루체하임이 분양됐을 때, 사람들은 '일원동 아파트인데 왜 이렇게 비싸냐?'라며 그야말로 난리였다. 그런데 '완판'이 됐다. 나는 그때 또 한 번 느꼈다.

'서울의 아파트는 앞으로도 계속 오르겠구나.'라고. 그리고 실제로 하루가 다르게 가격이 올라 2018년 11월에 입주 시점이 되자 시세는 분양가 대비 많게는 6억 원 이상 높아졌다. 아이러니하게도 분양가가 너무 비싸다고 구설에 오르는 단지일수록 더 높은 웃돈이 붙는다. 그만큼 사람들의 관심이 집중되기 때문에 수시로 입방아에 오르내리는 것이다.

이목이 쏠린 단지는 결국 오르게 되어 있다. 분양가는 건설사에서 결정한다. 건설사로서는 수익을 올리는 것도 중요하지만, 최우선 과제는 미분양이 없게 하는 것이다. 철저한 조사와 시뮬레이션을 통해 '완판'을 목표로 분양가를 책정한다. 절대 미분양이 날 만큼 분양가를 높게 책정하지 않는다는 뜻이다.

무엇보다도 만약 누구나 탐내는 아파트가 예상보다 훨씬 싸게 나왔다고 하면, 당신에게 청약 당첨의 기회는 더욱더 멀어질 것이다. 통장이 몰리는 단지에 당첨되는 것이야말로 진짜 '로또에 당첨되는 확률'과 가까울 것이니 말이다. 결국 아파트 청약은 '당첨'이 중요하다는 말이다. 좋은 아파트를 고르고 또 고르는 것이 아니라, 당첨되기 위해 청약을 하는 것. 그러니 소신 지원보다는 '안전 지원'을 해야 한다. 더불어 '눈치작전'을 잘 써야 한다. 지금부터는 관점을 바꿔서 '어떻게 하면 당첨 확률을 높일 수 있는지'부터 고민한 뒤 전략을 짜보도록 하자. 내가 관심조차 두지 않은 곳에 행운이 숨어 있을지도 모를 테니 말이다.

청약에 당첨이 되려면 가족이 합심하여 다 같이 머리를 맞대야 한다. 특별공급에 해당하지는 않는지 먼저 따져보고, 실수를 줄이려면 가점 계산도 정확히 해봐야 한다. 자신의 수준에서 청약할 수 있는 분양단지를 파악한 뒤 분양가를 분석해보자. 당첨 확률이 높지 않다고 판단될 때에는 대안을 생각하면서 우회로를 찾는 것도 방법이다.

청약의 향방은 플랜에 달려 있다. 자신의 상황에 맞게 계획을 세우고 만반의 준비를 해야만 완만히 고지를 점령해나갈 수 있다. 기왕 내 집을 마련할 계획이라면, 당첨 가능성이 큰 지역으로 옮겨 전세를 살다가 해당 지역 요건을 충족했을 때 본격적인 청약 작전을 펼쳐보는 것을 권한다. 앞으로 어디에 살 것인가가 더 중요하므로 지금의 생활권 못지않게 향후 분양 예정 물량이 많은 지역을 중심으로 살펴보자. 분양에 물량이 거의 없는 지역보다는 과천이나 성남, 광명, 수원, 하남처럼 입지가 좋으면서도 분양 예정 물량이 많을 곳으로 시야를 넓혀보기 바란다.

청약을 넣을 수 있는 아파트는 국민주택(공공분양, 공공임대)과 민영주택(민간분양, 민간임대)이 있다. 어느 주택에 넣느냐에 따라 자격과 당첨자(입주자) 선정 방식, 재당첨 제한 등이 다르게 적용된다. 청약통장을 만들어 청약에 도전하는 것은 자신의 미래에 투자하는 것이다. 적극 청약을 이용해보라고 말하고 싶다.

앞으로 주목할 만한 뉴타운 단지는 한남뉴타운과 노량진뉴타운 한강변에 있는 단지다. 첫 분양이 가장 저렴하므로 분양 일정이 나왔을 때는 망설이지 말고 적극적으로 도전하기를 추천한다. 이외 성남 재개발, 수원 재개발, 그리고 계속 채워질 광명뉴타운도 주목할 만하다. 수도권이지만 서울 출퇴근이 쉬운 지역은 관심을 놓지 말아야 한다.

05
미분양 단지에 숨어 있는 보석을 찾아라

　2014년 교통사고가 났다. 사업장이 대구에 있을 때다. 인천 집으로 올라오는데 차 수리를 맡겨 고속버스를 타러 정류장에서 기다리면서 우연히 스마트폰에서 미사리 강변 미분양 정보를 접한다. 평상시 같으면 스쳐 지났을 정보다. 핸드폰으로 긴 시간을 보내지 않으니까! 전화번호로 전화를 하고 그다음 날 미사 모델 하우스에 간다.

　1~4층 저층만 남았었다. 2층을 실거주로 생각하고 분양가 5,500만 원에 39평형을 계약한다. 주변 분양 물량이나 분양가도 평가하지 못하고 가만히 들고 있었다. 1년 정도 지났을까 주변 사람들의 말에 휘둘려 분양권을 몇천만 원 남기고 판다. 지금은 그 아파트가 분양가 대비 6억 원이 올랐다. 미분양이었는데 보석이었다. 그러나 난 알아보지 못했다.

그러니 지키지 못한다. 사실 부동산이란 것은 내가 아는 만큼 재산 역할을 한다. 현재 미분양이라고 다 소비자 판단이 정확한 것이 아니다. 부동산은 소비자 심리가 많이 적용되는 시장이다. 큰 금액이 들어가는데도 심리의 영향을 많이 받는다. 2014년만 해도 부동산이 인기가 별로 없었을 때다.

그러다 보니 입지가 좋고 강동구의 재건축으로 이주 수요 발생 요인에도 예측 못 하고 분양가도 공공택지라 저렴했음에도 알아채지 못하고 손에 들어온 고기를 슬그머니 내보낸 격이다. 그러나 경험을 하고 나니 배운 게 있다. 분양물건의 접근 방법과 체크 요인에 대해 알게 되었다. 그리고 주변 시세도 영향을 받는다는 것을 알았다.

중심지역에서부터 점차 영향력이 주변으로 퍼지는 효과가 노른자의 원리이다. 예를 들어보자. 광명이 2018년에 화제였다. 그 주변 옥길지구는 2016년 미분양이 많았다. 입지의 우수성을 파악하라. 공급물량을 체크하라. 입주가 다가올수록 올라간다. 동탄 1도시도 분양할 때 미분양 물량이 많았다. 그러나 SRT가 들어서면서 다 소진되고 가격이 많이 올랐다. 그렇듯 미분양의 원인을 파악해야 한다. 우리나라 사람들은 빨리 싫증을 내며 주거 변화도 구축에서 빠르게 신축으로 갈아타면서 동탄의 새 아파트는 빠르게 소진된다. 동탄, 주변, 수원 등은 구축 주거들이 많으므로 3년 후쯤 신축으로 갈아타면서 동탄의 분양물건이 소진되었다.

결국은 움직임이 많다. 완성되어 모든 사람이 다 들어왔다면 어마어마한 도시가 된다. 실거주로 하다 보면 자산 형성에 도움이 된다. 옥길지구는 광명지구의 후광도 얻는 것도 있지만 부천의 상동, 중동은 20년이 넘은 구신도시다. 그러므로 경제력이 있는 사람들은 더 나은 삶을 위하여 쾌적성을 따라 이동할 수밖에 없다.

중동의 주변 인프라를 활용하면서 실거주가 가능한 곳이 옥길지구이다. 그리고 그 당시 부천에 분양물량이 없었다. 그리하여 일시적인 미분양이 소진되면서 지금은 높은 가격이 형성된 것이 현실이다. 이때가 2018년 1월이다. 지금은 분양가 대비 1억이 형성되었다.

미분양이란 일반공급 2순위까지 청약 신청을 받았지만, 신청자가 적어서 남은 물량이 생긴 경우를 말한다. 청약 후 미분양 상태도 계속 판매를 해도 물량이 소진되지 않고, 2~3년의 공사 기간이 지난 이후에도 물량이 남아 있는 경우 '준공 후 미분양'으로 관리한다. 국토교통부 통계누리 사이트에 들어가면 전국 단위뿐만 아니라 시·군·구별로 미분양현황 통계를 볼 수 있다. 만약 내가 관심을 두는 지역이 있다면, 해당 지역의 미분양이 어느 정도 되는지를 반드시 파악해봐야 한다. 미분양 변화추이만 살펴봐도 향후 부동산의 흐름을 가늠할 수 있다. 경기도 김포시의 미분양 물량은 미분양의 무덤이라 불릴 만큼 2001년부터 계속 증가했고, 2013년에는 정점을 찍었다.

그러다가 2014년 7월 이후부터 빠르게 줄어들기 시작하더니 2016년에는 바닥을 칠 정도로 내려왔다. 이처럼 미분양이 많다가 급격히 줄어드는 형세는 상당히 의미 있는 포인트다. 김포시의 수요가 그만큼 증가했다는 것을 뜻하기 때문이다. 바로 이 시점이 중요한 투자의 기회임을 보여준다. 지인 E씨는 김포에 투자했다.

김포의 미분양 소진을 주기적으로 점검하고 있었기 때문에 가능했던 투자다. 2015년 봄이었다. 프리미엄이 오르고 있던 강서구 마곡지구의 수요를 받을 수 있는 입지로 김포를 주요하게 살펴보고 있었고, 그러던 중 김포 한강신도시 '모아 엘가 2차'의 미분양 물건을 발견한다. 전용 면적 59㎡ 단일 평형으로 나온 아파트로 분양가는 2억 5,000만 원 정도였다.

1,000만 원 정액제로 바로 계약을 할 수 있었고, 중도금은 전액 무이자로 대출이 됐다. 이 아파트를 매수하고 2년이 지나니 거짓말처럼 프리미엄이 상승했다. 가까이에 이마트가 있고, 마곡지구로 가는 버스정류장도 단지 바로 앞에 생겼다. 2019년에는 김포도시철도 개통도 앞두고 있었다. E씨는 신혼부부에게 1억 5,000만 원에 전세를 주었으니, 실제 투자금으로 3,000만 원이 들어간 셈이다(1억 5천만 원은 전세금, 7천만 원은 대출).

현재 이 아파트의 시세는 3억 3,000만 원 정도로 분양가 대비 8,000만 원이 올랐다. 국토교통부 통계누리 사이트에 들어가서 '주택'이라고 쓰인 부분에 마우스를 대보면 'e-나라 지표' 항목이 나온다. 이 중에서 '주택미분양현황'을 클릭한다.

'주택 미분양현황' 페이지에서 '통계표'를 클릭해 보면 연도별 통계표가 나오는데, 하단에 있는 '미분양주택 현황보고' 조회하기를 누르고 '시·군·구별 미분양현황'을 클릭하면 표가 나온다. 여기서 원하는 지역에 따라 구분 설정을 하고 시점을 선택한 뒤 '통계표 조회'를 누르면 해당하는 지역의 미분양 물량만 표를 확인할 수 있다.

미분양도 간과하지 말아야 하는 이유

미분양이 나온다는 게 꼭 나쁜 의미일까? 지방에는 아예 신축 아파트 공급이 없는 지역도 많다. 미분양이 난다는 그것 그래도 건설사가 '아파트를 공급하는 지역'이라는 뜻이다. 건설사들이 무턱대고 아파트를 짓지는 않을 것이다. 택지지구 개발 등으로 아파트 공급이 일시에 많아지면 그만큼 미분양이 많아지기도 한데, 그럼 미분양이 쌓이면 건설사도 조절을 하게 되어 있다.

그래서 '미분양이 왜 발생하는지' 그 이유도 잘 따져봐야 한다. 위치가 너무 좋지 않아서 주민들조차 고개를 절레절레 젓는 곳이 있다. 그런 곳은 될 수 있는 대로 피하는 편이 좋다. 단지 현장에 직접 가보는 것이 그래서 중요하다. 만약 분양가가 너무 높게 나온 곳이라면 해당 분양가를 감당할 수 있는 수준인지, 미래 가치로 판단할 때 적정한지를 따져 봐야 한다.

지금은 분양가가 높아 미분양이 나도, 주변 시세가 오르면 미분양 물량도 소진되는 시점이 올 수 있다. 또한, 공공택지 개발 등으로 물량이 많아져서 미분양이 생기는 경우라면, 잠재적 대기 수요가 얼마나 되는지도 잘 살펴봐야 한다. 김포시의 사례처럼, 한번 물량이 소진되기 시작하면 그간 미분양이 많았어도 어느 시점에 상황이 반전할 수 있기 때문이다. 요컨대 미분양이라고 해서 꼭 안 좋게만 볼 이유는 없다. 미분양이 난 이유를 자세히 분석해보면서, 동시에 추이를 잘 살펴보도록 하자. 주목할 만한 미분양 지역이 있다면, 해당 지역의 분양단지를 집중적으로 찾아보는 것도 방법이다. 구체적인 미분양 단지 정보는 '네이버 부동산' 등 여러 분양 정보 사이트들을 주기적으로 확인하면 찾아볼 수 있다. 무엇이든 꾸준한 관심이 필수다.

미분양 무덤이던 검단의 대반전이 이어지고 있다. 2018년 말 국토교통부가 인천 계양과 부천 대장 지역을 3기 신도시로 발표하면서 최근 서울 접근성이 재평가되면서 분위기 반전에 나섰다.

분양권에 프리미엄이 붙는 등 신축 아파트 분양권에 1억 원이 넘는 웃돈이 붙기 시작하면서 미분양을 털고 날개를 달았다. 수원, 안양, 의왕 등이 조정대상지역으로 지정되자 규제가 덜한 인천 지역으로 투자 수요가 옮겨가고 있다. 인천지하철 연장과 9호선 연결, GTX-D 등 교통 호재도 재평가됐다. 이에 수요자들이 하나둘씩 검단으로 다시 눈을 돌리기 시작하면서 미분양도 줄고 프리미엄도 붙기 시작한 것이다. 마곡과의 접근성도 좋아 직장인 수요까지 끌어들이고 있다. 이처럼 미분양이라고 다 외면할 일이 아니다. 계속 관심을 두고 추가 호재나 개발계획이 발표됨에 따라 부동산 가치는 높아질 수밖에 없다.

06
조망권 프리미엄을 누려라

조망권이 돈이다. 쾌적한 주거환경에 대한 선호도가 높아지면서 조망권이 주택 가치를 좌우하는 주요인으로 부상하는 시대이다. 조망권 자체가 희소가치가 높다 보니 같은 단지 안에서도 조망권에 따른 가격차가 발생하는 경우를 볼 수 있다. 조망권이 갖춰진 아파트가 분양권 시장에서 돌풍을 일으키고 있다. 조망권이 부동산 시세 하락을 막는 안전장치 역할을 할 수 있다.

조망권 가치가 매매가의 20~30%를 차지하고 있다. 조망권은 건축물 등과 같은 특정한 위치의 내부에서 밖을 바라볼 때 보이는 경관에 대한 권리를 말한다. 우리나라에선 1970년대 말 서울 강남 압구정동에 한강을 조망할 수 있는 현대아파트가 들어서면서 시작됐고 이후 건설사들이 최신 공법으로 건물의 충고를 높이면서 그 가치가 계속 커지고 있다.

업계에 따르면 매매가격의 20~30%에 달한다고 한다. 특히 사회 전반적으로 웰빙 트렌드가 확산하면서 이러한 분위기는 더욱 가속화되고 있다. 조망권의 종류로는 강, 바다, 공원, 호수, 골프장 등이 있다. 이 가운데 최근 급부상하고 있는 것은 호수나 강, 바다 등이 수변 공원 조망권이다. 수변을 중심으로 각종 공원과 운동 시설, 산책로 등 여가를 즐기기에 좋은 주거환경이 마련돼 주거만족도를 높이고 있기 때문이다.

또한, 입지적 한계로 공급이 제한된다는 희소성도 수변 조망권이 인기를 끄는 원인이다. 대표적인 곳이 부산 해운대나 광교호수공원 인근 단지이다. 실제로 해운대구에서 바다 조망이 가능한 아파트가 가장 많이 모여 있는 마린시티가 위치한 해운대구 우동과 해운대구 평당 가격은 25% 차이가 난다.

일산호수공원 약 2배 규모의 호수공원이 들어선 광교호수공원 조망권을 갖춘 아파트도 마찬가지이다. 광교호수공원 조망권이 최적화된 수원 영통구 이의동이나 하동 일대 아파트 평균 매매가는 수원 영통구 전체 평균보다 높은 시세 차이를 보인다. 이처럼 조망권은 집값을 금값으로 만들고 있다. 이는 비단 지역적 차이만이 아닌 같은 아파트 단지 내에서도 확연한 차이를 드러낸다.

한강 조망이 가능한 마포구 상수동의 래미안 밤섬 리베뉴 2차가 그 예이다. 한강이 잘 보이는 중층 이상과 한강을 볼 수 없는 저층부 가격 차이는 몇억이 난다. 최근 건설사들도 조망이 가능한 부지 확보뿐만 아니라 뷰를 극대화할 수 있는 특화 설계에 심혈을 기울이는 모습이다. 실제로 GS, 현대, 포스코건설이 짓는 경기 고양 킨텍스 원시티는 한강, 호수공원, 도심 등 트리플 조망권을 극대화하기 위해 혁신 평면에 4~6베이는 물론 3면 발코니 설계를 선보여 화제를 모았고 우수한 청약 성적으로 분양을 마감했다.

롯데자산개발이 인천 송도 국제도시에 선보인 롯데몰 송도 캐슬파크 오피스텔 역시 탁 트인 서해 조망권을 지닌 실을 더 확보하기 위해 최저층을 일반 아파트 8층 높이에 해당하는 7층부터 배치했다고 한다. 지역 내 스카이라인을 바꿀 정도의 초고층 아파트들이 잇따라 들어서며 마천루 시대를 열고 있는 것도 이러한 연유이다.

조망권이 아파트의 가치를 결정짓는 중요한 요소임은 부인할 수 없는 사실이다. 그러므로 업계 관계자나 부동산 전문가들도 이러한 움직임은 계속될 것이고 수요자들도 이러한 입지를 갖춘 단지를 눈여겨봐야 한다. 조망권을 갖춘 세대의 가격은 20~30% 높여 책정해도 인기리에 먼저 팔린다. 그만큼 조망권을 갖춘 세대의 프리미엄은 이미 입증됐다. 조망권 확보 여부에 따라 가격 차이가 크게 벌어지는 것은 이미 일반화된 현상이다. 집값이 불안정한 상태에서는 조망권 아파트의 가치가 더 빛을 발할 전망이다. 경기 안산 상록과 전남 여수 웅천동, 인천 영종하늘도시 등은 급부상하고 있는 수변공원 조망권을 갖춘 단지다. 주변이 온통 녹지 풍부한 산으로 덮여 있고 서측, 북측 공원에 인접해 있는 데다 남측으로는 갈대습지공원 조망까지 가려진 곳 하나 없이 탁 트인 조망권을 갖추고 있다.

여수 웅천 꿈에그린 역시 단지 동쪽과 남쪽으로 여수 앞바다가 위치해 대부분 세대에서 여수 앞바다 조망이 가능한 파노라마 뷰를 갖추고 있다. 바야흐로 뷰가 곧 돈이 되는 시대가 왔다. 현대사회에서 집은 단순한 주거공간을 뛰어넘어 휴식의 공간으로 인식되고 있으므로 내 집 안에서 산, 공원, 강, 호수 등의 탁 트인 자연 전경을 마음껏 감상할 수 있는 조망권을 갖춘 단지가 높은 몸값을 자랑하며 인기 가도를 달리는 것은 당연한 결과이다. 앞으로도 지속해서 조망권을 갖춘 단지를 주목해야 하는 이유이다.

조망권이 돈이다

한강이 얼마나 가까운지, 특히 얼마나 잘 보이는지에 따라 집값이 차이를 보인 것은 어제오늘의 일이 아니다. 공급이 제한적이라 아무나 살 수 없다는 희소성과 한강공원을 끼고 있다는 주거 쾌적성이 가격에 그대로 반영되는 것이다. 이에 한강변 아파트의 경우 최대한 많은 세대에서 최대한 한강이 잘 보이게 아파트를 설계하는 게 관건이 되고 있다.

서울 서초구 잠원동 '아크로리버뷰'는 저층 일부를 제외한 대부분 세대에서 한강 전망을 감상할 수 있는 단지 배치와 평면 설계가 적용된 대표적인 아파트다. '아크로리버뷰'는 5개 동 전부를 X자로 설계하고 한강변을 따라 일렬로 배치했다. 되도록 많은 세대에서 조금씩이라도 한강을 볼 수 있게 하기 위함으로, 한강을 정면으로 바라보지 않는 동·서향 가구도 북쪽 측면 창으로 조망권이 확보된다.

일조권보다는 돈이 되는 조망권이 반포, 잠원이 극대화이다. 한강 조망권 값이 최대 8억 원이다. X자 도입 잠원 아크로리버뷰는 전 가구 한강 조망권이 확보된다. 반포 1, 2, 4주구 사선 설계로 한강 조망 가구 최대한 늘려 조망 특화 안으로 변경할 예정이다. 부동산 가치를 높이는 요소가 많을수록 좋다. 역세권, 학세권, 숲세권, 몰세권 등을 함께 갖추고 있어야 확실한 투자 포인트가 성립된다.

실제로 다세권이 있는 대단지 아파트의 집값 상승 속도는 상당히 빠르다. 일례로 지하철 3, 7, 9호선 고속터미널역과 가깝고, 학세권, 몰세권 등 다양한 세 권이 형성돼 있는 잠원동의 '신반포 한신 4차'의 집값은 인근의 '한신 서래'보다 비쌀 뿐만 아니라 가격 상승세도 가팔랐다. 다중 조망권도 수익형 부동산의 요점이다.

특히 오피스텔을 주로 사용하는 직장인일수록 도심에서 받는 스트레스를 풀기 위해 강, 공원, 산 등을 볼 수 있는 탁 트인 조망을 원하는 경우가 많다. 실제로 조망권을 갖춘 오피스텔의 몸값은 갈수록 높아지고 있다. 그중에서도 2곳 이상의 조망권을 갖춘 다중 조망권 오피스텔은 희소성이 높아 큰 인기를 얻고 있다. 최근 부쩍 집값이 오른 '여의도 분야센터'가 이를 잘 보여준다. 여의도공원과 샛강을 동시에 조망할 수 있는 이 오피스텔과 여의도공원만 볼 수 있는 오피스텔은 가격에서 가치 차이를 말해준다.

조망권은 물론 일조권 등이 최근에는 재산적 권리의 하나로 자리매김하며 부동산 가치에 큰 영향을 미치고 있는데 내 집 마련을 계획하고 있는 수요자라면 투자 가치까지 챙길 수 있는 영구 조망권 단지를 추천한다. 요즈음은 조망권은 주택뿐만 아니라 수익형 부동산의 시세를 높여주는 시대로 특히, 가려지는 곳 없이 영구적으로 조망이 되는 입지는 희소성이 높으므로 이러한 입지의 가치는 꾸준히 상승할 것으로 본다. 최근 힐링 열풍 등으로 조망권은 거주자와 입주자 만족도뿐 아니라 향후 가치를 결정하는 데 지대한 영향을 미치고 있다.

아파트 조망권에 관한 관심이 갈수록 높아지고 있다. 조망이 좋은 아파트의 내재가치가 그만큼 높다는 것은 수요자들이 인정하고 있다. 조망권에 대한 수요자들의 관심이 커지면서 조망권의 가치는 더욱 상승하고 있다. 최근 강남에서도 한강변 조망권 유무에 랜드마크 자리를 내주는 아파트를 보면 더욱더 소비자의 선호현상을 알 수 있다. 또한, 같은 지역 내 아파트라도 조망권에 따라 수억 원 이상의 가격 차이가 난다. 한강변 조망권은 시간이 지날수록 희소가치가 커지면서 프리미엄이 높아질 것이다.

07
이왕이면 로열층이 좋다

　대부분 아파트 매수자가 느끼는 어려움 중의 하나가 로열층에 대한 개념이다. 중개업을 하는 사람들은 그들만의 독특한 기준을 가지고 있다. 인근 지역에 대한 명확하고 분명한 자기만의 판단 기준이 있는 것이다. 따라서 그 지역에서 오래 중개업을 해온 그들의 말이 대부분 옳은 것이 사실이다. 그렇다면 로열층은 어떻게 구분하는 것일까?

　일단 로열층은 살기가 편한 곳이어야 한다. 조망권도 확보되어야 하고, 프라이버시, 소음 등에서 완벽한 보장을 받는 곳이면 그곳이 로열층이다. 그러나 대부분의 고층 아파트는 평균적으로 30층 이상은 13~18층 수준, 15층 이상을, 15층 이하의 아파트는 9~14층 수준을, 10층 이하의 경우 6~8층을 로열층으로 구분하는 경우가 많다.

대체로 로열층은 비로열층과 약 10~20% 정도 가격 차이가 난다. 같은 아파트 단지 내에서도 어디에 있는 동인지, 방향은 어떤지, 차입은 어떤지, 층은 어떤지에 따라 거래되는 금액에도 약간의 차이가 있다. 분양 당시 금액은 큰 차이가 없지만, 나중에 생기는 프리미엄, 매매가에서 차이가 난다.

이렇게 차이가 크기에 로열층을 선호하는 것이고, 저층에 당첨되면 계약을 포기하는 때도 있다. 로열층을 좋아하는 이유는 일조권과 조망권 등이 확보되기 때문이다. 바닥층은 사생활 보호, 생활 소음, 먼지 유입 등의 문제가 있으며, 꼭대기 층은 여름에 덥고, 겨울에 춥다는 생각에 선호도가 떨어진다. 아기가 있는 집은 층간 소음 유발 스트레스를 안 받기 위해 1층을 찾아 이사하기도 한다.

연세가 많은 어르신이나 장애인이 있다면 저층을 선호한다. 조망은 중요하다. 식물은 햇빛을 받고 광합성을 하게 된다. 광합성은 식물이 살아가는 데 꼭 필요한 영양분을 제공하게 된다. 사람도 마찬가지이다. 풍수학적으로 햇빛은 집안의 음기를 없애주는 역할을 한다. 따라서 햇빛은 많이 들수록 좋은 것이다. 물론 햇빛이 좋지 않은 공간도 있다. 부엌이다. 부엌은 되도록 햇빛, 특히 낙향의 햇빛이 비쳐서는 안 될 것이다. 음기를 불어넣기 때문이다. 이는 차치하더라도 햇빛이 많이 들면 자연 소독이 된다. 집안에서 어느 정도의 세균은 소독이 되는 효과를 보는 것이다. 여기에 조망권을 확보하게 되면 금상첨화라고 할 수 있다. 넓은 가슴

을 열 수 있는 공간을 확보하는 것은 현대인의 스트레스를 해소할 수 있
는 좋은 수단일 것이다.

사람들이 선호하는 층이 가격 상승에 유리한 이유

사방이 막혀 있다면 마치 동굴에 갇힌 듯 답답할 것이다. 좋은 아파트
는 결국 조망권이 자동으로 확보된 지역이라고 할 수 있다. 이런 아파트
라면 가격 상승에 높은 영향을 미칠 것이다. 또한, 도둑에 허술한 집은
대부분 저층이다. 최근 고층까지 침범하기도 하지만 쉽게 노출된 집은
저층이다.

도둑들의 표적이 되었다면 로열층에서 제외되어야 할 것이다. 이런 위
기 상황, 화재라든가, 특이한 상황에서 피해를 최소화할 수 있는 층이 로
열층이라 할 수 있다. 5층 아파트를 예를 들어보자. 이곳에서 분명 로열
층은 2~4층이다. 비로열층인 1층은 도둑 맞기 쉽고 프라이버시가 쉽게
노출된다. 게다가 겨울철에는 춥고 조망권이나 일조권에도 문제가 있다.

5층도 겨울철에는 춥고 천장에 이슬이 맺히는 결로 현상이 일어나고
비가 새는 데다가 통상 계단을 이용하기가 힘들다. 즉 조망권과 일조권
은 대체로 확보하기 쉽지만, 난방 문제와 오르내리기가 불편하여 비로열
층으로 분류한다. 최근 보도된 설문 조사에 의하면 아파트 구매 시 첫 번
째 고려 요인으로 층높이, 조망이라는 대답이 44.6%로 가장 많았고, 다
음으로 향과 일조, 용적률과 동 간격 거리, 단지 배치와 주차 공간 순으

로 나타났다.

최근 향과 조망권에 대한 관심도가 높아지고 있음을 보여주고 있다. 향은 아파트에서 중요한 평가의 기준이다. 아파트는 특성상 반드시 일조권을 받는 지역과 그렇지 못한 지역이 공존하게 된다. 구조상 고층으로 지어지기 때문이다. 풍수학에서는 향에 따라 음기와 양기가 변동한다고 한다. 따라서 서쪽의 햇살을 받는 아파트는 상대적으로 낮은 가격대를 형성하는 반면 동쪽의 햇살을 받는 곳은 높은 가격을 받을 수 있다는 것이다.

전자의 경우 음기가 가득 차게 되고, 후자의 경우 양기를 받게 된다는 것이다. 비단 풍수 쪽으로 살펴보지 않더라도, 남향의 구조는 그만큼 조망을 확보할 가능성이 커진다. 반면 북향의 경우 늦은 저녁 시간에 태양을 보기 때문에 그만큼 운치는 덜할 것이다. 이로 인해 최근에는 20층의 최고층이 로열층으로 분류되는 예도 있다.

대부분의 아파트 가격은 일조권과 방향에 따라 최소 5,000만 원~1억 원 이상 가격 차이를 보인다. 이러한 현상은 소득 수준이 높은 지역으로 갈수록 더욱 심화된다. 수요자가 진정으로 원하는 것이 무엇인가는 현재의 지역 특성을 잘 반영된 것이다.

남궁민의 집은 지난해 지상파 예능 프로그램을 통해 한 차례 공개된 바 있다. 남궁민이 매입한 집은 성수동에 위치한 55평에 달하는 것으로 알려졌다. 침실 4개, 욕실 3개 등으로 구성됐다. 남궁민은 2017년 14억

2,500만 원에 매입한 것으로 알려졌다. 현재 시세는 14억~18억 원 수준이다. 한강, 남산 조망이 가능한 20층 이상 로열층은 20억 원 정도 시세이고, 저층은 18억 원으로 형성되어있다.

이렇듯 한강, 남산 가능한 로열층은 3년 사이 6억 원의 상승세를 이어가고 있다. 여러 단위세대가 단지를 형성하는 아파트시장에서는 '로열층'과 로열동'이라는 말을 종종 한다. 일조권이나 조망권 방해가 없는 중간층을 로열층이나 로열동의 기준으로 지칭한다. 하지만 로열층과 로열 동이 개인마다 차이가 있고, 생애주기에 따라서도 변한다. 아파트에는 로열층과 로열동이 있다. 반면 못난이 층과 동이 있다.

못난이 층과 동은 저층과 최상층, 일조권을 받지 못하는 동이다. 하지만 이 모든 것은 '개인적인 취향과 개인적인 취향의 존재에 따라 달라질수 있다. 좋아하지 않거나 꺼리는 것이라도 비난하지 않고 있는 그대로 존중해주는 것이다. 아파트나 오피스텔 등의 주거공간을 지을 때부터 마치 단독주택처럼 개인 취향을 충분히 발휘할 수 있도록 다양한 라이프스타일을 반영한 설계가 주를 이루고 있다.

소비자들 역시 집을 고를 때 과거처럼 재산 가치만 따져 무조건 로열층이나 로열동만 고집하지 않는다. 주거공간도 개개인의 성향에 맞게 반영된 설계에 지속적 관심을 보인다. 생애주기에 따라 로열동이 변한다. 지인 B씨(여 37세)의 예를 들어보자. 결혼 7년 차인 B씨는 대단지 아파트의 고층에 살았다. 지하철역과 가까운 로열동에 공원이 조망되는 로열층이었다.

하지만 현재 B씨는 아이를 위해 층간 소음에서 자유로운 저층과 어린이집과 가까운 동을 찾아 이사를 결심한다. 이처럼 생활 스타일과 성향에 따라 선호하는 로열동과 층이 바뀔 수 있다. 차량 출퇴근이며 역과 가까운 동을 굳이 선택할 필요 없고 혼자 사는 1인 가구라면 음식점, 편의점이 입점해 있는 상가와 가까운 쪽이 로열동이 될 수 있다. 취향과 생애주기에 따라 '로열'이 붙는 동과 층은 변하기 마련이다.

최근 저층의 필로티 설계와 조경 시설의 비율을 높인 결과 정원 조망을 거실서 누릴 수 있다고 선호하는 소비자가 증가하고 있다. 그리고 최상층의 지붕 두께로 에너지 효율화와 다락 등의 특화 설계로 단점이 장점으로 전환되어 최상층이 조망권 확보에 유리한 점을 부각하면서 호응을 얻고 있다. 누군가에게는 비로열층이었던 것이 로열층이 된 것이다.

내가 만족하는 층이 로열층이다

취향에 따라 피트니스 센터와 사우나, 인피니티풀과 가까운 동을 선호하는 사람이 있다. 한편 휴식과 힐링 등을 선호하는 카페와 레스토랑, 루프 카페가 가까운 동을 찾는 사람이 있다. 층도 높은 층은 한강 조망을 선호하는 사람들이, 저층은 커뮤니티 시설 이용이 용이함을 선호하는 사람들이 좋아한다. 각기 로열의 의미는 개인적인 생활 욕구와 편의 여건에 따라 다르다.

　부동산은 자산 중 가장 큰 비중을 차지하는 만큼 내 집 마련이 고민될 수밖에 없다. 그러나 요즈음은 경험을 중시하고 자기만족을 지향하는 가치 소비 시대이다. 저층은 저층대로 탑층은 탑층대로, 역과 가까운 동과 어린이집이 가까운 동, 공원이 가까운 동까지 모두 나의 생활방식에 따라서 '로열'이 될 수 있다는 것을 간과하지 말기 바란다.

08
사교육 시스템이 잘 갖추어져 있는 곳을 주시하라

우리나라의 교육열은 세계에서 가장 높다고 해도 과언이 아닐 것이다. 이러한 특수한 상황은 결국 아파트 가격을 높이는 가장 큰 요인으로 대두되고 있다. 최근 교육부가 2025년에 자사고·외고·국제고 폐지를 발표하며 기존 학군 부동산 시장이 다시금 열기를 더해가고 있다. 특히 집과 학교가 가깝기만 해도 전통 있는 명문 학교로 진학할 수 있는 학군을 가진 지역은 더욱 가치가 더욱 높아진다.

실제로 강남의 경우 매매시장 선행지표로 활용되는 전셋값이 큰 폭으로 상승했다. 강남구의 전셋값은 서울 아파트 전셋값 평균 상승률보다 2배가 넘게 올랐다. 명문학군은 대부분 지역에 부촌일 만큼 선호도가 높아 최근 깊어지는 불황 속에 학군, 역세권 등 굵직한 장점이 있는 검증된 곳은 더욱 수요가 멈추지 않을 것이다.

　교육열이 높을수록 강남의 아파트 가격은 꾸준히 상승할 것이다. 대다수 부모는 자식 교육을 위해 엄청난 사교육비를 지출하고 있다. 강남 지역의 경우 학교와 학원의 위치가 비슷하다. 물론 집도 가깝다. 대부분 학생이 학교를 파하고 학원에서 다시 모이게 된다. 집과 가까운 곳에 교육 장소가 따로 마련되어 있는 것이다.

　학령기는 학업 이외에도 자녀들이 평생을 함께하는 친구를 사귈 수 있는 시기이다. 그러므로 부모들은 자녀들이 좋은 환경에서 자란 친구들과 연을 맺길 바라며 수준 높고 경제력이 좋은 집안과 인맥을 만들기를 바라기 때문이다. 이런 이유로 좋은 학군을 선호하는 사람들은 많은데 학군이 좋은 지역은 제한적이고 공급도 적다 보니 학군이 위치한 지역 내의 부동산 가격은 계속 상승하는 것이다.

높은 교육열이 우리나라 주거에 미치는 영향

　학군 좋은 곳은 공부를 잘해서가 아니라 좋은 자원이 계속 그곳에 몰리기 때문이다. 좋은 환경에 있으면 좋은 고등학교에 가고 좋은 대학교에 갈 수 있겠다 해서 이런 수요로 인해 아파트값이 떨어지지 않는다. 학군도 서울이다. 학군 프리미엄이 그대로 서울까지 반영이 됐다. 엄마들이 좋아하는 입지는 입시제도의 급격한 변화로 인해 학원가가 더 중요해졌다. 큰 변화는 정시 제도가 축소되고 수시 제도가 확대하는 정책으로 수시 전형이 75% 이상 모집하고 있으며 대학에서 선호하는 제도이다. 수시로 학생을 뽑으면, 진로 목표가 예전에는 진학이었다면 지금은 진로적성을 많이 본다.

자기 적성에 맞는 과를 오느냐? 학생을 뽑았을 때 이 학생이 1학년부터 4학년까지 졸업을 무탈하게 할 수 있겠는지를 최우선으로 본다. 중간에 진로를 바꾸거나 과를 바꾸면 대학 입장에서는 기회비용이 발생한다. 또 뽑아야 하니까 편입을 뽑아야 한다. 근데 입학 사정관으로 수시를 통해서 뽑은 학생들은 진로 로드맵을 보고 뽑았다. 그 때문에 진로적성에 대한 만족도가 높다.

또 이제 고등학교와 입학 사정관이 고등학생 생활 내내 유기적으로 학교와 소통을 한다. 학교 방문도 하고 인터뷰도 하며 이 학생의 학교생활을 모니터링도 한다. 그런 과정들을 겪고 학교와 대학 간에 유기적인 신뢰감이 생긴다. 이 학교 학생이면 공부를 잘하겠다고 생각한다.

일단 제일 중요한 게 수시, 즉 수시로 대학을 잘 보내는 학교, 공부 분위기를 장려할 수 있는 학원가가 있는 곳을 선호한다. 그러면 부동산 평가나 부동산 입지 선정을 할 때도 학원가가 있는지를 따져 봐야 한다. 학원가와 입학성적 두 가지를 보는데 예전에는 특목고 진학 비율이 되게 중요했었다. 그래서 해당 중학교에서 특목고 진학률이 얼마냐에 따라 명문고라고 했다.

그러나 요즈음 입시제도가 조금 바뀌어서 내신이 중요해졌다. 그래도 지금도 특목고가 중요하다고 생각하는데, 대학에서 특목고 학생들을 우수하다고 인정하고 선호를 한다. 즉 잠재력이 있다고 본다. 지금 내신은 낮아도 이 학생들 잠재력이 있다고 판단을 한다. 그래도 지침이 있으므로 학생부 교과를 1~3학년 과정들을 다 보는데 이 교과 과정 내에 어떤 동아리 활동을 하고, 어떤 독서를 했으며, 교과 과정 내에도 활동을 했는지를 다 기록하게 되어 있다.

그 기록을 자세히 본다. 학교생활 정말 열심히 했나? 그것 때문에 내신 관리가 들어가는데 이 내신 관리를 잘 받아야 수시에 입학할 수가 있다. 그 내신을 주로 강남권에 있는 학교들이 그래도 보살핌을 많이 해주는 편이다. 그래서 강남, 강남 한다. 대치동 학원가도 찾는 이유이다. 그 다음에 강동구에 있는 한영고등학교 같은 경우나 목동 쪽에서도 기존의 전통이 강한 학교들이 발 빠른 입시에 맞춰서 선생님이 지도를 잘하기로 유명하다.

'베리타스 알파'라고 하는 입시만 전문적으로 하는 기관이 있다. 그 사이트에 들어가면 해마다의 입시 성적과 정말 다양한 지표들을 자세히 다 공개를 하고 있다. 중학교 성적, 고등학교 성적을 학교별로 순위를 나눠서 발표했다. 거기서 서울대 입학성적하고 의대, 치대, 한의대 진학한 성적을 상위 100개교를 해마다 발표한다.

그것을 보고 그중에서 특목고가 아닌 일반 고등학교인데 100위 안에 있다고 하면 그 학교는 눈여겨봐도 되는 학교이다. 결국은 그런 학교들이 많은 입지가 더 비싸고, 학원가도 근처에 형성되어 있을 가능성이 크다. 학원가에 대한 것도 굉장히 재미있다. 학원가가 변하느냐 안 변하느냐에 대한 논리를 되게 많이 물어보는데 현재 학군은 대치동, 목동, 중계동, 그다음에 분당, 일산, 평촌이다.

이 학원가는 웬만해서는 바뀌지 않는다. 학원가를 판단하는 가장 큰 방법은 학원의 간판을 보고 입시, 입시 컨설팅이 있는 동네냐, 아니냐를 보면 된다. 입시 컨설팅이 있는 데는 학군이 굉장히 발달한 동네이다. 입시 컨설팅이 동네마다 있지는 않다. 목동, 중계동은 다 있다. 분당은 수요가 대치동으로 많이 오기 때문에 많지는 않다. 지방 학군도 서울만큼 좋다. 대구 수성구, 대전 유성구 이 두 지역의 학구열은 정말 강남 못지않다.

그래서 지방 엄마들이 부동산 공부를 많이 한다. 자녀가 학교 다닐 거주지를 알아보면서 입학과 동시에 사회생활을 주거까지 준비한다. 아이가 자동으로 부동산 공부를 시킨 격이다. 엄마가 아이 공부를 위해서 미리 해주는 거다. 그래서 부동산을 공부하는 엄마가 많다. 미래 학원가로 성장할 만한 지역들은 어디인가? 미래 학군의 요소 3가지이다. 첫째, 일자리가 증가할 곳. 제2 판교테크노밸리, 마곡, 광명시흥테크노밸리 등 일자리가 폭발적으로 증가할 곳이다.

그러면서 월급을 많이 주는 일자리가 있는 곳이다. 둘째는 새로운 뉴타운이 형성되어 길음 뉴타운처럼 한 블록 전체가 새 아파트가 되는 곳이다. 신도시처럼 유사한 사람들이 와서 같이 열심히 공부해야 시너지가 나는 곳이다. 세 번째는 지방에 있는 혁신도시라든가 아니면 제2의 신도시 중에서 나올 확률이 있다. 즉 사는 거주 지역 인근에 센 학원가가 있으면 안 된다. 기존 학원에서 흡수해버린다. 분당지역에는 학원가가 이미 존재하므로 다수가 대치동으로 가며 강남 진입하기가 너무 좋다. 학원을 충분히 왔다 갔다 할 수 있는 정도 거리가 된다. 분당 학원은 산발적으로 흩어져 있는데도 수요가 많다. 그러니까 판교에는 학원가가 크게 생기지 못하고 있다. 판교 같은 경우는 중대형 평수가 많아서 세대수가 또 부족하다. 분당보다 세대수가 부족하여 학원가가 형성되기 어렵다.

사교육 시스템이 부동산에 중요한 이유

그런데 송도는 학원가가 생겼다. 동막이란 구도심이 있는데 남동공단을 배후로 하는 아파트촌이 있었는데 학교 보내기도 좋고 유명한 초등학교도 있고 학원가가 조금 있었다. 그런데 새 아파트고 좋고 너무 멋있는 신도시가 딱 생긴다. 거기서 교육 특구로 포스코도 넣고 특목고도 넣고 채드윅 같은 외국인 학교가 들어선다.

소위 말하는 부자들이 송도에 들어가서 살기 시작한다. 이 수요를 위한 교육상품들이 생긴다. 예를 들면 영어유치원 등 새로운 학원가가 생긴다. 요약하자면 새로운 도시에 학원가가 생기려면 기존 도시보다 소득 수준이나 일자리 수준이 높아야 한다. 서울은 대치동, 목동, 중계동에 들어가기 힘들다. 그런데 대규모 택지개발이 일어나면 학원가가 생길 수 있다. 예를 들면 마포에 아현뉴타운이 그 지역이다.

도심권은 일자리 수는 적지만 월급이 많다. 다음에 뜰 미래 학군이다. 공덕역, 애오개, 아현역까지 아우르는 그 블록이 좋아질 지역이다. 2호선과 5호선 주변에 있다. 아현초등학교와 그 블록 안에 2개의 초등학교가 있다. 5호선 옆에 백범로 쪽에 학원가 있다. 아이들이 많이 살 만한 신도시 아파트 밀집 지역이 좋은 지역이다. 아현뉴타운도 많이 입주했고 마포 같은 경우는 한강변에 래미안웰스트림이나 재개발, 재건축하는 곳이 많다.

목동을 가긴 너무 멀고 한강을 건너가는 것도 부담스럽다. 일단 그쪽에서 지내다가 목동이라든가 대치동으로 이사를 많이 오고 있는데 뉴타운이 10년 정도 완성이 되면 마포는 지금보다 훨씬 더 교육 여건이 좋아질 가능성이 크다. 2기 신도시 미래 학군은 판교 낙생학군과 낙원 초가 유명하다. 광교신도시 학원가에는 교육 특구로 에듀타운이라는 상가가 있다. 그 앞에 있는 아파트가 광교에서 가장 비싼 아파트이다. 광교 자연앤 힐스테이트다.

09
편의시설이 갖추어져 있는 곳을 노려라

아파트의 수요가 많다 보니 수요자의 욕구를 충족해주는 서비스가 갈수록 진화하고 있다. 대부분의 직장인이 시간이 부족하거나 수면 확보를 위해 아침을 거르고 출근한다. 그런 직장인들을 위해서 조식을 제공하는 아파트가 큰 호응을 얻고 있다. 반포자이는 조식 세트 메뉴를 공급하고 관리사무소는 무료로 조식 업체에 제공하고 있다. 단지는 장소만 제공하고 별도 수익을 챙기지 않는다.

현재 주민들 반응이 매우 좋다. 아침 식사 제공 서비스는 갈수록 퍼지고 있다. 1인·맞벌이·노인 가구 등 아침 식사를 준비하기 어려운 아파트 거주민이 많아져 생겨난 현상이다. 반포자이 인근 반포리체아파트도 조식 서비스를 운영하고 있다. 반포리체는 2010년 입주한 역세권 아파트이다. 반포 리체는 아파트 내부에 있는 북카페에서 건강식 샐러드 위주로 조식을 제공하는데 이웃 간 대화도 하며 좋은 반응을 보인다.

준공 당시에는 반포자이보다 매매가가 현저히 낮았으나 현재는 아침 주는 아파트로 변신해서 반포자이와 매매 가격이 비슷한 상황이다. 그만큼 입주민들의 편의시설이 아파트 가격을 결정하는 것을 알 수 있는 대표적인 사례이다. 성수동 트리마제, 성남 위례 자연앤 래미안, e편한세상, 반포래미안퍼스티지, 경기 하남 미사리 강변 센트럴자이, 광교 더샵 레이크파크 오피스텔, 사하 장림역 스마트 W, 안양 센트럴 헤센 2차, DH아너힐즈(개포주공2단지 재건축), 송파 미성 크로바아파트, 해운대 더에이치스위트, 대구 SK리더스뷰 등도 주민들에게 식사를 제공하고 있다. 계속 늘어나는 추세다. 애초 고급 주상복합 단지를 중심으로 조식을 제공하기 시작했다. 지금은 단지 차별화 방법의 하나로 주목을 받으면서 일반 아파트까지 퍼지고 있다.

명품 아파트의 정의도 입지나 설계 등 외형적 조건을 넘어 주민들을 위한 서비스 제공 여부로 진화하는 분위기다. 앞으로 식사 제공을 넘어 컨시어지, 발레파킹 등 다양한 주민 혜택이 등장할 전망이다. 잠실 미성 크로바 재건축을 수주한 롯데건설은 그룹의 호텔 운영 노하우를 살려 컨시어지는 물론 헬스 서비스 등을 선보일 예정이다. 반포주공 1단지(1,2,4주구)는 서울성모병원과 연계한 건강 관리와 KEB하나은행의 자산 관리

서비스를 제공할 계획이다.

8·2대책과 부동산 규제에도 지역별 아파트값은 양극화는 심화하고 있다. 서울 도심과 강남 아파트값은 갈수록 상승 폭이 커져 있다. 특히 서울 동남권(서초구, 강남구, 송파구, 강동구)과 인접한 경기 남부권(분당, 판교, 북위례, 광교, 용인, 수지 등)과 서남권(안양 동안구 평촌, 의왕, 과천 등)이 다른 지역보다 상승 폭이 컸다.

다주택자 양도세 중과 시행 이후에도 양극화는 더욱 심해질 것이다. 공급에서 서울 등 수도권 핵심 지역 정비사업을 규제하고 수도권 외곽지역 그린벨트를 해제해 공공주택을 확대하는 주택정책은 양극화를 부추길 것이다. 양극화는 유효 수요가 선호하는 지역, 서울 도심 및 강남처럼 공급보다 수요가 많은 지역, 인지도가 높고 돈과 사람이 몰리는 지역일수록 아파트값 상승 폭이 커진다.

또 기업 등 자족시설과 도로·철도 등 기반시설이 들어서 지역 경제력이 높아지는 지역, 30~40대 인구 유입이 늘어나고 상대적으로 이탈이 적은 지역, 백화점·할인점 등 대형 쇼핑센터, 호텔, 병원, 공원 등 주거 인프라가 풍부한 지역일수록 매매가가 큰 폭으로 우상향한다. 양극화 시대에 10년 만에 찾아온 부동산 상승장에선 자본이 집중적으로 투입되는 개발 중심축을 주목해야 한다. 단순히 장기 플랜이 아니라 1~3년 안에 기본계획안을 고시하고 실시계획을 거쳐 착공이 예정된 개발 호재에 초점을 맞춰야 한다.

서울 동남권에서는 영동대로 지하 공간 및 잠실종합운동장 개발, 수서 역세권 공공택지지구, 위례신사선 착공, 신분당선 연장선을, 도심권에 선 용산국제업무지구와 서울역(남영동 숙대 주변) 일대 개발에 주목해야 한다. 서북권에선 수색역세권 개발과 마포·공덕 업무시설, 신분당선 서 북부 연장을, 동북권에선 뚝섬·성수를 비롯해 청량리·왕십리·광운대 역세권 개발을 주목해야 한다. 서남권에선 마곡지구와 영등포·여의도 개발 호재를 주목해야 한다.

과거에는 교통시설, 편의시설, 학군, 미래 가치 등을 따져 좋은 아파트 라 일컬었지만, 최근에는 한 단계 나아가 생활의 편리시설이 대두되고 있다. 워라밸이라고 주거공간을 말 그대로 의식주를 해결하는 공간이라 는 인식이 있었는데 최근에는 첨단 설비 및 시스템이 갖추어진 아파트들 이 생겨나고 있고 그뿐만 아니라 단지 내 각종 시설과 조경도 세심하게 발전하기 시작하였다. 라이프스타일에 맞춰 진화하는 커뮤니티 시설을 들 수 있다. 웰빙 및 힐링을 할 수 있는 스파, 텃밭, 산책길, 생태하천, 공 원 등이 있다.

그리고 건강 및 의료를 도와주는 피트니스, 골프 연습장, GX룸, 수영 장, 병원 등이 있다. 교육을 도와주는 어린이집, 별동 학습관, 도서관, 독 서실, 키즈카페 등이 있다. 레저에 관련된 야영장, 바비큐 가든, 암벽등 반장, 물놀이터, 게스트하우스 등이 있다. 커뮤니티 시설이 잘 갖춰져 있다면 멀리 나가지 않아도 다양한 편의시설을 이용할 수 있다는 장점이 있다.

　20여 년 전 초고층 주상복합의 대명사 강남 도곡동 타워팰리스에서부터 시작된 커뮤니티 바람이 아파트에까지 고급화 바람을 불러일으켰다. 최근 신축 아파트 등에도 GX룸, 피트니스센터, 골프 연습장 등이 들어섰고, 자녀들을 케어하기 위한 맘스카페 같은 공간들과 같은 고급 커뮤니티 시설들을 갖춘 곳들이 늘어나고 있다.

　건강한 삶이 주거 트렌드로 2000년대 들어서 힐링, 에코라는 주제가 대세가 되면서 건강한 삶을 살려고 하는 움직임들이 늘어나고 있다. 커뮤니티 시설은 물론이고 문화프로그램을 운영하는 곳들도 나오면서 입주자들의 만족도를 높이고 있다. 최근에는 스포츠 및 레저문화를 즐기려는 수요자들이 늘어나면서 텃밭, 캠핑장, 클라이밍장 등까지 조성하는 추세이다.

　2000년대 초 중대형 위주의 탑상형 위주로 공급됐던 과거와 달리 판상형 구조의 중소형 중심 평형으로 공급되면서 인기가 높아지고 있다. 탑상형의 경우 통풍, 채광에 제약이 많아 꾸준하게 문제 됐던 사안들이 3면 개방형 구조를 통해 조망 및 통풍을 해결하고, 공간 활용을 극대화하는 모습이다. 최근에 아파트들은 수요자들의 입맛에 맞춘 특화 설계를 도입하고 있다. 아파트가 단순히 주거 기능을 넘어서 삶의 질을 높일 수 있는 공간이라는 의미로 재해석되고 있다.

수요자들이 편리한 생활을 추구하는 경향이 짙어지면서 삶의 질을 끌어올리기 위한 스마트기기 시스템을 활용하고 있다. 월 패드를 통해 방문자를 확인하고, 각 방의 온도와 조명을 조절할 수 있고 엘리베이터도 부를 수 있는 편리함을 위한 기술들이 적용되고 있다. 이제는 이러한 옵션이 선택이 아닌 필수의 요소로 자리 잡고 있다.

편의시설은 갈수록 좋아진다

평면 등 구성이 기존 아파트에 비해 뛰어나고 그동안 볼 수 없던 첨단 설비 및 커뮤니티 시설을 갖추고 있기 때문이다. 단지 내 각종 시설과 조경도 친환경 설계로 진화를 거듭하는 추세로 나아가고 있다. 생활 수준이 높아지고 경제적 여유가 있는 1인 가구가 증가하면서 주거공간도 끊임없이 변신을 거듭하는 추세이다. 1인 가구는 보통 직장 근처의 소형 아파트나 오피스텔을 많이 찾지만, 최근에는 소형 아파트와 유사한 세대 분리형 아파트도 선호도가 높다.

현관문, 주방, 화장실 등을 각각 분리해놓은 세대 분리형 아파트는 자녀 세대 또는 부모 세대와 함께 거주하기에도 불편하지 않도록 설계된 데다 부분 임대를 놓고 임대 수익을 거둘 수 있다는 장점까지 갖췄다. 경희궁 롯데캐슬, 흑석뉴타운 아크로리버하임, 래미안 목동 아델리체 등이 세대 분리형 설계를 도입한 대표적인 단지이다. 실수요자 중심으로 주택시장이 변화하면서 취향 맞춤 주택상품들이 큰 인기를 끌고 있다.

조식 서비스를 진행하면서 다른 아파트와 차별화된 아파트로 소비자의 큰 호응을 얻고 있다. 또 하나의 복지서비스를 구축하여 이를 통한 입주민들의 편리성을 제공한다. 그러면서 아파트 가치 상승과 위상도 덩달아 높아지고 시너지 효과를 내고 있다. 이제는 복지의 부가적인 만족도가 높은 서비스까지 선택 기준에 포함되는 추세이다. 아파트를 구매할 때는 편의시설까지 꼼꼼히 살펴야 시세 차익까지 볼 수 있다. 미래에는 편의시설이 아파트 가격을 결정한다.

10
다세대는 경매로 사서 시세대로 팔아라

　다세대의 특성은 아파트의 대체재다. 수납공간도 부족하고 발코니가 없어 직장인들이나 신혼부부들이 잠깐 머무르는 주거 형태이다. 그러므로 아파트와 혼재된 것보다는 다세대만 모여 있는 비슷한 주거 형태가 좋다. 사람들은 이사해야 할 때 그 지역에 머무는 걸 선호한다. 다세대는 아파트를 이길 수 없다.

　곁에 아파트가 있으면 돈을 더 벌거나 빚을 내서라도 아파트로 이사 가고 싶어 한다. 그러나 다세대에서 다세대로 이사를 하면 다른 사람들이 그곳을 채워주니 공실의 염려가 줄어든다. 그러므로 수요는 꾸준하니 다세대의 가격이 내려갈 리 만무하다. 다세대는 환금성도 떨어지고 신축 다세대는 분양 당시 이미 시장가보다 높은 가격에 살 수밖에 없다. 건축업자며 부동산개발업체들의 수익을 다 떠안은 것이 신축이기 때문이다.

신축 매매가가 시장가보다 수익률이 더 낮을 수밖에 없다. 그런데다가 경매로 나오게 되면 감정가가 아파트보다 훨씬 적게 나온다. 그러므로 낮은 감정가에 경매로 도전하는 것이다. 낙찰과 동시에 수익이 보장된 구조이다. 그래서 다세대는 경매로 낙찰받으라는 것이다. 이렇게 말하면 서도 정작 나는 실천을 못 했다. 이미 신축 2개를 분양받아 임대업 등록한 상태다.

이런 시행착오를 겪으면서 배운 것 같다. 당산역 14평을 2018년 2억 9,500만 원에 매입했다. 전세로 임대한 상태다. 전세금만 1,000만 원 오른 상태이고 매매가는 1,000만 원 오른 것 같은데 매매는 글쎄 쉽게 되지는 않을 것이다. 그러나 이런 다세대를 경매로 낙찰받을 시 감정가는 시세보다 평균 60% 정도 나온다.

그러면 70~80% 정도에만 낙찰받아도 90%에 매도 때 10% 수익은 확보된 것이다. 이런 식으로 다세대는 접근이 효율적이다. 그리고 경매로 낙찰받아야 하는 또 다른 이유는 시장가보다 낮아 매도 때 환금성이 좋다. 다세대의 특성이 환금성이 아파트보다 떨어질 수밖에 없는데 시장가로 매도 전환 시 쉽게 매매가 이루어지지 않는 단점이 있다.

그런데 경매로 이미 수익을 확보해놓은 상태에서 시장가보다 낮게 매도할 수 있기 때문이다. 수익 면이나 환금성 문제에서 자유로운 게 다세대 경매이다. 신축 매수 시 환금성과 수익은 장담할 수 없는 요원한 상태이다.

직장인 K씨(32세)는 대학을 졸업할 즈음, 사업을 하던 아버지의 부도로 살던 아파트를 경매로 날렸다. 아버지의 사업 실패가 원인이긴 했지만, 강제로 집이 팔려 어린 시절 추억을 뒤로한 채 쫓기듯이 이사해야 하는 자신과 가족의 처지가 너무도 비참했다. 불행 중 다행인 것은 K씨의 취업이 부모님에게 기쁨의 대상이 된 점이었다. 가장이 된 K씨는 생활하면서 고민이 깊어간다. 빠듯한 월급에 생활의 여유가 없고 경제적으로 나아진 게 없다.

월급으로 식구가 생활하기는 빠듯했다. 시간은 흐르지만, 생활은 전혀 나아지지 않았다. 이런저런 고민을 하던 와중 갑자기 자신이 경매를 당했던 기억이 떠올랐다. 2번 다시 떠올리고 싶지 않은 기억이었다. 3억 원 정도 하던 자기 집 아파트가 시세보다 5,000만 원 이상 싸게 팔렸는데, 그때 경매를 도전해보기로 한다.

법적인 지식은 없었지만, 경매를 직접 경험했기 때문에 진행 과정과 절차에 대해서는 쉽게 파악이 됐다. 당시 거주하던 경기도 성남의 방 3개짜리 빌라를 목표로 정했다. 경매로 당장 돈을 벌기보다는 좁은 집을 탈출하는 것이 목표였다. 그래서 인근의 방 3개짜리 빌라만 나오면 무조건 현장으로 달려갔다. 그렇게 경매물건을 쫓아다닌 지 6개월 성남시 중원구 상대원동에 있는 방 3개짜리 마음에 드는 빌라를 발견한다. 감정가 3억 2,000만 원에 2번 유찰돼 최저 입찰금액 2억 원에 입찰에 붙여졌다.

준공한 지 16년 된 낡은 집이었지만 부모님과 동생, 네 식구가 살기엔 충분했다. 무엇보다 햇빛이 잘 드는 남향 3층이라 마음에 들었다. K씨는 고심 끝에 2억 1,000만 원에 낙찰받는다. 이후 경락잔금대출 1억 8,600만 원을 보태 잔금을 냈다. 다행히 낙찰받는 집의 임차인은 은행 근저당보다 먼저 전입한, 약이 되는 세입자이어서 전세금을 전부 배당받고 잡음 없이 이사를 나갔다.

아버지의 사업 실패로 K씨는 무거운 짐을 안고 사회생활을 시작하게 되었다. 하지만 그는 역경을 기회로 삼아 집안을 다시 안정시켰다. 지금은 그 빌라가 올라 가족에게 소중한 보금자리뿐만이 아니라 과거의 시련이 또 다른 기회를 제공하는 기쁨이 되었다. 사람들은 아픈 경험을 통해 많은 것을 배우게 된다. K씨가 경매에 빠르게 접근할 수 있었던 동기이기도 하다.

경매를 부정적으로 생각하는 사람들은 남의 아픔을 이용해 돈을 버는 것이 부담스럽다고 말하기도 하다. 하지만 경매는 자본주의 사회의 채권, 채무 관계를 정리하는 마지막 수단이다. 경매를 처음 할 때는 살던 사람을 내보내는 일에 무척 겁을 먹고 선입견부터 품는다. 하지만 어떤 사람이든 인간적으로 대하고 전세 세입자도 사람이라는 생각으로 배려하면 역시 주는 대로 받는다고 상식선에서의 모습을 보인다.

경매는 부동산 투자에 꼭 필요하다

이렇듯 경매는 다양한 일 관계 속에서 처리되는 만큼 복잡하다고 볼 수 있는데 지금도 멘토가 경매 강의시간에 한 말이 생각난다. "이런저런 복잡한 생각이 들면 하지 않으면 된다. 하지만 내가 돈을 벌기 위해 이런 일을 감수하지 않으면 내 통장에 한 푼도 어느 누가 보태주지 않는다."

K씨처럼 경매로 실거주든 투자용이든 빌라나 다세대는 경매로 접근을 권한다. K씨는 이미 시세보다 저렴하게 매입했을 뿐만이 아니라 시세까지 상승하여 일거양득, 그 이상이다. 이렇듯 경매의 장점을 경험한 사람은 절대 기회를 놓치지 않는다. 그리고 기회를 찾아 나선다. 부동산 투자는 내 종잣돈에 은행 대출을 최대한 활용해야 한다. 경매하기 위해선 은행 대출이 필수이다. 직장인의 경우 확실한 소득 증빙이 되기 때문에 대출이 매우 유리하다.

은행에 제공하는 담보는 낙찰받은 부동산으로 하므로 낙찰만 받으면 즉시 담보 제공이 가능하다. 하지만 이자 상환 능력에 대해서는 본인의 신용등급과 연간소득 금액 등을 따져 은행의 요구조건에 충족해야 한다. 은행에서 대출을 실행할 때에는 자영업자나 고액자산가보다는 오히려 매월 고정적인 수입이 보장된 직장인을 더 선호한다. 경매는 낮은 가격에 사는 것 외에 또 다른 수익이 있다.

얼마 전에 지인이 받은 물건이다. 재개발 예정지역 인천 부평구 부개

동 지하에 소액으로 가능한 물건이다. 감정가액이 4,500만 원이다. 감정가의 178%인 8,000만 원에 낙찰받았다. 부동산을 모르는 사람은 빌라를 이 가격에 낙찰받았다고 놀랄 것이다. 그러나 그것은 현장에 가면 프리미엄을 몇천만 원을 주고 사야 하는 부동산이다. 이는 재개발 부동산이다. 이런 부동산은 경매로 나왔을 때 본인이 낙찰가를 정해서 낙찰받을 수 있다. 이보다 더 낙찰가율을 높여서라도 사야 하는 물건이다. 왜냐하면 곧 재개발이 임박했기 때문이다. 재개발로 조합원 자격이 되면 최소 7,000만~1억 원의 수익이 나는 부동산이다. 조합원은 저렴한 분양가와 옵션의 혜택으로 다세대의 투자 매력이다. 경매로 싸게 사서 시세대로 팔아서 최상의 수익을 남긴다.

경매는 꼭 투자자로만 접근하는 것이 아니다. C씨(38세 남)는 2017년 경매로 잃을 뻔한 자기 집을 지킨 사례이다. 경기도 안성시 공도읍에 22평 30년 된 빌라 4,800만 원 전세로 부모님과 살았다. 그런데 경매로 넘어갈 상황이 되자 경매로 입찰을 한다.

감정가 4,500만 원이었다. C씨는 전세금을 지키기 위해 감정가보다 높은 4,800만 원에 낙찰받는다. 입찰자 중 C씨처럼 입찰금액을 써넣은 사람이 없다. 30년 된 빌라에 그 가격은 투자 수익이 맞지 않아서이다. 그러나 C씨는 전세금을 지키기 위한 경매 도전이었다. 결국, 지키게 되었다. 이처럼 경매는 여러 목적에 의해서 임하게 된다.

결국 각자의 돈과 자산을 지키기 위한 방법 중 하나다. 다세대는 위기 때 리스크가 크다. 리스크가 크다는 것은 이익도 크다는 것이다. 아파트는 경매로 나와도 감정가가 크게 떨어지지 않는다. 그러나 다세대, 빌라는 시세 대비 감정가격이 낮다. 그러므로 적정가격에 낙찰받아도 수익을 낸다. 그리하여 시세보다 조금 낮게 내놓으면 쉽게 수익을 낼 수 있으니 경매를 추천하는 바이다. 매수 때부터 수익이 보장되는 경매로 빌라, 다세대는 안전한 재테크로서 접근이 쉽다.

11
변동성 적은 투자가 안전하다

2019년 5월 결혼식을 앞둔, 3월 아들의 신혼집을 알아봤다. 며느리의 직장 근처로 인천 남구 학익동으로 정했다. 1,000세대가 넘는 대단지 규모로 소형부터 대형까지 두루 분포된 연식은 좀 된 아파트였다. 전세가가 85% 넘는 소형 24평을 매입했다. 재개발로 이주비 대출이 나온 금액에 그동안 모아온 돈을 합해 매수했다.

금액이 조금 모자라 며느리가 자금을 조금 보태서, 최대한 대출을 받기 위해 며느리 명의로 70% 대출을 받아 매수했다. 시세대로 매입하여 1,000만 원 정도 리모델링 비용을 들여 수리했다. 지금 매매가는 많이 오르지는 않았지만 안락하고 마음 편하게 신혼살림을 하는 아들 내외를 보면 마음이 놓인다.

이렇듯 아들 집은 관공서가 근처에 있고 초·중·고가 인접해 있다. 그리고 매매 수요나 전세 수요가 꾸준하다. 이렇듯 실거주하면서 자산 관리까지 하게 되면 자연스럽게 부동산에 관심을 끌게 된다. 아들 내외 집은 경기에 큰 영향을 안 받는 부동산이다. 크게 오르지도 않고 크게 내리지도 않는 변동성이 적은 부동산이다. 이렇듯 소형은 실거주든 투자용이든 변동성이 적은 것이 특징이다. 주변에 미추홀구 택지개발이 어떤 영향을 끼칠지 관망하고 있다.

인구 구조의 변화에 따라 소형 아파트는 지속해서 수요층이 늘어 안정적이다. 임대주택으로의 활용성이 높은 게 특징이다. 그리고 월세 수요보다 전세 수요가 많아 적은 돈으로 투자할 수 있다. 그러므로 시세 차익을 높게 볼 수 있다. 역세권을 기준으로 공급이 적으며 실거주 환경이 좋다. 1인 가구도 연령대가 높아질수록 삶의 질을 우선시하는 경향이 높아 소형 아파트의 수요는 증가할 수밖에 없다.

투자물건을 선택할 때 주변 여건과 비슷한 환경을 가진 지역을 보는 것이 중요하다. 예를 들면 노원구에 부동산을 보유하고 있다면 주변 구리, 의정부, 별내, 남양주의 개발계획과 공급사항을 예의주시한다. 그런 다음 적절한 매도 타이밍을 염두에 둔다. 남양주는 3기 신도시가 예정되어 있다. 발표와 동시에 상계, 중계는 3기 신도시 개발에 직접 영향을 미칠 지역임을 알아채야 한다. 이렇듯 뉴스와 정보를 듣고 나의 상황을 대비해 대처해가는 자세가 필요하다.

지난 6년 동안 가파르게 부동산 시장이 뜨거웠다. 부동산 투자를 통해 큰돈을 벌었다는 사람들의 성공 사례를 들으면 조급하고 초조해질 수 있다. 그러나 시장은 돌고 돈다. 오히려 서서히 보합세를 보이는 요즈음이 기회가 될 수 있다. 이럴 때일수록 차분히 다음에 올 기회를 잡는다는 마음으로 공부하고 가용자금을 마련하여 변동성에 영향을 덜 받는 부동산에 관심을 둔다.

부동산의 가격은 롤러코스터와 같다. 롤러코스터는 끝없이 올라가기만 하거나 혹은 한없이 내려가기만 하는 것도 아니다. 상승과 하락을 반복할 뿐이다. 과도한 공포와 막연한 희망을 품기보다는 현실을 직시하며 본인의 투자 기준을 세울 때 실패하지 않는다. 그리고 투자하기 전에는 부동산 투자로 큰돈을 번 사람들의 의견을 들어라.

절대로 준비 없이 투자 시장에 뛰어들어서는 안 되기 때문이다. 부동산 투자 시장에서의 성공과 실패는 투자자에게 나름의 투자 기준이 있는가, 없는가에 따라 갈린다. 시장에서 큰 손해를 입은 사람들은 자신의 투자 기준이 아닌 언론이나 주변 사람들의 말만 믿고 뒤늦게 뛰어든 사람들이다.

최근 들어 1~2인 가구의 증가로 소형 아파트가 대세로 자리매김하고 있다. 실거주든 투자 목적이든 소형 아파트의 인기가 높고 투자 대비 수익률이 가장 높다. 1인 가구가 급증하면서 기본적인 교통과 위치, 편의 시설이 잘 되어 있는 소형 아파트를 많이 선호한다. 1~2인 가구 비중이

2020년 58.4%, 2045년 70.0%라고 추정되고 있다.

소형 아파트의 투자 가치는 현재뿐만 아니라 미래에도 크게 상승할 것이다. 개인적 · 사회적인 문제로 결혼을 포기하는 사람들이 늘어났고 이와 반대로 어디에도 구속당하지 않고 혼자만의 삶을 즐기고 싶어 하는 젊은이들도 늘고 있기 때문이다. 이런 이유로 1~2인 가구가 점차 늘어나고 이들은 실용적인 공간을 선호해 그에 따라 소형 아파트의 인기는 높아지고 있다.

경기에 별로 영향을 받지 않는 것에 투자하라

매년 소규모 가구의 지속적인 증가가 예상되어 소형 아파트의 인기는 줄어들지 않을 것 같다. 그러면 투자 가치가 높은 소형 아파트에 투자하여 성공하기 위해선 가격, 공급량, 전세가 등을 꼼꼼하게 따져봐야 한다. 고가 소형 아파트는 찾는 사람이 없다면 대출에 대한 이자 등 짊어질 부담이 많아 리스크가 커지므로 피한다. 투자하려는 지역 인근의 아파트 공급량도 잊지 말고 확인해야 한다.

주변에 입주 시점, 공급계획에 따라 매매가와 전세가가 상이하게 달라질 수 있다는 점도 간과하지 말아야 한다. 유동인구나 배후 수요가 소형 아파트 인근에 수요가 많은 그곳에 투자해야 한다. 사람이 많은 만큼 수익이 날 확률이 높은 게 부동산의 특성이다. 아파트 인근으로 산업단지나 오피스가 많으면 직주근접성이 좋아 많은 직장인 수요가 몰린다.

직장인들은 안정적인 월급을 받고 있어 월세가 밀릴 걱정도 없을 뿐 아니라 수요가 꾸준하다. 대단지 규모의 아파트는 큰 만큼 지역 내 랜드마크 아파트로 자리 잡는다. 대형 평형과 고르게 섞여 있는 대단지 아파트의 소형 아파트를 추천한다. 대단지는 주거환경이 쾌적하고 입주 인구가 많아 일대로 교통여건이 좋다.

단지 인근으로 학교, 상업 시설 등 다양한 인프라도 구축되며 지역 내 랜드마크 아파트로 입소문을 타며 높은 인지도와 주거 선호도로 인기를 끈다. 많은 사람이 관리비를 부담하다 보니 관리비 절감 효과도 있다. 전세가의 상승폭이 갑자기 커졌다면 주의 깊게 원인 파악을 해야 한다. 주요 요인은 주변의 재개발·재건축 사업 등으로 단시간에 전세가가 치솟는다면 매매가와 전세가 차이가 크게 줄어든다.

그러면 수익이 저하된다. 이러한 사항 때문에 큰 변동 폭이 없는 소형 아파트를 선호한다. 소형은 중대형에 대비해 적은 투자금액이 든다. 그리고 부동산 가격 하락 시기에도 중대형과 비교하면 가격 하락 폭이 작아 리스크가 적다. 그러면 노후 아파트는 가져가도 될까? 새 아파트와 비교하면 메리트가 없다. 주거여건이나 시설 부분이 낡아 생활에 불편함이 있다. 그렇다고 신축 아파트가 좋을까? 지방의 신축 같은 경우는 분양가가 비싸다. 그렇다 보니 전세가가 따라가주지 못한다. 순 투자금이 한 채 샀을 때 많이 들어간다. 투자금이 1~2억 정도 들어간다. 고가의 아파트는 현실적으로 수익 내기가 어렵다. 서울 같은 경우는 상승 폭이 있지만, 지방 같은 경우는 한계가 있다.

　지방은 상승 폭이 크지가 않다. 신축의 단점이 있다. 그러나 지방의 구축 아파트는 위치가 좋고 가격만 저렴하다면 투자 메리트가 있다. 이런 경우 위치가 좋은데 시설이 낙후되어 있다. 땅과 위치는 변함이 없다. 그러므로 내부 시설만 올 리모델링을 거치면 전세 놓는 데 전혀 지장이 없다. 구축의 단점을 장점으로 전환한다. 단점을 두 가지 장점으로 전환할 수 있다. 위치가 좋고 신축 아파트에 준하는 시설을 갖추게 된다. 오히려 얼마의 인테리어 비용으로 주변 시세보다 더 높은 세를 받을 수 있다. 투자 면에서 세를 받는 데 전혀 지장이 없고 매매 차익까지 실현할 수 있는 장점이 있다. 적은 투자 비용과 효용 가치로 인해 투자 수익률에 안전한 투자처로 메리트가 크다. 더 깨끗한 아파트는 더 돈을 주고서라도 사려는 마음이 사람 심리인 것 같다. 적은 리모델링 비용으로 높은 전세금의 임대가 가능한 투자 가치가 높은 것이다.

　요즈음과 같은 경제 위기 시대에는 무리한 대출을 받아 투자하기에는 무리가 있다. 적은 비용으로 수익을 극대화할 수 있고 관리 리스크가 적은 현명한 투자가 요구된다. 수요가 꾸준한 소형 아파트 선호현상은 증가하고 있다. 매년 탄생하는 신혼부부가 선호한 소형 아파트는 건설사의 수지타산으로 인해 공급이 줄면서 희소가치가 높아졌다. 편의시설이 잘 갖춰진 대단지 소형 아파트는 전세금이 거의 떨어지지 않는다. 월세로 전환하면 수익률이 상승하는 장점으로 장기보유 시 매매 차익과 임대 수익을 동시에 가질 수 있는 안정적인 투자처이다. 경기 변동의 영향을 거의 받지 않는 꾸준한 투자 메리트가 있는 부동산이 대안이 된다. 도시 중심가, 혹은 산업단지가 주변에 있는 소형 아파트가 리스크를 최소화한 인기 좋은 투자처로 안전한 부동산이다.

5장

평생 가난하게 살 게 아니라면 부동산 공부는 필수다

01
나는 부동산을 통해 세상을 다시 알아가고 있다

나는 일명 부린이였다. 대출은 무섭고 가난한 사람들이 하는 것으로 알고 있었다. 그리고 여론에 휘둘리는 아무런 경제 관념과 주관도 없는 부평초 같은 사람이었다. 사업을 2007년도부터 했다. 그 전에 남편 직장 생활 할 때는 재테크는 생각도 못 했다. 생활하기 급급한 형편에 생활도 버거운 상황이었다.

그리고 사업을 시작한 4~5년까지도 재투자의 연속으로 여유자금이 없었다. 그리고 자산 관리를 해볼 생각도 못 했다. 사업에 매몰되어 다른 생각을 전혀 못 하고 일만 했다. 어느 날 통장에 돈이 쌓이기 시작하면서 집을 사야겠다는 생각을 했다. 그것도 서두르지 않고 사볼까 하는 정도였다. 그러나 공부가 되어 있지 않으니 어디를 무엇을 사야 하는지를 판단할 수가 없었다.

상담도 해보았지만 내가 중심이 서 있지 않으니 상담 결과도 만족할 수가 없었다. 그런데 어느 날 운명의 날이 오게 되었다. 2016년 코엑스 머니쇼에서 멘토를 만나게 된다. 멘토의 수업시간에 매수할 부동산을 선택하게 된다. 수업이 끝난 후 그 부동산 근처 중개사무소에 들른다. 물건이 없었다. 매도자 우위 시장이었다. 번호를 남기고 기다린다.

한 달 반이 흘러도 연락이 없다. 나는 네이버를 통해 다른 부동산에 연락하여 현장에 간다. 역시 분위기는 뜨거웠다. 물건이 없고 있어도 계약하러 가면 거두어들이는 분위기였다. 이미 계약한 것을 평수를 늘려 바꾸려는 물건이 하나 있었다. 공인중개사가 맞바꾸려는 물건이 있어 겨우 계약할 수 있었다. 내게 물건을 판 매도자는 본인의 수익에 만족하며 다른 투자처를 찾고 있었다.

부동산을 통해본 세상

2016년 6월에 매수를 했다. 등기하고 열기가 뜨거워 8 · 2대책이 나온다. 그러면서 가격이 조금 내렸다. 조금 불안하기 시작했다. 그러나 대책이 수요의 열기를 막을 수는 없었다. 3개월 정도 지난 다음 오르기 시작하고, 사업 시행인가 나면서 오르고 관리처분인가 나면서 오른다. 재건축, 재개발은 단계 단계마다 위험요소가 거둬진다는 뜻이며 가격에 반영된다.

그때부터 부동산에 관심을 갖게 된다. 내가 이 부동산을 살 때는 사실 아무것도 몰랐다. 다만 신뢰가 가는 멘토가 인정하는 탑 부동산이니 내 돈을 안전하게 해두자는 생각이었다. 투자라는 것을 한 번도 해보지도 않았고 강남의 집값은 나와는 먼일로 치부해버리며 사는 삶이었다. 현실적으로 기존까지는 불가능했고 필요성도 당연히 못 느끼며 살았다.

재건축과 재개발의 의미도 모르고 재건축을 샀으니, 얼마나 부린이인가! 어떤 느낌이냐면 산 위에서 산 아래를 내다보는 광경 같았다. 모든 부동산 정책이 내가 산 강남을 기준으로 정부 정책이 나온다. 그리고 내 부동산이 오르고 내리는 것에 따라 뉴스가 나온다. 난 느꼈다. '바로 저거구나! 세상 돌아가는 이치구나!' 그렇다. 부자들의 움직임과 어떤 사고를 갖느냐가 돈의 움직임이다.

이 움직임에 따라 규제와 완화정책을 펼친다는 것을 알게 되면서 가슴이 뻥 뚫리는 기분을 느꼈다. 언제나 뒤처지고 스스로 을의 자세에서 본의 아니게 낮추고 살면서 재테크를 알고 싶었다. 난 경제적으로 자유롭게 살고 싶었으나 방법을 몰랐다. 주위에 누구도 자유를 누린 사람이 없다. 아니 누린 사람은 내 주위에 있지 않을 테고 또한 묻지 않으니 알려주지도 않을 것이다. 세상이 보이기 시작했다. 부동산도 상품처럼 등급이 있다. 명품, A급, B급, C급 등이 보이기 시작한다. 지역에 따른 차별화와 상품이 다름을 알게 된다. 보이는 것이 다가 아니라 미래에 몸값이 어떻게 어떤 요인으로 달라지는지에 대한 부동산에 관심을 두기 시작한다. 늦었다 하는 순간이 가장 빠르다고 하지 않았는가!

처음 걸음마를 떼는 어린아이 마냥 부동산 알아가는 공부가 너무 재미있다. 연애편지 읽는 기분만큼이나 기쁘고 즐거웠다. 지금이라도 세상에 눈을 떴다는 것에 그동안의 고생이 보상이 되는 기분이었다. 감사하다! 지금이라도 눈을 뜨게 되어서 얼마나 감사한지 모른다. 돈의 가치 하락에 대한 헤지 역할을 하는 부동산을 대어급으로 잡았다는 것은 참으로 기쁜 일이었다.

우물 안 개구리가 밖으로 나오다

그리고 이 기회를 통해 재테크의 큰 공부가 되었다. 결과가 성공적이니 모든 게 좋은 쪽으로만 생각이 된다. 긍정적인 생각으로 부동산 공부를 하면서 나와 비슷한 부동산을 소유한 사람을 통해서 소통하고 있다. 모두 부동산에 긍정적이고 삶의 방식도 크게 차이가 나지 않으며 대화가 편하다. 그래서 끼리끼리 논다고 하나 보다. 함께 밥 먹고 차 마시는데도 비슷한 주제로 한마디씩 나누면서 갖는 시간이 많은 도움이 된다.

내가 많이 달라졌다. 예전에는 강남 사모님 하면 달나라 얘기로 생각했는데 이제 내가 주인공으로 함께할 수 있는 현실이 감회가 새롭다. 대출을 그렇게 무서워하던 내가 왜 그랬는지도 알게 되었다. 돈의 활용을 할 줄 모르는 이가 갖는 선입견이었다. 40% 대출로 그 부동산을 샀는데 대출금의 3배가 올랐다. 하물며 9년 동안 사업해서 통장에 쌓인 돈보다 많이 올랐다. 이걸 내가 어떻게 바라볼까? 내가 얼마나 우물 안 개구리처럼 세상살이를 했는지 알 수 있다!

난 본인 의도와 무관하게 폐업을 하고 절망에 서 있었다. 갑자기 가던 길이 사고로 동강 난 기분이었다. 어디로 갈지를 몰라서 한 발자국도 움직일 수가 없었다. 그 자리에 서서 느낀 게 있다. 내가 선택하고 만든 길 외에는 위험에 대처할 힘과 방법이 없다는 것을 느꼈다. 나의 아픔과 하소연은 이미 의미가 없고 중요한 사항이 아니었다. 그래서 생각한다.

나의 인생 키를 누군가에게 쥐어주지 않으리라고 다짐한다. 지금 내가 할 수 있는 일은 있는 돈을 줄어들게 하지 않는 것이라는 것을 말이다. 그래서 함께 번 돈을 뿌리내리자 해서 머니쇼에 가게 된 것이다. 남편은 말렸다. 우리는 그런 투자가 맞지 않으며 은행에 넣어놓고 욕심 버리며 소박하게 살자고 한다.

그러나 내 계산으론 그렇게 살기엔 터무니없이 적은 돈이었다. 맞는 말 같지가 않았고 '남이 하는 거면 나는 왜 못 할까?' 하는 생각이 들었다. 그리하여 과감히 결단을 내려 시작한 일인데 지금은 남편도 마음을 놓는 것 같다. 공부하러 가는 날은 흔쾌히 다녀오라고 한다. 늦는 날에는 밥도 해놓는다. 그 뒤 여러 부동산을 샀다. 시행착오를 겪는 물건도 있다. 그러면서 또 느낀다. 나만의 중심과 주관이 필요함을 말이다. 무수히 많은 정보와 멘토 아래서 내가 나에게 맞는 투자를 통해 자산 관리는 해야 함을 말이다. 누군가에게는 약이 독이 될 수 있고 독이 누군가에게는 약이 된다는 것을 말이다.

부동산 하나로 많은 것을 알아가는 중이다. 세상에는 정답도 없고 실패도 없으며 과정이고 선택이다. 다만 그것을 묵묵히 실행해가는 것이 인생이지 않을까 싶다. 지금 돌아보면 2016년 3월 폐업하고 많은 변화를 겪었다. 계획 없이 앞으로 나아가는 경우는 한 번도 없었다. 그런데 폐업은 준비되었거나 의도한 게 아니라서 정말 충격이 컸었다. 그런데 그 충격만큼이나 나의 세상 보는 눈은 크게 변했다. 지금의 나의 결과는 내가 자초한 것으로 실패한 것이 아니라는 것이다. 또 다른 길을 안내하기 위한 기회였음을 알게 되었다. 그동안 잊고 살았던, 내가 진정으로 무엇을 좋아하며 무엇을 원하는지를 돌아보는 좋은 기회였다. 오히려 나에게 기회를 준 것이다. 참으로 감사하고 기쁜 일이다. 내가 포기하지 않으면 길은 얼마든지 있다. 위기가 절망이 아닌 새로운 시작임을 알게 되었다. 그래서 부푼 꿈으로 이 글을 쓰고 있는 것이다. 난 예전부터 코치가 되고 싶었다.

그래서 나의 경험을 나누면서 누군가의 시행착오를 줄이고 싶었다. 세상을 너무너무 돌아 사느라 인생이 순탄하지만은 않았다. 나의 꿈을 잊고 살았는데 부동산을 통해 세상을 알게 되면서 나를 돌아보게 되었다. 남들은 50대 중반이면 늦은 나이라지만 난 그렇게 생각하지 않는다. 내가 원하는 것을 실행하느냐에 따라 청춘이라고 했다. 난 미래가 희망차다. 지금 부동산 공부를 해나가며 나의 인생 키를 어떻게 쥐고 컨트롤해야 하는지를 아는 이 순간의 삶이 행복하다.

02
부동산 투자로 경제적 자유인이 되어라

목표가 없는 사람은 목표가 있는 사람을 위해
평생 일해야 하는 종신형에 처하게 된다.

－브라이언 트레이시

요즈음 코로나 19로 인해 사회현상이 변화되고 있다. 아마 경제환경도 변화가 예상된다. 이번 바이러스로 인해 지는 사업과 뜨는 사업이 있을 것이다. 직장인은 주변 환경이 불안정하다. 아무리 경제가 변해도 주거에 대한 수요는 줄 수가 없다. 이런 불안한 상태에 직장 이외에 부동산으로 수입이 발생하여 생활할 수 있다면 얼마나 여유 있을까? 경기의 영향을 덜 받는 도심의 주택에 투자해서 월세 받는 것을 추천한다.

부동산 투자에 안목이 충분하다면 그 외 넓은 방향을 제시한다. 나에게 맞게 하나씩 하다 보면 실력이 쌓여 기술이 큰 재테크의 활약이 펼쳐진다. 따라서 작은 것부터 시작해보고 조금씩 키워나가는 과정을 통해 부동산 자산 증식과 안목의 성장이 함께 이루어져 최종 목표에 도달하게 된다. 부동산은 나의 돈과 경험이 결합하면 자연스럽게 공부가 된다. 내 집부터 마련하면서 부동산의 눈높이를 키운 다음 안목을 한 발씩 넓혀간다면 재미있고 자신감 있게 자산을 불려 나갈 수 있다.

2017년 7월에 매수한 계양구 효성동 연립 22평 매매가 1억 2,000만 원이다. 조합설립은 2003년에 이루어졌다. 감정값은 1억 1,700만 원이다. 전세가액은 4,500만 원이다. 실투자금은 7,500만 원이었다. 매수 후 2달 후 9월에 관리처분인가가 났다. 2018년 1월에 이주하면서 이주비 대출로 7,000만 원 받았다.

실투자금은 500만 원 든 셈이다. 전세금 4,500만 원 돌려주고 2,500만 원에 나머지를 합해 소형 아파트를 사서 신혼생활을 꾸렸다. 아들의 사항이다. 재개발 아파트는 2021년 10월에 입주로 프리미엄이 1억 5,000만 원 형성되어 있다. 이 과정을 통해 아들 내외는 자연스러운 공부가 되어 부동산에 관심이 많다. 이렇듯 자연스럽게 습득하면서 큰 공부가 된 것 같다. 각자의 처한 상황에서 무리하지 않는 범위에서 관심을 갖다 보면 길이 열릴 것이다.

사회 모임을 함께하는 지인 K씨(60세 여)는 분식집 장사를 했다. 거기서 번 돈으로 허름한 공장용지 땅을 샀다. 권리분석이나 미래 가치를 내다보고 샀던 것은 아니다. 주변에 있는 땅으로 언젠가는 개발될 거라는 막연한 생각에 산 것이다. 그런데 그 땅을 매도한 사람은 개발을 기대하고 샀다가 13년을 기다리다 지쳐서 포기하고 매도를 하게 된다.

그런데 K씨가 매수하고 2개월 만에 인천 남동구 논현지구를 한화건설이 개발을 발표한다. 그러면서 K씨는 이주자 택지로 점포용지를 받게 된다. 그리하여 건물을 짓게 된다. 기반비용 3억 2,000만 원을 내고 건물비용 5억 원이 들었다. 그런데 땅만 있으면 짓는 비용은 대출할 수 있다. 돈하나 들이지 않고 지어 5년이 지나니 8억 2,000만 원이 상쇄된다.

그 후부터 순수익으로 지금은 월 900만 원을 받고 식당을 접었다. 또 부동산으로 월급 이외의 수익을 내야 하는 이유가 여기에 있다. 매달 월세 이외에 9억 원 미만으로 건물은 지었는데 지금 그 건물 부동산 가격은 25억 원이 넘는 시세를 형성하고 있다. 부동산은 매월 수익과 함께 자본수익까지 발생한다는 것이다. 그리고 평생 나온다. 본인이 해약하지 않는 이상 말이다. 그러나 금융으로 은퇴 준비를 하면 월 수익 외에 자산을 증식시키는 부분이 없다. 그리고 본인이 죽으면 더 수익이 나오지 않는다. 부동산은 자녀에게 유산으로 물려줄 수도 있다. 이것이 부동산을 해야 하는 이유이다. 주위를 봐도 돈의 위력을 일찍 이해한 사람들이 경제적 자유를 획득한다. 경제적 풍요뿐 아니라 인생에서 참된 가치로 정의될 수 있는 것들을 원하는 만큼 얻기 위해서는 자신의 많은 것을 걸어야 한다는 진리 또한 하루빨리 터득한 사람들이다.

경제적 독립이 이루어져야 그다음 본인이 원하는 삶을 이루어갈 수 있다. 즉 자유가 부여되는 것이다. 나는 사업을 해서인지 자연스럽게 주위에 거의 사업가가 많다. 그러나 개개인의 모습이 다양하다. 한 가지 사업체만 집중하여 성장시키고 있는 사업가, 부동산으로 또 다른 수입이 있는 사업가, 한 종류가 아닌 다양한 사업체를 가진 사업가 등 다양한 사업가의 형태가 있다.

그런데 본업 이외에 또 다른 수입원을 부동산으로 준비한 사장들은 생활 모습이 다르다. 요즈음 같은 주변 환경이 변할 때 가장 버팀목이 든든함을 느낀다. 경제환경은 변화한다. 어제의 수익이 내일의 수익을 보장할 수 없는 최근의 모습이다. 이럴 때 더욱더 제2의 수입원 존재의 필요성을 느낀다. 특히 부동산 수입원은 견고한 품목으로 갖추어 놓으면 안전할 수밖에 없다. 준비되어 있지 않은 사장은 비 올 때 우산이 없고 햇빛이 내리쬘 때 쉴 그늘이 없는 격이다. 우리 부부는 사업하기 전에 남편이 직장생활을 했다. 월급통장의 돈은 임시보관소였다. 2~3일만 지나면 참새가 방앗간 지나가듯이 빠져나가고 잔액은 항상 바닥이었다. 쓸 돈보다 써야 할 돈이 많았다.

주말에 가족들과 외식 한 번 여유 있게 하지 못했다. 살아가기 위해 허리띠를 졸라맸다. 그러나 현실은 나아지지 않았다. 그래서 생각했다. 반찬값이라도 벌기 위해 남편 출근 전에 아르바이트를 생각했다. 신문 배달을 했다. 어떤 식으로든 힘든 현실을 헤쳐 나가려고 발버둥을 쳤었다. 3개월로 신문 배달은 마쳤다.

계속 다른 무엇인가를 할 수 있는 일들을 고민하기 시작했다. 그때만 해도 내가 일하지 않아도 받는 제2의 월급은 생각하지 못하고 돈을 많이 벌면 현실이 나아지는 줄로만 알았다. 그래서 계속해서 일을 찾았다. 그런 생각으로 사업을 하게 되니 사업이 최선인 줄 알고 올인하게 되었다. 사업하면서 제2의 수입원의 필요성을 인지하지 못한 것이다.

그러나 부동산 투자 후 내가 투자한 부동산이 상승하는 것을 보고 알게 되었다. 본업 말고 또 다른 수입원의 필요성과 부동산의 위력을 말이다. 부동산은 많은 것을 내포하고 있다. 현 경제 상황에 따른 변동성 즉 금리, 대출, 소비자의 심리 등이 맞물려 살아 움직이는 생물이다. 이 살아 움직이는 생물을 통해 나의 자산도 편승하여 함께 커가야 한다.

그리고 나를 위해 이 부동산이 돈을 벌어줘야 한다. 그런 필요성을 직접 내 돈이 들어가서 성장하는 것을 보고 느꼈으니 이 책을 읽는 독자는 웃을지도 모른다. 맞다. 웃음밖에 나질 않는다. 얼마나 우매하고 어리석게 살았는가!

주위를 보니 앞서간 사람들이 많았다. 그리고 배울 점이 많았다. 돈의 위력과 돈을 대하는 자세며 삶의 태도가 돈을 벌 수밖에 없는 경제에 대한 안목이 평범하지 않았다. 일찍 준비되어 있었던 사람들은 먼저 고민하고 공부하여 터득한 것이다. 돈의 강력한 힘을 알았다. 그리고 나름대로 검증을 통해 선택했을 것이다. 누구나 자신이 경험해본 것을 알게 된다. 한 번의 실천은 많은 것을 알게 해준다. 그들도 직접체험이든 간접체험이든 경험했을 것이다. 그래서 또 다른 수입원을 발 빠르게 준비한 것이다. 다양한 수입원이 있다. 그런데도 부동산을 비중 있게 추천하는 바이다.

왜냐하면, 우리가 벌어들이는 돈보다 더 빨리 높게 성장하는 것이 실물경제이기 때문이다. 저금리 저성장 장기불황의 시대에 일반인들이 근로 외의 방식으로 현금 흐름을 만들 수 있는 강력한 방법 중 하나가 부동산 투자다. 부동산 투자로 월세 수입은 기본적인 수입원이다. 그러면서 한번 시스템이 만들어지면 지속해서 수입이 들어오게 된다. 저금리로 인해 월세와 현금 흐름이 가능한 부동산의 가치는 앞으로도 더욱 높아질 수밖에 없다. 주식으로도 부자가 될 수 있지만, 확률적으로 낮다.

실물 자산의 가치 중요성

자본주의 사회는 몸으로 일해서 돈을 버는 것이 아니라, 머리로 돈을 벌어야 한다. 산다는 것은 투자의 파도 속에서 살아간다는 것이다. 그 속에서 공부하고, 끊임없이 도전하며 노력해야 한다. 결국 자본주의 사회 속에서 투자는 필수임을 이번 부동산 상승장에서 모두 느꼈다. 열심히 일하며 자기 분야에서 전문가가 되어야 한다. 그래서 하루빨리 종잣돈을 마련하여 작은 실천을 하기 권한다. 시작이 반이다.

경험해보면 그다음부터는 쉬워질 것이다. 하나둘 하다 보면 어느새 안목과 투자의 식견이 넓어져 더 많은 것이 보이며 더 넓은 세계를 경험하게 될 것이다. 곧 자산 증식을 통해 알아가는 기쁨으로 자신도 모르는 사이 경제적 자유인에 가깝게 다가갈 것이다. 그런 날을 하루빨리 오기를 기원한다.

03
부자 엄마가 되기를 소망하는 여성들에게

　월급만으로 부자가 될 수 없다는 사실을 열심히 하면 잘살 수 있다는 그 모순을 조금 더 일찍 알았더라면 하는 아쉬움이 있다. 부자는 이 사실을 누가 더 빨리 알고 깨우치느냐에 따라 결정되는 것이었다. 분명한 건, 월 1,000만 원 이상 버는 사람들은 그 사실을 이미 알고 실행하고 있다는 사실이다.

　나는 결혼 후 한 번도 경제적으로 편안한 적이 없었다. 그러다 보니 아이에게 변변한 학원 한 번 보내지 못했다. 두 아이는 방목하다시피 했다. 뾰족한 해결 방법은 찾지 못한 채, 결혼생활 동안 눈앞에 현실이 시키는 대로 톱니바퀴 내에서 계속 열심히 발을 굴리며 살고 있었다. 어느 날 이이가 함께 놀 친구가 없다며 친구 다니는 학원 보내 달라고 했다. 친구가 놀다가 시간이 되면 학원에 간다는 것이었다.

그래서 아이는 친구들이 다니는 학원을 가보고 싶다는 것이었다. 그래서 학원을 보내기도 했다. 스스로 다닌다는 학원만 보냈다. 형편이 보낼 여건이 안 되었다. 그러다 사업을 하게 되면서 시간 없는 것은 마찬가지이나 돈은 직장생활 때와는 달랐다. 남편이 직장생활 할 때는 월 100만 원 적금 때문에 많은 욕구를 다스려야 했다. 그런데 사업을 하니 월급 생활 10년간 받은 수입보다 한 달 수입이 더 많았다. 그래서 사람들이 사업을 하는가 보다 했다. 그런데 그런 사업을 어느 날 접어야만 했다. 형제들이 동업하자고 해서 조용히 접고 나왔다. 그러면서 부동산 투자도 하고 재테크에 관심을 갖게 되었다.

엄마가 부자 되는 길

새로운 길을 찾아야 하는 나는 '어떤 일을 할까? 내가 사업할 때처럼 수입을 창출하려면 어떤 일을 해야 할까?' 생각했다. 월 몇천만 원 이상의 수입을 일으키는 사람들은 한 곳에서 버는 경우보다 몇 가지 경로를 통해 들어오고 있다는 사실을 알게 되었다. 월 몇천만 원 수입을 버는 사람들의 특징 3가지 중 첫째는 돈이 들어오는 경로가 한 곳이 아닌 여러 곳이라는 점이다.

예를 들면 월급 이외에 자본소득인 월세가 들어온다. 책을 출판하여 인세가 들어온다. 다른 리스크가 적은 사업을 병행한다는 것이었다. 사실, 의사, 변호사 같은 전문직이 아니고서는 평범한 직장인이 월 1,000만원 버는 경우는 거의 드물었다. 보통 사람들은 월급이 수입의 유일한 통로 한 곳이었다. 그러나 월 몇천만 원 버는 사람들은 수입 통로가 여러 곳이었다. 여기서 중요한 것은 그들이 특별히 재능이 있고 뛰어난 사람이라기보다 단지 월급 외 수익 구조를 하나둘씩 만든 사람이란 것이다. 그 말인즉슨 평범한 사람도 월급 외에 수익 구조를 만들면 월 1,000만 원 수입을 얻을 수 있다는 것이다.

둘째, 소비자가 아니라 생산하는 생산자였다. 월세 받는 그들은 장소를 공급해주는 생산자였고, 자본 없이 성공한 그들은 자신의 노하우, 지식을 공급해주는 생산자였다. 시스템을 만든 그들은 남들이 필요한 물건을 만들어 판매하는 생산자였다. 그들의 일과는 소비하는 쪽에 맞춰져 있는 것이 아닌, 생산하는 것에 맞춰져 있었다. 여기서 나의 일과는 어느 쪽에 맞춰져 있을까? 한번 생각해면 좋을 것 같다.

셋째, 그들은 성공할 때까지 계속 시도한다. 그들은 시도하고 실패하고 다시 시도하고 실패하고 다시 시도했다. 실패라 생각하고 더 이상하지 않고 멈출 때가 진짜 실패다.
그곳 실패한 지점에서 나 자신에게 더는 다시 해볼 기회를 주지 않기 때문에 실패로 끝나는 것이다. 여기서 정말 중요한 것은 그 기회를 주는 사람은 바로 '나 자신'이라는 점이다. 성공한 사람들은 목표 달성할 때까지 계속 나에게 무한정 기회를 주었기에 결국 성공할 수 있었다. 월 몇천만 원 이상 버는 사람들에게는 특별한 비법이 있고, 특별한 능력이 있을 거라 생각했다. 하지만, 그들은 우리처럼 평범한 사람이었다.

요약하자면 그들은 생산자로서 수입 경로를 다양화시켜 성공할 때까지 계속 시도한다. 쉬운 듯 어려워 보이고 어려운 듯 쉬워 보였다. 그리고 나도 그들처럼 평범함을 비범함으로 만들어가려고 계속 도전하는 중이다. 지금 당장 벌 방법으로는 퇴근 후 대리운전을 한다든지, 커피숍 아르바이트를 할 수 있다. 내 시간을 추가로 투여한다면 지금 당장, 월급 외 50만 원을 추가로 벌 수 있을 것이다.

내가 자는 동안에 돈이 들어오는 구조를 만들지 않으면
나는 평생 일해야 한다.
  – 철학자 괴테

나를 위해 일해줄, '또 다른 나'를 여러 명 만드는 파이프라인을 구축해야 한다. 그 시스템, 파이프라인을 구축하기까지는 초기에 집중적 몰입과 실행이 필요하다. 이것이 선행된다면, 누구든지 나만의 파이프라인을 만들 수 있다. 아르바이트를 해서 한 번 100만 원 버는 것과는 엄청난 차이가 난다. 첫 번째 파이프라인은 월세 세팅이다. 하나씩 점차 만들어나가야 한다.

두 번째, 파이프라인 구축은 인터넷쇼핑몰이다. 자본금이 상대적으로 적게 들어가 리스크가 적은 편이고, 내 가게가 문 닫는 시간이 없이 24시간 내내 운영된다는 점에서 파이프라인의 조건을 충분히 갖춘 아주 매력적인 시스템 중의 하나다. 쇼핑몰은 처음에 상품 구성하고 상품 조달하고 상품촬영을 하여 상품페이지를 만드는 등 처음에는 상당 신경 써야 할 부분이 많다.

그런데 초기에 한 번만 세팅을 잘 해두면 24시간 동안, 내가 자는 동안에도 계속해서 가게를 열어 나를 대신해 일해주는 아주 스마트한 나의 파이프라인이다. 인터넷쇼핑몰을 통해서 하루에 1시간 정도만 일하고도 매월 꾸준히 안정적인 수입이 생기는 시스템을 만들 수 있다.

세 번째는 '유튜브'이다. 현존하는 플랫폼 중 진입장벽이 가장 낮고 가장 영향력이 크다고 할 수 있다. 유튜브는 핸드폰 하나만 있으면, 지금 당장 누구나 할 수 있다. 아주 특별하거나 전문적이지 않아도 괜찮다. 보통 많은 사람은 특별하고 전문적인 것만을 원하는 것은 아니다. 그것보다 나와 같은 사람은 어떻게 생각하는지, 꾸밈없는 진짜 이야기를 궁금해한다. 여러 사람의 궁금증을 해소해줄 수 있다면 누구든지 성공할 수 있는 정말 완벽히 평등한 플랫폼이라 생각한다. 유튜브는 지금 당장 시작할 수 있는데 영향력은 엄청나다. 나의 성장을 물론, 수익까지 도전하기에 충분한 가치가 있는 파이프라인 중 하나라 생각한다.

돈의 흐름에 맞는 경제 활동

'파이프라인 구축' 방법 네 번째는 '지식과 경험을 판매하는 지식창업' 이다. 누구나 한 가지 정도 잘하는 것이 있다. 모든 사람이 수상 경력 있는 전문가에게 배울 필요는 없다. 우리가 배우고 싶은 내용은 준전문가 선에서 해결이 되는 경우가 많다. 내가 포토샵을 배우고 싶다면 유명한 그래픽 디자이너에 꼭 배울 필요는 없다.

디자인 전공한 대학생에게 배워도 충분할 것이다. 나보다 한발 앞서 경험한 사람에게 배워도 충분하다. 누구나 잘하는 한 가지가 있다. 그것을 하면 된다. 그것이 무엇인지 잘 모르겠다면 남들이 나에게 자주 묻는 말을 생각해봐라. 그곳에 답이 있다. 여기까지 파이프라인 4가지는 월세 세팅, 인터넷쇼핑몰 운영, 유튜브, 지식 창업이다. 파이프라인 4가지의 공통점은 초기 세팅의 시간과 노력을 한 번 하면 계속 수익이 창출된다는 것이다. 물론 매월 수입이 일정하지는 않을 것이다. 그러나 일단 4가지를 기본으로 조금씩 확장해나가면 서서히 수입이 좋아질 것이다.

만약 시작 전이라면 조금 막연하고 어려울 수 있다. 누구나 처음은 어렵다. 평범한 사람들이 월 1,000만 원 버는 것을 보면서 일단 시작해보길 바란다. 그들도 본인이 그렇게 해낼 거라고는 생각하지 못했다고 했다. 시작하면 행운을 맞이하는 경우가 대부분이다. 행운도, 기회도, 시작해야 만날 수 있는 것이다. 해보면 별거 아니라고 생각하게 될 것이다. 여러분은 어떤 파이프라인을 계획하고 있는가? 나는 나의 인생 멘토이자

스승인 〈한책협〉 김태광 대표 코치님을 만나고 대한민국 최고의 책 쓰기 코칭을 받았다. 그로 인해 나의 또 다른 파이프라인이 추가되었다. 코칭가와 강연가, 유튜버, 그리고 컨설턴트로도 활동하고 있다.

04

월급쟁이도 부자가 될 수 있다

사회생활 초년생부터 종잣돈에 집중해야 한다. 저축 목표를 설정해야
한다. 월급의 어느 정도를 저금해야 하는가?

조희탁이 쓴 『한국의 자수성가형 부자들』에는 이런 글이 나온다.

부자들은 소비를 위한 저축이 아니라 투자를 위한 저축을 한다. 부동
산 중개업자 황영수 씨의 말이다. "저는 매월 수입의 70%를 저축합니다.
저의 고집스러운 원칙이죠. 이런 저축 방법은 예전부터 해오던 것이라
지금 습관이 되었습니다. 처음에는 다소 생활비가 부족해서 힘들기도 했
지만, 허리띠를 졸라매는 수밖에 없더라고요. 정말 아이들 학원비까지

아껴가면서 저축했습니다. 지금도 그때를 생각하면 가슴이 아픕니다."

보통 월급의 50~70%의 저축을 한다. 현재를 잠깐 포기해야 노후를 책임질 수 있는 것이다. 월급의 30%로 생활한다 생각해보자. 얼마나 힘들지 상상이 된다. 아이들 학원비까지 아끼고 가슴이 아플 정도로 힘들었던 생활을 이어가며 종잣돈에 집중한다.

허리띠를 졸라매고 종잣돈을 모으지 않으면 방법이 없는 것이 월급 생활의 한계이다. 이렇게 저축해서 종잣돈을 모아 현실적인 재테크 공부를 시작하는 것이다. 종잣돈이 있어야 공부가 집중되고 투자로 이어질 수 있는 게 현실이다. 모든 사람이 이 초기 과정을 거쳐야 한다.

부모로부터 물려받지 않는 이상 종잣돈은 모아야 하는 필연적인 과정이다. 그런데 어렵다 보니 많은 사람이 포기한다. 결국, 포기하지 않고 실천하는 사람이 성공할 수밖에 없다. 포기하지 않고 실천에 성공하길 바란다. 이 과정을 통과하면 내공과 인내가 생겨서 투자 세계에서 더욱더 신중하고 열린 마인드로 발전해갈 것이다.

이선무가 쓴 『나는 15억 벌어서 35세에 은퇴했다』에는 이런 글이 나온다.

부자가 될 수 있는 유일한 방법은 수입 일부를 투자하는 것이다. 수입

일부를 10년간 투자하면 그 후 2년 만에 부자가 되는 것이다. 반드시 수입의 45% 정도는 투자하라. 나는 수입의 50% 이상을 투자한다. 당신이 처한 상황이 어떻든지 간에 수입의 45% 정도를 투자에 사용한다면 당신은 분명히 부자가 될 것이다. 당신이 선택한 투자 방법이 어떤 것이라도, 10년 정도 꾸준히 투자한다면 부자 되는 것은 시간문제다.

부자들은 투자를 하지 않는다고 생각할 수 있는데 그렇지 않다. 이미 부자이기 때문에 투자하지 않을까 생각할 수 있는데 그렇지가 않다. 투자를 계속 확장하면서 쌓이는 것뿐만이 아니라 다양한 수입이 이어진다. 한 가지 수입원만 있다 하면 얼마나 불안한가? 다양한 수입이 잇다면 얼마나 홀가분할까?! 위험성을 분산해놓았기 때문이다.

직장인도 수익 구조가 있어야 하는 이유

안전하고 이번 코로나 사태 같은 상황에서도 위험분산 효과가 톡톡히 있다. 그러기 위해선 우린 월급으로 준비를 해야 한다. 월급으로 준비 과정을 충실히 만들어갈 수 있다. 대부분 월급으로 시작했다. 월급 외적인 것은 신용대출이다. 월급쟁이의 최고 장점인 신용을 통해 대출 활용을 극대화할 수 있다. 그리고 적은 월급이 최고의 단점인 월급생활자다. 이 두 장단점을 결합하여 제일 나은 방법을 이어갈 수 있다. 즉 대출을 활용하여 월세 투자를 한다.

그러면 월급생활자는 얼마를 저축하는 것이 적정할까? 월급쟁이는 과소비지수에서 50%까지는 목표 설정을 해야 한다고 말하고 있다. 그래야 과소비가 아닌 근검절약이다. 추구해야 할 적정 저축 한도는 50%이다. 목표가 굉장히 중요하다. 목표가 있으면 시간도 단축되고 바로 달성할 수 있다. 대체 소비로 소비 종목을 줄여가면서 목표에 빠르게 도달할 수 있다. 대부분 성공한 직장인 사람들의 책을 보면 일찍 돈에 대해 알고 투자의 필요성 절실히 느꼈다.

그래서 준비를 사회 초년생부터 시작하고 철저히 준비했다는 것이다. 부자는 타고난 것이 아니라 만들어지는 것이다. 투자하여 일정한 시스템이 잡히기 전에 소비를 위한 지출을 철저히 계획에 따라 했다는 것이다. 쉽게 우연히 부자가 된 것이 아니다. 감탄이 나올 정도로 철두철미했다.

부자는 부자 될 마인드에서 시작된다

부동산 투자로 큰돈을 벌었다는 이야기는 나랑은 상관없다고 생각했다. 그들이 운이 좋았다고만 생각하고 넘어갔다. 하지만 부자가 되는 사람들은 부러워만 하지 않는다. 그들이 어떤 그곳에 투자했는지 무엇을 보고 투자를 한 것인지 관심을 두고 공부한다. 자산 관리 공부를 하면서 만난 그들은 예전에 보지 못한 세계의 사람들의 삶이었다. 자산가들은 언제나 부자가 되고 싶다는 마음을 품고 있으므로 상당히 긴 시간 자기 생각을 구체화하기 위해 노력한다. 목표를 정하고 목표를 위해 무엇을 할지를 구체적으로 생각하고 행동으로 옮긴다.

자기 관리가 철저하다. 부자 될 준비가 되어 있음을 느꼈다. 돈이 되는 정보는 흘리지 않는다. 함께 공부하면서 만난 G씨(여 47세)는 시간제 아르바이트를 하는 주부이다. 자녀를 다 명문대를 보낸 학부모라 학원에서 상담실장을 한 것 같다. 남편은 우리나라 대기업에 다니는 직장인이다. 간간이 G씨가 자산 관리를 하고 있었다. 경매도 몇 건 한 부동산 숨은 고수다.

2016년 3월에 강남에 재건축을 사 지금은 상당한 자산 상승을 일으켰다. 직장생활을 해도 부부가 얼마든지 투자하여 부자가 될 수 있다. 직장인은 보통 연봉 계약을 하고 매달 월급을 받는다. 직장인이 부자와 연결되는 지점은 월급의 액수가 아니다. 직장인은 매달 꼬박꼬박 월급을 받는다는 사실이 부자 될 가능성의 근거이다. 정기적인 수입, 일정한 기간마다 들어온 급여 소득은 부자가 되기 위한 기본 조건이자 필수 조건이다.

월급쟁이 부자가 되기 위해서는 목표가 명확해야 한다. 종잣돈을 얼마를 언제까지 불릴지를 먼저 고민해야 부자가 될 수 있다. 생각만 하고 실천하지 않으면 아무 일도 일어나지 않는다. 일하지 않는 시간에도 돈을 벌 수 있는 무언가를 마련해야 한다. 꾸준히 일정한 수익이 보장될 때까지 실행해가야 한다.

그리고 부자는 혼자 투자의 길을 가지 않는다. 꼭 멘토와 동행한다. 한 번의 시행착오보다 리스크 없는 투자가 더욱더 중요하다. 자산 관리는 부부가 함께했을 때 훨씬 좋은 결과를 내는 것은 많은 사례에서 알 수 있다. 대부분 사람은 일을 해서 돈을 벌고, 그 돈으로 소비를 하며 생활한다. 남은 돈으로 목적 없는 저축을 한다.

 그러나 이렇게 해서는 절대 돈을 모을 수 없다. 수입에서 일정 액수를 지출하고 남은 돈을 저축하되 저축한 돈은 투자로 돌린다. 투자에서 수익을 내면 일정 수입에 더해져 수입이 늘어난다. 직장인은 아무리 열심히 일해도 오르는 월급은 한계가 있다. 평범한 직장인이 부자가 되기 위해선 월급으로 무엇을 할지를 먼저 생각해야 한다. 많은 월급쟁이는 소중한 하루하루 월급과 맞바꿔서 일하는데 이렇다 보니 피 같은 돈을 잃을까 봐 두려워서 투자는 생각하지 않고 저축만 한다.

 지금 은행에 돈을 넣는 것만으로는 돈을 불릴 수 없다. 사실 현실적으로 어렵게 돈을 모았다고 해도 솔직히 작은 아파트라도 내 집 마련은 꿈조차 꾸기 힘들다. 저축은 종잣돈 모으는 수단일 뿐 이것만으로는 절대 부자가 될 수 없다. 월급이 오르고 목돈이 생길 때 돈을 순환시키지 못하면 돈이 쌓이지 않고 여유자금은 없어지고 만다.

 돈을 순환하게 하는 가장 좋은 방법은 투자다. 답답한 삶을 사는 사람들과 모여 서로의 삶에 대하여 하소연하기보다는 경제적으로 자유로운 삶을 살려고 하는 사람, 그런 삶을 사는 사람을 가까이하고 그들의 생각과 마인드를 배우며 벤치마킹해야 한다.

 연봉을 높이는 것도 좋은 방법이지만, 그것보다 더 효율이 높은 전략은 일정하게 들어오는 안정적인 수입을 만드는 것이다. 그것으로 추가적인 투자 이익을 내어서 수입을 높여야 한다. 수입을 높이는 돈의 흐름, 즉 수입을 불리는 시스템을 마련하는 게 부자로 가는 지름길이다. 물가는 무섭게 오르지만, 월급은 물가 오르는 속도를 따라잡지 못하기 때문이다.

월급쟁이도 부자가 될 수 있다. 다만 월급만으로는 절대 부자가 될 수 없다. 평범한 직장인일수록 적극적으로 투자에 나서야 한다. 그러나 직장인은 작은 투자로 시작하기 바란다. 작은 노력이 투자의 습관으로 변하여 부자가 될 수 있다.

05

부자가 되고 싶은 꿈은 욕심이 아니다

성공하려면 결단이 필요하다. 결단하지 않으면 아무 일도 일어나지 않는다. 난 〈한책협〉에 간 뒤 많은 결단을 했다. 난생처음 책을 쓰는 일에 도전했다. 결단하고 나니 앞으로 나아가게 된다. 여기까지 달려오면서 많은 생각을 했다. 그동안 살아오면서 나 자신을 바라볼 여유가 없었다. 현실에 휘말려 나를 내던졌다.

그러면서 매일 아파하고 도돌이표의 생각을 멈추지 못하고 하루하루 살아냈다. 그러나 책을 쓰는 과정에서 나 자신을 돌아보며 나 자신이 원하고 바라는 것을 생각해보게 되었다. 이 모든 과정에서 〈한국책쓰기1인창업코칭협회〉 김태광 대표님의 유튜브 '구세주김도사'와 '네빌 고다드 수업'이 많은 도움이 되었다. 지금까지 살아온 방향을 바꿔 내가 원하는 삶을 살자. 나는 경제적인 자유를 간절히 원한다.

사업할 때 도우미 도움을 받아 생활했다. 새벽 5시에 나가 밤 9시 넘어서 집에 도착하니 살림할 시간이 없었다. 그때 아이들은 고등학생 때였다. 그래서 살림을 도와줄 손길이 필요했다. 돈을 주고 도우미 시간을 사는 것이었다. 경제적인 여유가 있었으니 당연히 그렇게 해야 한다고 생각했다. 그때 느낀 건 내가 이런 라이프 스타일을 원했다는 것이었다. 난 경제적인 활동을 하고 나머지는 에너지를 쏟고 싶지 않았다. 오로지 사업에 몰두하고 나머지는 다른 사람을 통해 해결하며 내가 하고 싶은 것을 하며 보내는 것이 훨씬 즐거웠다. 그리고 경제적인 여유가 있다 보니 훨씬 느긋하게 내가 하고 싶고 원하는 것을 할 수 있어서 참으로 행복했다. '돈이란 것이 이런 거구나!' 사업 중반쯤 여유 있는 생활을 했다. 지금은 도돌이표가 되었다.

돈은 많은 힘이 있다

이제 다시 여유 있는 경제생활을 되찾아오는 중이다. 내가 원하는 삶을 추구하면서 이 꿈이 곧 삶의 원동력이란 걸 알았다. 이런 꿈이 없었다면 아마 무기력증에 빠져 있었을 것이다. 꿈이 곧 열정이고 에너지임을 이 글을 쓰면서 느낀다. 부자가 되어야 하는 이유는 분명하다. 단호하게 말할 수 있다.

돈을 많이 벌어야 할 절실한 이유가 없는 사람이 부자가 된 경우는 결단코 없었다. 자기 자신과 경쟁하는 것이 진정한 경쟁이고, 자신을 이기는 사람이 진정한 부자다. 부자가 되어야 하는 이유가 나에게는 어떤 의미로 다가오는가? 다른 말로 표현하면 목표나 비전이라고 할 수 있다. 어떤 사람은 부자가 되어야 하는 이유를 자아실현이라고 말한다. 하지만 너무 추상적이고 설득력도 떨어진다.

직장생활에서는 일에 대한 목표를 확실하게 가진 사람이 성공한다. 얼마 전 신입사원들의 퇴사 이유를 묻는 설문 조사에서 응답자의 22.5%가 '자신의 적성에 맞지 않는 직무' 때문이라고 답했다고 한다. 일에 대한 의미와 목표를 찾지 못하기 때문에 적성에 맞지 않는다고 생각하는 것이다. 미래에 대한 걱정은 세대 차이가 없다. 모두가 불안하기 때문이다.

사장은 직원들이 예전과 달리 자기 일처럼 하지 않는다고 생각할지 모르지만, 직원들도 회사가 가족처럼 직원을 끝까지 책임져주지 않는다고 생각할 것이다. 나를 지켜주는 것은 오로지 나의 능력뿐이라는 믿음이 강해졌다는 반증이다. 이처럼 일에 대해 회사와 개인의 해석은 다를 수밖에 없다. 사업으로 성공한 부자들이 많다. 그들은 자신의 직원들에게 직원이 하는 일의 가치와 의미를 잘 이해시키려고 한다.

왜 우리가 이 회사에 다니고 있는지, 왜 우리는 이 일을 해야 하는지 의미를 조직에 확산시킨다. 일이야말로 직원들의 성장에 밑천이 되고 미래를 준비하는 가장 확실한 도구임을 진지하게 설명해주고 직원들의 몰입을 조직의 성과로 유도해낸다. 의미도 모르고 덤벼드는 일을 과연 언제까지 버틸 수 있겠는가? 따라서 경영자가 직원들에게 일의 목표뿐만 아니라 의미를 설명하는 것이 더 이익이 된다. 누구의 의미 없는 일을 하고 싶어 하지 않기 때문이다.

KB금융지주 경영연구소에서 발간한 「2019 한국 부자 보고서」에 따르면 2018년 말 기준으로 한국의 부자(금융자산 10억 원 이상인 개인)는 2017년에 비해 4.4% 증가했다. 2017년의 전년의 대비 증가율보다 낮은 수준이다. 지역별로 보면 부자의 69.9%가 서울과 경기, 인천 지역에 집중되었고 부자 수 증가 폭이 크다.

서울 부자는 2017년 149,000명이 증가하여 서울 및 수도권에서만 9,700명이 증가하였다. 서울 및 수도권 지역 외 부자가 가장 많이 증가한 지역은 세종시로 600명 증가하였다. 서울의 집중도는 강남구, 서초구 외에 종로구, 성북구, 용산구, 영등포구에서 높게 나타났다.

한국 부자의 총자산은 부동산 자산 53.7%와 금융자산 39.9%로 구성되어 있고, 금융자산 비중이 최근 5년 내 처음으로 하락하였다. 부자가 보유한 자산 중 부동산 자산 비중은 총자산이 많을수록 높게 나타난다. 한국 부자의 총자산 포트폴리오는 거주 주택이 19.7%로 가장 큰 비중을 차지하고, 빌딩·상가 17.9%, 유동성 금융자산 14.0% 순이다. 많은 사람이 부자가 되기를 갈망한다. 부자는 여전히 많은 사람의 선망 대상이다. 부자들을 부러워하면서 그들이 가진 돈에만 관심이 있다. 부자들이 흘린

땀방울에 대해서는 이해하려고 하지 않는다.

돈은 돈 이상의 것을 접하고 보게 한다

부자는 생각만으로는 부자의 꿈을 이룰 수 없다. 내가 부자가 되어야 하는 이유는 너무나 많다. 마음 편히 외식하거나 자동차를 원하는 것을 사보지 못했다. 그러나 사업을 하면서 원하는 차를 살 수 있다는 현실이 많은 변화를 가져왔다. 그 외 몸이 힘들면 굳이 요리하지 않고 맛있는 것 나가서 사 먹으면 된다.

오래된 가전제품도 백화점에서 신상으로 바꿀 수 있어 좋았다. 아파트 평수도 원하는 대로 넓혀 신축으로 살 수 있다. 집 청소도 다른 사람에게 맡길 수 있어 좋다. 친구들 만나도 식사비는 내가 낼 수 있다. 부모님께 용돈을 드려도 전혀 부담이 없다. 공부하는 작은아이는 해외 유학을 대학·대학원까지 보냈다. 아침에 일어나 8시에 출근하고 6시에 퇴근을 안 해도 된다.

관리비 아끼려고 여름, 겨울에 냉난방비에 옥신각신 덜한다. 비싼 과일을 마음껏 먹을 수 있다. 살기 위해 돈을 버는 고단한 일상에서 벗어나 자유를 누리도록 해준다. 일하고 싶을 때 일하고, 일하고 싶지 않을 때 일하지 않는 것도 돈으로 얻을 수 있는 자유다. 이토록 많이 달라지는 현실을 경험하고 나서부터 돈을 벌어야 하는 이유가 명확해졌다. 돈이 주는 자유와 여유로움을 잃어보고 느낀다.

지금은 나 자신의 힘으로 이 모든 자유를 누리려고 한다. 돈을 버는 힘과 돈을 지키는 과정을 익혀가면서 자신을 많이 돌아보게 되었다. 돈을 모으고 기술을 익히면서 나 자신의 의식이 변하지 않으면 시행착오는 반복된다는 것을 느꼈다. 의식을 변화시키지 않으면 설사 많은 돈을 벌었다 해도 움켜쥐었을 뿐 쓰지 못해서 돈이 없을 때와 다름없는 생활을 하며 늘 불안해했을 것이다.

사치 향락에 빠져 삶의 의미를 잃고 우울증에 빠지거나 너무 돈에만 집중한 나머지 자신을 돌보지 못해 일찍 병원 신세로 많은 돈을 병원비로 지출해야 할지도 모른다. 그러므로 돈을 벌어야 하는 진정한 의미를 알게 되었다. 사랑하는 사람에게 무언가 소중한 것을 베풀고 싶다. 즉 소중한 사람과 정을 나누며 행복감을 느끼는 것이다. 목표 액수만큼 돈을 모으면 부자가 되어도 행복은 저절로 오지 않는다.

몸을 건강하게 유지하고, 마음을 풍요롭게 발전시키고, 영혼을 빛나게 드러내는 물질을 소유한 부자가 되고 싶다. 물질이 없다면 몸도 마음도 영혼도 빈곤해진다. 따라서 부자가 되는 것은 인간에게 지극히 중요한 일이다. 부자가 되고자 노력하는 것은 아주 올바른 일이다. 정상적인 사람이라면 부자가 되고자 하는 욕망은 결코 버릴 수 없다.

부자가 가는 길에서 만나는 사람들을 존중하고 감사하며 겉에 보이는 모습으로 평가하지 않는 자신을 성숙시키는 자세가 부자의 자격 요소라는 것을 알게 되었다. 말씨도 부드럽게 하고 친절을 습관화하며 힘든 일은 또 다른 결과를 위한 기꺼이 받아들이는 과정으로 알고 생활하는 자세가 필요하다. 무엇보다 항상 자신을 잃지 않고 책임지는 법을 배워가며 매일 조금씩 나아지는 자신을 성장시키는 것이 행복한 부자의 길임을 알게 되었다.

꿈이 있어 예전과 다르다. 사업할 때는 꿈이 없었다. 그러니 돈 벌 기회가 한순간에 사라졌다. 이제는 꿈이 있어 행복하다. 부자에 대한 개념도 달라졌다. 부자가 되고자 하는 것은 오히려 인간에게 중요한 일이다. 원래 우리는 행복한 부자로 무한한 가능성을 갖고 태어났다. 내가 그것을 인정하고 받아들일 때 부자가 될 수 있음을 깨달았다. 부자가 되는 공부는 자기 자신의 삶을 충실하게 산다는 것이다. 즉 부자 되고 싶은 꿈은 욕심이 아닌 인간에게 주어진 숙명 그 자체이다.

06
일하지 않고도 평생 돈 버는 시스템 구축하라

　돈이 돈을 버는 방법을 구축해야 한다. 노력 없이 어느 날은 존재하지 않는다. 목표를 세우고 금액과 기간을 책정하는 습관을 지녀야 한다. 계획적인 지출 습관을 지녀라. 무목적으로 모은 돈은 다 흩어진다. 목표를 갖고 목적의 돈을 모아야 한다. 구체적으로 어느 시기에 얼마만큼을 모을지를 계획하여야 한다. 재테크는 정보와 실천과 노력이다.

　시간을 들여 직접 일하는 게 아니라 시스템을 만들면 좀 더 쉽다. 경제적으로 시간상으로 자유롭지 않은가. 어려운 이유는 시스템이 안 갖춰졌기 때문이다. 시스템을 만들고 늘려가면 순조롭게 자신이 원하는 삶을 살 수 있다. 대부분 직장인은 원하는 자유롭고 풍요로운 삶을 추구하지만 실현하지 못한다. 직장인은 연봉만큼 일해야 한다.

그러나 우리는 한 치도 내다볼 수 없는 미래에 살고 있다. 아프거나 일을 할 수 없는 상황에 부딪히면 수입이 끊긴다. 하지만 시스템을 만들면 시간적으로나 경제적으로 많은 여유가 생긴다. 내가 할 수 있는 일을 대신해서 분신이 하는 것이다. 나를 브랜딩할 수 있는 책이나 유튜브, 안정적으로 임대수익을 안겨주는 건물이 되겠다.

장기간 여행을 가든, 잠을 자든, 그 시스템은 나를 대신해서 열심히 일한다. 유명가수도 한 곡 히트 치면 그 곡 하나로 안정적인 삶을 산다. 스포츠 선수도 화려한 경력을 갖게 되면 큰 구단과 계약을 협상하여 고액의 광고료를 받고 광고를 찍기도 하고 또 다른 삶을 살게 된다. 그러나 새로운 선수나 가수가 나오면 서서히 인기나 몸값이 줄어들게 된다.

그러나 어려운 상황에서도 항상 돈을 버는 사람이 있다. 에이전트나 음반회사이다. 이 사람들은 선수나 음반을 파는 것이 아니라 시스템을 파는 것이다. 한 명의 스타가 탄생했다가 사라져도 또 다음 스타가 나타나서 이들과 계약을 하고 돈은 계속 들어오는 시스템이다. 그 어떤 스타라도 이들이 만들어놓은 틀에서 생성했다가 사라지고 생성했다가 사라지기를 반복한다.

예를 들어 미용실 원장이 한 달에 500만 원을 벌고 식당 주인이 한 달에 500만 원을 번다고 가정해보자. 택시기사, 견인 차, 운전기사, 버스기사 등이 각각 200만~300만 원 번다고 가정해보자. 여러 직업이 있는데 그들 뒤에서 그들보다 쉽게 안정적으로 돈을 버는 사람이 있다.

평생 돈 버는 시스템의 힘

바로 식당이라는 시스템을 만들어놓은 상가 주인이다. 여러 견인차나 버스 등을 대여해주는 운수 대형 회사이다. 미용실이나 어떤 상가 등 자리를 임대하고 임대료를 받는 건물주다. 그들이 만들어놓은 시스템 안에서 일하는 사람들은 아무리 벌이가 좋아도 시스템을 가진 사람들을 이길 수가 없다. 프랜차이즈 식당 주인보다 프랜차이즈 창업 사주가 훨씬 더 돈을 버는 것도 이와 같은 원리이다.

결국은 시스템이다. 파이프라인이다. 직장인들에게 다가구는 메리트 있는 수익형 부동산이다. 다가구주택이나 상가 주택이 개인 사업가나 직장인에게 좋은 이유가 있다. 적은 돈으로 매수할 수 있기 때문이다. 아파트나 상가와 달리 지렛대 원리를 이용할 수 있는 장점이 있다. 다가구주택은 주인 세대를 제외하고 여러 세대로 구성되어 있어서 전세로 놓으면 투자금이 훨씬 줄어든다.

그리고 직장인들이 현직에 있을 때 현금이 부족하여 전세로 놓았던 세대를 하나씩 여윳돈이 생길 때마다 월세로 전환하면 은퇴 시점에 완벽한 시스템이 갖춰진다. 그 완벽한 시스템으로 하나가 2개가 되고 2개가 4개가 되는 것은 시간문제이다. 또한, 안전하게 자산을 불리는 수단으로 최고이다. 다가구주택이나 상가 주택이 깔고 있는 토지가격이 인플레이션 이상으로 상승하기 때문이다.

그러나 인플레이션에도 못 미치는 경우라면 잘못된 투자이다. 꾸준히 토지가격이 인플레이션과 금리를 합한 것보다 더 오르는 지역을 고르는 것이 핵심이다. 부동산 하면 아파트만 알고 있는데 택지가 있다. 도시가 형성되는 과정에서 협의자 택지, 이주자 택지 등에 붙는 프리미엄이 있는데 건물이 하나둘 올라가면서 인프라를 구축하는 과정에서 많은 부가 형성된다. 점포 겸용 주택 경쟁률은 어마어마하다.

택지를 조성하기 전에 원주민 보상으로 시작해서 택지 추첨에 당첨된 사람, 건축을 해주는 건축업자, 택지를 분양받아서 직영으로 건축하는 사람 등 부를 형성하는 과정은 다양하다. 일반인들은 투자하면 아파트, 상가에만 집중하는데 다가구주택이 투자하기에 좋다. 택지지구 외는 가구 제한이 있다. 그 외 지역에서는 19가구까지 가능하다. 건물 하나에 19명이 임차해 생활한다면 거기서 나오는 임대가격은 얼마나 될까?

물론 투자 초기에 전 세대를 월세로 임대할 수 없지만, 나중에 월세로 전환할 때 한 달에 700만~800만 원 정도 나온다. 다가구주택의 또 다른 매력은 무엇이 있을까? 그건 바로 지렛대 원리를 이용하는 것이다. 대출과 전세보증금을 이용해서 건물을 손쉽게 내 것으로 만들 수 있다는 것이다. 지금은 대출 규제로 어렵지만 그래도 찾아보면 기회는 있다.

다가구주택 하면 떠오르는 게 임차인 상대하는 게 불편하고 어렵다는 것이다. 그런데 직접 임대인으로 관리하다 보면 임차인과 대면할 일이 없다. 생각만큼 어렵지 않다. 간혹 쿡탑이나 에어컨의 AS 요청이 오면 업체와 연결해주면 된다. 생각보다 불편하거나 어려움이 없다. 건물 청소도 업체에 맡기면 해결된다. 투자는 수도권 내에서 추천한다.

택지에 땅이 추첨되어 분양받아 직접 건물을 올리거나 프리미엄을 주고 사서 건물을 올리면 10~15% 수익을 가져올 수 있다. 부동산은 수요와 공급의 법칙의 영향을 많이 받는다. 투룸은 자녀 세대가 있는 가족이 대상으로 전출이 잦지 않으며 주변 아파트가 신축이 들어오면 영향을 조금 받는다.

쉽게 접할 수 있는 부동산 시스템

그러나 일반 투룸, 쓰리룸에 비해 원룸은 싱글이거나 회사 이직 등으로 전출입이 잦은 편이다. 주변 오피스텔 입주가 되면 영향을 받는다. 그래서 요즈음 대세는 투룸이다. 가장 물량이 적어서 수요보다 공급이 적어 수요가 많다. 다가구주택이 대안이 된다. 인플레이션을 능가할 수 있는 땅의 가치가 상승하는 건물을 갖는 것이 시스템 구축이다. 가장 적은 돈으로 매입이 가능한 다가구주택을 사서 임대 등록하여 장기보유하는 것이다

K씨(여 48세)는 2013년 대지 72평 논현동 한화지구 이주자 택지를 받아, 택지조성비 3억 2,000만 원을 조성해주는 한화건설에 지급했다. 4층 신축을 하여 주인 세대 1, 상가와 전세, 월세 임대하여 월 900만 원 월세로 노후 대책이 다 준비되었다.

다가구주택의 특징은 단독주택이다. 가구별로 구분할 수 없다. 층수가

3계층 이하만 쓸 수 있다. 가구 수가 19가구 이하이다. 전체면적이 660㎡ 이하 즉 200평까지 가능하다. 큰 땅이 필요 없다. 독립된 주거환경이 가능하다. 다가구주택의 경우 지가가 낮은 지역이 수익률이 높다. 그러나 수익률과 미래 가치를 같이 보고 투자하는 게 굉장히 중요하다. 다가구주택의 장점은 거주와 임대소득을 동시에 실현할 수 있다는 것이다. 1세대 1주택자 양도세 혜택이 있다. 그리고 지가 상승에 의한 차익 실현이 있다. 단점은 투자 수익률이 조금 낮다는 것이다.

노후 다가구주택의 하자 관리가 어렵다. 취득세가 다세대에 비해 많다. 대출 있을 때 전세금이 낮아진다. 즉 대출이 많아지면 나중에 세입자를 받을 때 전세금이 대출 있는 것만큼 낮아질 수밖에 없다. 환금성 측면에서 불리하다. 다가구주택의 투자 시 주의사항이 있다. 익숙한 동네를 벗어나 임대 수요가 많고 개발 호재가 많은 곳에 투자하라.

향후 신축 시 설계가 잘 나오는 곳에 투자하라. 즉 설계했을 때 북쪽에 도로가 있고 코너 자리이고 정방향인 곳이 좋다. 땅의 모양, 땅의 형태가 신축하기에 유리한지에 따라 그 땅의 가치가 결정된다. 매입할 때는 신축할 때 설계가 잘 나오는지에 대해 확인하고 매입하라. 건물의 내·외부의 하자 사항을 확인하라. 위반 건축 사항이 있는지 반드시 확인해야 한다. 베란다를 확장한다든지 세대수를 늘린다든지 하는 위법 건축 사항을 반드시 확인해야 한다.

위반 시 이행 강제금을 내게 된다. 전·월세 시세를 확인해야 한다. 수익률을 높이기 위해 세를 높게 놓는 경우가 간혹 있는데 적정 시세인지 반드시 확인해야 한다.

경제적 자유를 위한 다양한 시스템이 있다. 그중 비중이 크면서도 우리가 쉽게 접할 수 있는 부동산을 추천한다. 주위에 시스템을 갖춘 사람이 꽤 많다. 그중 다가구를 소개하는 이유는 일반적이지 않기 때문이다. 또한, 다가구주택에 편견을 갖지 않기를 바라는 마음에서 참고 자료로 삼았으면 한다. 경험한 사람의 가능성보다 경험하지 않고 부정적인 사람이 더 많다. 각자 자기에게 맞는 시스템을 갖추어 하루빨리 시간과 돈이나 노동으로부터 자유로운 삶을 실현하기를 기원한다.

07
당신도 경제적 자유를 누릴 수 있다

실패가 증명하는 사실은 한 가지뿐이다.
즉 성공하겠다는 의지가 충분히 강하지 못했다는 점이다.

– 존 크리스티안 보브스

인플레이션으로 인해 물가는 상승하고 상대적으로 화폐가치는 떨어지는데 재테크를 하지 않는다는 것은 가난한 사람으로 살겠다는 의미이다. 인재들이 슈퍼 도시로 몰리기 때문에 기업, 여가시설, 기타 등 모든 것이 그들을 따라 움직인다. 그들이 움직이는 곳에 부동산을 사야 한다. 그리고 양질의 독서가 부의 큰 역할이다.

경제선진국인 우리나라에서 살려면 우리가 잠을 자든 회사에 나가든

놀든 늘 돈이 들어오는 구조를 만들어놓아야 한다. 그래야 우리는 경제에서 자유로워질 수 있다. 때로는 세계 여행도 가고 때로는 맛있는 음식도 먹으며 인생을 즐겁게 살 수 있다. 그러면 어떻게 해야 빨리 경제적 자유를 달성할 수 있을까?

버킷리스트를 만들어야 한다. 오랫동안 경제 활동을 하면서도 돈에 대해 너무도 몰랐다. 폐업 후 부동산에 투자하고 난 후 경제적 자유를 달성하기 위해 많은 사람의 강의를 들었다. 돈을 불리는 데는 종잣돈, 수익률, 시간이 필수요소이다. 분명한 사실이다. 하루라도 빨리 은퇴하려면 시간을 배워야 한다. 시간의 힘을 빌려야 하는 복리의 마법은 쓰기 어렵다. 그렇다면 최대한 아껴서 투자하고 투자 수익률을 극대화할 방법을 찾아야 한다. 파이프라인은 경제적 자립을 토대로 자발적 조기 은퇴를 추진하는 사람들 또는 그런 움직임을 일컫는 말이다. 1990년대 미국에서 처음 등장했으며 2008년 글로벌 금융위기를 계기로 밀레니얼 세대 (1981~1996년생)를 중심으로 전 세계에 급속히 퍼졌다.

은퇴 생활에 필요한 자금을 하루빨리 모으기 위해 소득의 절반 이상을 쓰지 않는 참을성을 갖춰야 하고 경제적으로 풍요로운 생활을 누리는 것을 꿈꿔서도 안 된다. 한편 요즘 젊은 세대에서는 그와 상반되는 욜로족과 같은 풍조도 있다. 아마 일의 가치를 최고로 삼았던 부모 세대에 대한 반발로 생겨났을 것이다. 혹은 아무리 열심히 살아도 이전 세대만큼 성공한 삶을 살기 어렵다는 자포자기의 심리를 보여주는 것일 수도 있다. 그러나 욜로 또는 이와 비슷한 충동구매 신과 같은 신조어는 경제적 자유와 거리가 먼 이야기다. 사람마다 경제적 자유와 돈의 액수의 차이가 있다. 경제적 자유란 빚이 없거나 가족과 함께 보낼 시간이 늘어난 것이다.

노동 시장에서 벗어날 수 있거나 불로소득으로 매달 높은 액수를 버는 것이다. 평생 다시는 일을 하지 않아도 될 정도로 돈이 많은 걸 의미할 수도 있다. 종교인은 돈 한 푼 없어도 자유를 느끼면서 모든 걸 자급자족하는 공동체 안에서 사는 걸 선택한다. 결국, 필요한 돈의 액수는 자신이 살고 싶은 삶, 살고 싶은 장소, 가치 있게 여기는 것, 자신에게 기쁨을 안겨주는 것이 무엇인지로 결정된다.

기쁘고 즐거우며 만족을 느끼는 본인의 삶 말이다. 원하는 삶을 살기 위해 얼마나 많은 돈이 필요한지나 일정 금액에 느끼는 행복을 극대화하는 방법을 알아내는 건 불가능하다고 여길지도 모른다. 그러나 스스로 경제적 자유를 원하는 목표 금액을 파악해야 한다. 예를 들면 빚에서 탈출하거나 6개월간의 생활비를 충당하는 것 등 각자에게 맞는 목표 금액을 파악한다. 그런 뒤 자신의 현재 순 자산과 현재 금융으로 해결해야 하는 문제의 답을 찾아본다. 돈을 절약하여 종잣돈 늘리는 방법을 고안해 간다. 최대한 저축에 가장 큰 영향을 미치는 부분에 집중한다.

지금 다니는 직장이 마음에 들든 아니면 빨리 그만두고 싶든, 당장 돈을 더 많이 벌고 또 앞으로 훨씬 많은 돈을 벌기 위한 발판을 마련하기 위해 본인의 시장 가치와 회사 내에서의 가치를 알아야 한다. 그리고 최대한 많은 돈을 벌 수 있도록 임금 협상을 해야 한다. 최상의 원격 근무 옵션을 비롯해 회사에서 받는 복리후생 혜택을 극대화하는 방법이다.

그리고 자신의 기술을 향상시키고 급여가 더 좋은 직장도 알아본다. 최대한 빠르게 경제적인 자유를 얻기 위해 일반적인 근무 시간을 최대한 활용해야 한다. 그다음 수익성 좋은 부업을 시작해서 부수입원을 벌어야 한다. 처음부터 수익성 좋은 부업을 고르고 시작한다. 짧은 시간 안에 많은 돈을 벌고 돈벌이의 성패라고 할 수 있는 불로소득원을 만들어 생활비를 충당할 만큼의 돈을 버는 방법을 모색해낸다.

될 수 있는 대로 빨리 돈을 자주 투자한다. 돈을 투자하면 돈이 돈을 벌어오기 때문에 자신의 시간을 많이 들일 필요가 없다. 투자 방법은 무수히 많다. "가난으로부터 탈출하려는 열망은 능력으로 드러난다." 『아무도 가르쳐주지 않는 부의 비밀』에서는 우리가 원하는 것을 얻기 위해 있는 힘껏 노력하도록 만들어졌다고 말한다.

경제적 자유를 가져야 하는 이유

사회 환경, 경제 환경 등 지금 환경이 급변하고 있다. 오히려 요즈음 같은 때가 새로운 기회를 잡을 수 있는 시기다. 기존 시장에 변화가 소용돌이치고 있다. 개인 미디어로 경제 활동을 펼치며 기존의 유통을 완전히 무너뜨리는 새로운 패러다임이 펼쳐지고 있다.

성공한 사람들은 목표 이외에는 한눈을 팔지 않는 강한 집중력을 발휘한다. 목표는 오랜 시간 연마함에 따라 더욱더 커진다. 그것은 커다란 자석과 같이 인생 속에서 닮은 것을 모두 끌어들인다. 가지고 있는 재능을 한 가지 목적에 지속해서 쏟아 붓는 것이 힘이 된다. 부를 얻기 위해서는 자신의 영역을 찾고 그 조건을 만족시켜야 한다.

부를 손에 넣는 사람들 가운데 한 가지 목표에 매진하지 않고 이것저것 손대는 사람은 없다. 계획도 없이 움직이는 것은 나침판 없이 항해를 나서는 것만큼 어리석은 짓이다. 마찬가지로 부를 쫓으면서 방향을 잃은 배처럼 바다를 떠돌아서는 안 된다. 1인 지식창업으로 많은 사람이 새로운 경제 구조를 갖추어가고 있다. 나의 관심 분야를 한번 돌아봐야 한다. 내가 무얼 좋아하고 무얼 원하는지 진지하게 자신을 돌아봐야 한다. 돈은 무한하다. 반면 시간은 한정되어 있다. 중요한 것은 내가 행복할 시간을 얼마나 빨리, 온전하게 확보하느냐다. 돈을 터부시하면 안 된다. 돈을 알려 하고 공부해야 한다. 더 벌기 위해 노력해야 한다. 우리는 정규 교육에서 제대로 된 금융 교육을 받지 못했다. 그런 우리가 경제적 자유를 누리기 위해서는 소득을 다변화한 파이프라인을 구축해야 한다. 꽤 높은 수준의 투자로 원금에 이자를 붙쳐 복리로 계속해서 투자를 이어가야 한다. 시간과 삶을 온전히 내 통제하에 두고 돈이 아닌 행복을 좇는 경제적 자유를 위해 노력해야 한다. 주 수입은 본업을 통해 소득을 극대화하고 부업을 통해서도 부가적인 소득을 창출하도록 노력을 다변화해야 한다.

내 본업에 전문가로 인정받을 만큼 성장해서 연봉 협상을 다시 할 수도 있고 인센티브나 평가를 잘 받게 해서 수입을 늘려나간다. 더 나아가 회사에서 일을 배운 것을 내 지식자산으로 쌓아서 또 하나의 부가소득을 올리는 방법도 찾아본다. 그리하며 고정된 월급 안에서 저축, 투자를 높이기 위해서 지출을 체크하여 점검한다. 추가적인 부업을 통한 소득으로 돈이 돈을 버는 시스템을 조금이라도 일찍 만드는 게 관건이다.

경제적 자유를 실현하는 데 큰 도움이 되는 것은 부업을 통한 소득이다. 휴일에 가만히 쉬기보다 무엇인가 더 생산적인 활동을 한다. 그래서 작은 소득이라도 경제적 자유로 가는 파이프라인에 연결할수록 복리로 돈이 돈을 버는 시스템이 빨리 완성된다. 1인 지식창업을 하라. 곧 책 쓰기다. 자신만의 특성을 살려 책을 출판해서 자신을 브랜딩하는 것이 지식창업이다.

한국의 책 쓰기 코칭 1인자는 나의 스승인 〈한책협〉 대표 김태광이다. 1인 지식창업을 위해 필요한 3가지 즉 콘텐츠, 채널(유튜브), 말하기 기술이다. 1년 정도 투자하면 누구나 가능하다. 유튜브가 파워블로그보다 100배는 더 강력하다. 유튜브 콘텐츠는 취미, 경험을 살려라. 평생 돈 걱정 없는 시스템을 구축하려면 1인 지식창업을 해서 다양한 수익 구조를 만들어라. 그리고 콘텐츠 유통 수익을 만들어라. 이렇게 해서 번 돈으로 부동산에 투자하라.

부동산 투자가 안겨준 세상

전문적이지 않고 주위 이웃이 들려주는 듯한, 소소한 이야기인 이 글을 마지막까지 읽어주신 독자 여러분께 깊은 감사와 애정을 보낸다. 이런 소소한 이야기로 글을 쓸 수 있다니! 참으로 놀랍다. 나 또한 이 글을 쓰는 동안 정말 많은 공부가 되었기에 감사하다. 내가 살아오면서 겪은 역경을 통해 누군가 시행착오를 겪지 않게 컨설턴트해주고 싶다는 막연한 생각만 있었지, 이렇게 글을 통해 현실화시킬 줄은 꿈에도 몰랐다.

살아가는 데 경제적인 문제가 거의 다라고 해도 과언이 아니다. 나 또한 경험해보니 문제는 전부 돈이었다. 모든 문제는 돈이고 해결책도 돈인데 쉽게 해결 방법을 찾지 못했다. 그래서 열심히 살면 해결될 줄 알고 열심히만 살았다. 그러나 사업도 아닌 저축도 아닌 부동산을 알고 나서부터 부의 흐름을 알게 되고 부자들의 관점까지 보게 되었다. 부자들은 말은 하지 않지만 그들만의 세계가 있다. 나의 부가 충족되었을 때만 공유할 수 있는 사회적인 범위가 있다. 세상을 살아가는 생각부터 다르다.

우리는 매사가 돈과 연결되는 삶을 산다. 놀아도 돈이 되는 시간과 공간을 갖고 있다. 즉 그들은 돈이 되는 것에 촉이 남다르다. 일반인은 못 느끼고 잘 모르는 부분 말이다. 그러나 우리도 가능하다. 이 책을 통해서 조금은 느꼈으리라 본다. 무엇이 돈이 되고 무엇을 사야 하는지를 말이다. 부자는 전유물이 아니고 불문율이 아니며 누구나 가능하다는 것을 알게 되었을 것이다. 나 또한 부동산을 통해서 그 사실을 알았다. 이제 더 열심히 해서 부자들이 누리고 보는 것을 나의 삶으로 끌어들이려 한다. 아니 삶 자체를 부자의 마음으로 변화시키려 한다.

돈은 어디에서 뚝 떨어지는 것이 아닌 공기와도 같은 것이다. 우리가 숨 쉬고 상상하듯이 어떤 자세로 바라보고 대하느냐에 따라 부자가 될 수도 있고 빈자가 될 수도 있다. 평상시 돈이 되는 자세와 시간 활용으로 부에 대해 열린 자세로 임해야 부자가 빨리 될 수 있다. 생활 자체가 돈이 쌓이게 하는 습관 말이다. 버는 것 따로 소비하는 것 따로 하면 돈이 쌓일 틈이 없다. 월급생활자면 직장생활부터 철저히 해야 한다. 그래서 성과가 나고 몸값이 오를 수 있게 하는 것도 투자 못지않게 중요한 일이다. 이게 부자로 가는 첫걸음이다. 또한 시간도 활용하여 부가가치가 창출될 수 있게 해야 한다.

이 책에서 느꼈겠지만 결국 부동산도 나의 삶의 꿈과 비전을 실현하는 도구 중 하나이다. 정확한 인생 목표가 없으면 부동산을 할 의욕도 없고 혹 관심 가졌다 하더라도 잠시 흉내만 내다가 말 것이다. 무엇을 하든 인생의 꿈과 목표가 정확할 때 수단을 찾게 되고 부동산은 그중 한 가지 방법이 될 것이다. 부디 자신의 꿈을 갖고 부동산을 통해 빠른 목표 달성을 하기 바란다.

총체적인 삶의 방향을 잡아주기는 쉽지 않다. 그러나 나의 경험이 도움이 되는 독자가 있을 것이다. 부동산을 떠나 어디서부터 실마리를 찾아야 할지 모를 때 도움이 되고자 한다. 인생 경험도 나눌 수 있다. 그 속에 많은 지혜가 담겨 있기 때문이다. 그런 독자들을 위해 나는 네이버 카페 '월급쟁이부동산투자연구소'에서 부동산에 관련된 상담 및 교육을 진행하고 있다. 부동산을 어디서 어떻게 시작해야 할지 막막하고 막연한 분들은 연락 바란다.

부동산 투자 없이 재테크는 사실 미약하다. 진정한 자유와 삶의 주인으로서 당당히 살아갈 수 있도록, 경제적 자유에 빠르게 도달할 수 있게 해주는 부동산이야말로 멀리해서는 안 되는 재테크 중의 최고임을 기억하기 바란다.